Eberhard Blanke

Niklas Luhmann:
„… stattdessen …"

Eine biografische Einführung

Eberhard Blanke

Niklas Luhmann: „... stattdessen ...“

Eine biografische Einführung

© Eberhard Blanke, 2017
2., korrigierte und aktualisierte Auflage
Herstellung und Verlag:
BoD – Books on Demand, Norderstedt
ISBN 978-3-7357-6033-3

Bibliografische Information der Deutschen Nationalbibliothek:
Die Deutsche Nationalbibliothek verzeichnet diese Publikation
in der Deutschen Nationalbibliografie; detaillierte bibliografische Daten
sind im Internet über http://dnb.dnb.de abrufbar.

INHALT

ÜBER LUHMANN

Dirk Baecker: „Luhmann war wahrscheinlich einer der grössten Humoristen seiner Zunft, wenn nicht der Wissenschaft überhaupt. Aber niemand hat das gemerkt, weil sein Witz haarscharf war und nur von denen verstanden werden konnte, die in der Lage waren, sich selbst zu verstehen."[1]

Giancarlo Corsi: „Jene Person, mit wenigen grauen Haaren, mit dicker Brille und immer denselben grauen Jacke-Hosen-Socken-Schuhen, die durch einen ‚grauen Ton' (wie man auf Italienisch sagen würde), von einer wunderschönen Welt mit einem so bunten Humor sprach, erregte Furchtsamkeit und Zärtlichkeit zugleich."[2]

Peter Fuchs: „Ich hatte es mit dem Extremfall einer unglaublich arroganten Bescheidenheit oder einer unglaublich bescheidenen Arroganz zu tun. Sie bestritt die Möglichkeit irgendeiner Überlegenheit – und führte sie im selben Zuge vor."[3]

Raffaele Di Giorgi: „Er kam mit dem letzten Sonnenstrahl des Winters. Er folgte dem Strahl. Er lief ihm hinterher. Er liebte die rote Erde des Salento, er liebkoste mit seinem stillen Lächeln die tausendjährige Einsamkeit der Olivenbäume"[4].

Jürgen Habermas: „Was Sie machen, Herr Luhmann, ist alles falsch, aber es hat Qualität."[5]

---

[1] Baecker, Dirk (1998): Guter Geist ist trocken – und Systeme sind unzuverlässig. Nachruf auf Niklas Luhmann (8.12.1927–6.11.1998). Online verfügbar unter www.spacetime-publishing.de/luhmann/baecker.htm (Zugriff am 14.06.2013).

[2] Corsi, Giancarlo (1999): Ein Symbol für eine unbekannte Zukunft. In: Bardmann, Theodor M.; Baecker, Dirk (Hrsg.): Gibt es eigentlich den Berliner Zoo noch? Erinnerungen an Niklas Luhmann. 1. Aufl. Konstanz, S. 105-106.

[3] Fuchs, Peter (1999): Niklas Luhmann – erzählt. In: Bardmann, Theodor M.; Baecker, Dirk (Hrsg.): Gibt es eigentlich den Berliner Zoo noch? Erinnerungen an Niklas Luhmann. 1. Aufl. Konstanz, S. 76.

[4] Di Giorgi, Raffaele (1999): Niklas Luhmann – Die Zukunft des Gedächtnisses. In: Stichweh, Rudolf; Luhmann, Niklas (Hrsg.): Niklas Luhmann – Wirkungen eines Theoretikers. Gedenkcolloquium der Universität Bielefeld am 8. Dezember 1998. Veranstalter: Zentrum für interdisziplinäre Forschung der Universität Bielefeld. Bielefeld, S. 30-31.

[5] Zitiert in: Horster, Detlef; Luhmann, Niklas (2005): Niklas Luhmann. Orig.-Ausg. München, S. 191.

Franz-Xaver Kaufmann: „Sein Schweigen über ‚letzte Fragen‘ war ein hörbares, ein Wittgenstein'sches Schweigen."[6]

André Kieserling: „Es bereitete ihm großes Vergnügen, so hat er mir einmal gesagt, Vorträge zu halten, in denen das Wort ‚System‘ gar nicht vorkomme."[7]

David Roberts: „Als ich Luhmann kennenlernte, habe ich ihm gesagt, daß ich ihn als Mystiker betrachte, worauf er entgegnete, wenn ja, dann ein rationaler."[8]

Uwe Schimank: „Für die Umwelt bestand die Bielefelder Fakultät für Soziologie im wesentlichen nur aus dieser einen Person."[9]

Helmut Willke: „Noch seinen alten Volvo mit Vorderradantrieb rechtfertigte er damit, daß es in Oerlinghausen ab und zu Schnee gebe."[10]

---

[6] Kaufmann, Franz-Xaver (1999): Ein Wittgenstein'sches Schweigen. In: Stichweh, Rudolf; Luhmann, Niklas (Hrsg.): Niklas Luhmann – Wirkungen eines Theoretikers. Gedenkcolloquium der Universität Bielefeld am 8. Dezember 1998. Veranstalter: Zentrum für interdisziplinäre Forschung der Universität Bielefeld. Bielefeld, S. 16.

[7] Kieserling, André (1999): Wer kennt Niklas Luhmann? In: Bardmann, Theodor M.; Baecker, Dirk (Hrsg.): Gibt es eigentlich den Berliner Zoo noch? Erinnerungen an Niklas Luhmann. 1. Aufl. Konstanz, S. 58.

[8] Roberts, David (1999): Wissenschaft und Kunst. Gedanken zur soziologischen Imagination bei Niklas Luhmann. In: Bardmann, Theodor M.; Baecker, Dirk (Hrsg.): Gibt es eigentlich den Berliner Zoo noch? Erinnerungen an Niklas Luhmann. 1. Aufl. Konstanz, S. 29.

[9] Schimank, Uwe (1999): Ein widerspenstiger Lehrer. In: Bardmann, Theodor M.; Baecker, Dirk (Hrsg.): Gibt es eigentlich den Berliner Zoo noch? Erinnerungen an Niklas Luhmann. 1. Aufl. Konstanz, S. 137.

[10] Willke, Helmut (1999): Zur Differenz von Schreiben und Reden und Schweigen. In: Bardmann, Theodor M.; Baecker, Dirk (Hrsg.): Gibt es eigentlich den Berliner Zoo noch? Erinnerungen an Niklas Luhmann. 1. Aufl. Konstanz, S. 188.

EINLEITUNG

„Bei meiner Aufnahme in die 1969 gegründete Fakultät für Soziologie der Universität Bielefeld fand ich mich konfrontiert mit der Aufforderung, Forschungsprojekte zu benennen, an denen ich arbeite. Mein Projekt lautete damals und seitdem: Theorie der Gesellschaft; Laufzeit: 30 Jahre; Kosten: keine.“ [1]

Dies schreibt Luhmann in seinem Opus magnum ‚Die Gesellschaft der Gesellschaft‘ von 1997, dem letzten zusammenhängenden Werk, und man mag diese Selbstbeschreibung als eine Brücke zwischen Leben und Werk, zwischen Person und Theorie begreifen. Der Autor der seitdem weit verbreiteten System/ Umwelt-Theorie operiert als autopoietisch geschlossenes System, der sich mit seinem Projekt einer Theorie der Gesellschaft identifiziert. Alles andere erscheint als Umwelt dazu.

Diese Einschätzung trifft die Sache aber nur halbwegs, denn weder ist der Autor Luhmann identisch mit seiner Theorie noch ist der Autor Luhmann mit sich selbst identisch. Er besteht selbst aus mehreren Systemen, die sich wechselseitig Umwelt sind, etwa das neurophysiologische System, das Bewusstseinssystem und das durch soziale Zuschreibung hervorgerufene System der Person Luhmann. Hinzu kommt, dass er – nach eigener Diktion – seine Texte weder in der einen noch anderen Form selbst verfasst hat, sondern dass sein Zettelkasten der Autor gewesen sein soll. Wobei dieses Statement auf eine weitere System/Umwelt-Differenz zurückzuführen ist, insofern der Zettelkasten als eigenes System im Gegenüber zur Umwelt der daraus resultierenden Bücher wie etwa ‚Die Gesellschaft der Gesellschaft‘ anzusehen ist.

Aber nicht nur der Zettelkasten fungiert als Umwelt zum Werk Luhmanns, sondern auch seine Person.[2] Hinsichtlich des Verhältnisses der Person Luhmann zu seinem Werk, die sich wechselseitig System und Umwelt sind, ist daher von struktureller Kopplung, Interpenetration oder konditionierter Ko-

---

[1] Luhmann, Niklas (1998): Die Gesellschaft der Gesellschaft. 2 Bände. Frankfurt a. M., S. 11.

[2] Vergleichbare Überlegungen stellt Wolfgang Hagen an, indem er auf das Bewusstsein Luhmanns als Umweltbedingung für Kommunikation hinweist, siehe Hagen, Wolfgang (2005): Vorwort. In: Hagen, Wolfgang; Baecker, Dirk; Luhmann, Niklas (Hrsg.): Warum haben Sie keinen Fernseher, Herr Luhmann? Letzte Gespräche mit Niklas Luhmann. 2. Aufl. Berlin, S. 10: „Einer ‚inneren‘ Biographie oder Selbstbeschreibung als solcher fehlt die Anschlussfähigkeit“.

produktion[3] zu sprechen. Vielleicht haben sich die Personstruktur Luhmann und die Werkstruktur seiner Theorie dabei verschiedentlich hilfreich unter die Arme gegriffen – oder sie sind sich hin und wieder förderlich aus dem Weg gegangen.

Mit diesen Überlegungen steckt jeder Biograf Luhmanns von Anbeginn an mitten im Labyrinth der System/Umwelt-Theorie. Es scheint unmöglich zu sein, Anfang und Ende zu bestimmen, nach Subjekten und Objekten zu sortieren oder überhaupt einen umrissenen Gegenstandsbereich auszumachen. Mit anderen Worten: Es scheint auf die Systemreferenz anzukommen, innerhalb derer die folgenden Kapitel zu schreiben und zu verstehen sind.

Diese von vornherein gegebene Anlage legt eine komplexe Form der biografischen Sichtung zu Luhmann nahe. So wie die System/Umwelt-Theorie die Absicht verfolgt, Weltkomplexität zu reduzieren, um sie systembezogen steigern zu können, kann eine Biografie einzig darauf aus sein, die Komplexität ihrer Umwelt zu reduzieren, um sie systembezogen steigern zu können. In diesem Sinne kann der Lebenslauf Niklas Luhmanns in seinen Phänomenen, Fakten, Zuschreibungen, Sinnofferten usw. als komplexe Umwelt des Systems Biografie vorausgesetzt werden. Eine Biografie hat dann die Leistung zu erbringen, die unterstellte Komplexität sowohl zu reduzieren als auch zu steigern.

Zur Verdeutlichung mag als Beispiel dienen, wie die Person Luhmann durch andere wahrgenommenen wurde. Man denke dabei an eine körperlich unscheinbare Figur, die wie nebenbei eintritt, die aber, sobald sie nicht mehr nur als Wahrnehmungsgegenüber fungiert, über die Maßen präsent ist, nämlich sobald die Figur Vortragender, Redner wird. Verwirrend ist das von Luhmann über Jahre hinweg getragene, beigefarbene Sakko, weder leger noch fein, vielleicht praktisch, aber sicherlich kein Aufmerksamkeitsattraktor. Darin oder darunter wirkt der muntere Geist eines skeptischen Weltbeschauers, der anhand seiner Unterscheidungen kommunikativ Welt und Systeme konstruiert und damit Weltkomplexität zugleich reduziert und steigert.

Die Differenz von System und Umwelt (des jeweiligen Systems) hat Luhmann wiederholt als eine der vorzüglichen Unterscheidungen zum Einstieg in

---

[3] Vgl. dazu Fuchs, Peter (2001): Die Metapher des Systems. Studien zu der allgemein leitenden Frage, wie sich der Tänzer vom Tanz unterscheiden lasse. 1. Aufl. Weilerswist, S. 13 und passim.

die von ihm gebildete Theorieform benannt.[4] Es könnten wohl auch andere Unterscheidungen sein, mit denen begonnen werden könnte, so seine Meinung. Etwa die Unterscheidung von Form/Medium, von Problemlage/Problemlösung oder von Potentialität/Aktualität usw. Aber alles beginnt mit der Unterscheidung von System und Umwelt.

Die(se) Problematik des Einstiegs in die System/Umwelt-Theorie Luhmanns ist vielfach diskutiert und auch beklagt worden. Der Autor selbst sah es gelassen und empfahl, an beliebiger Stelle anzufangen, um von dorther zu bemerken, dass immer schon Vorentscheidungen getroffen und Voraussetzungen beschrieben worden sind, die der Sachlage als eine Art doppelter Kontingenz voraus gelegen haben, die aber als notwendig vorauszusetzen sind, um eine Theoriedynamik und -entwicklung überhaupt in Gang bringen zu können. Auf diesen Punkt kommen wir weiter unten unter dem Aspekt einer „selbsttragende[n] Konstruktion"[5] zurück.

Da an jedem Punkt der System/Umwelt-Theorie angefangen werden kann, ist es zu vermeiden, sie bspw. als ein grandioses Gedankengebäude, als eine phänomenale Kathedrale des Geistes[6] oder als ein System im Sinne des System- bzw. Strukturfunktionalismus des frühen Parsons[7] zu begreifen. Vielmehr ist die System/Umwelt-Theorie luhmannisch und das heißt: sie ist selbst funktional zu begreifen. Die Theorie hat als ein operativ geschlossenes und kognitiv offenes System die selbstbezügliche Funktion, selbstaufgeworfene Problemstellungen in einem möglichst hohen Auflöse- und Rekombinationsvermögen zu konstruieren. Dies ist aber nicht als Glasperlenspiel möglich, sondern einzig in permanenter Prüfung an der Realität, und zwar im Sinne einer Realitätsbewährung.[8] Genauer betrachtet geht es dabei um die wissenschaftli-

---

[4] Siehe etwa die Formulierung: „Das zentrale Paradigma der neueren Systemtheorie heißt ‚System und Umwelt'. […] Der Letztbezug aller funktionalen Analysen liegt in der Differenz von System und Umwelt." Luhmann, Niklas (1984): Soziale Systeme. Grundriß einer allgemeinen Theorie. 1. Aufl., [Nachdr.]. Frankfurt a. M., 2006, S. 242.

[5] Siehe unten das Kapitel „Supertheorie". Die Formulierung bei Luhmann, Niklas (1984): Soziale Systeme, S. 11.

[6] Vgl. u. a. die Metapher der Glaskathedrale in: Reese-Schäfer, Walter (1992): Niklas Luhmann zur Einführung. 5., erg. Aufl. Hamburg, 2005, S. 175: „Luhmanns Konstruktionen sind Glaskathedralen der Theoriearchitektur, während Habermas eher der lebensweltorientierten (ökologisch und städtebaulich nach heutigen Maßstäben durchaus vorzuziehenden) Altbausanierung zuneigt."

[7] Vgl. unten das Kapitel „Funktion und Problem".

[8] Vgl. den Abschluss seiner Überlegungen zur Gestaltung und Funktion einer Supertheorie in: Luhmann, Niklas (2008): Soziologie der Moral. In: Luhmann, Niklas; Horster, Detlef (Hrsg.): Die Moral der Gesellschaft. Orig.-Ausg., 1. Aufl. Frankfurt a. M., S. 78.

che Bewährung, denn nur in diesem Modus lässt Luhmann seine Texte gelten. Wissenschaftlich bedeutet, dass die selbsterzeugten Problemlagen und die selbsterzeugten Problemlösungsvarianten unter dem Code wahr/unwahr zusammengeführt werden. Wissenschaftliche Soziologie bzw. Gesellschaftstheorie oder – wie Jürgen Habermas (* 1929) im Blick auf Luhmann formuliert hat – Weltbildtheorie[9] ist dabei allein auf sich bezogen und kommt über strukturelle Kopplungen mit anderen Systemen nicht hinaus. In dieser Verortung steckt zugleich die Paradoxie der System/Umwelt-Theorie, die als partikulare Theorie einen universalen Zugriff auf die Realität unternimmt. Für diesen Sachverhalt prägt Luhmann die Formulierung von der kontingenten Supertheorie (siehe das Kapitel ‚Supertheorie‘).

Einführungen in das denkerische Werk Luhmanns gibt es in unterschiedlichen Konkretions- und Abstraktionslagen.[10] Die hier vorgelegte biografische Einführung konkurriert mit keiner von ihnen, sondern richtet ihr Augenmerk auf das Biografische der Person Luhmann, um von dorther den Theorieanteil zu bemessen, der für die Beschreibung der Person hilfreich sein kann. Die biografische Einführung soll Lust machen am Leben, am Werk und an der Wirkung des vorgestellten Probanden. In diesem Sinne liegt die Betonung auf dem Leben Luhmanns, d. h. auf den zufälligen Abhängigkeiten oder Unabhängigkeiten von den sozialen Systemen seiner Zeit.

Dabei wird zweierlei deutlich werden. Zum einen: Luhmanns Leben hätte auch anders verlaufen können und, damit verknüpft, auch seine Theoriebildung hätte anders erfolgen können. Hier und dort mag es hilfreich sein, diese Potentialitäten im Hintergrund mitzuführen. Doch in erster Linie geht es um die aktualisierte Seite der Potentialitäten, also darum, was sich als Sinnkonstruktion dieses Lebens ausmachen lässt. Zum anderen: Im folgenden wird prinzipiell Abstand genommen von Spekulationen über eine (nicht erreichbare) eigentliche, wahre, geheime oder latente Person oder gar Persönlichkeit Luhmanns, wie sie hervorgeholt werden könnte oder soll, wenn man in psychologischen, physiognomischen oder gestentheoretischen Begriffen vorgeht. Was würden solche Erkenntnisse auch erbringen? Dazu ist im Kapitel ‚Biografie mit Luhmann‘ einiges gesagt.

---

[9] Dabei spricht er von einer metatheoretischen Weltbildfunktion der Systemtheorie Luhmanns, vgl. Habermas, Jürgen (2001): Der philosophische Diskurs der Moderne. Zwölf Vorlesungen. [8 Aufl.]. Frankfurt a. M., S. 443.

[10] Vgl. die Einleitung zum Abschnitt ‚WERK‘.

Für die hier angebotene Konstruktion der Biografie Luhmanns sind in erster Linie sekundäre Quellen herangezogen worden, da die primären Quellen wie bspw. private Notizen, Briefe, Fotos, Dokumente usw. derzeit noch kaum erschlossen und daher nahezu unzugänglich sind.[11] Als primäre Quellen konnten einzig die verfügbaren Ton- und Bildmitschnitte genutzt werden, die von Rundfunk- und Fernsehaufnahmen sowie von Vorlesungen und Vorträgen vorliegen. Eine Übersicht dazu hat Klaus Dammann erstellt.[12] In diese Kategorie dürften auch die schriftlich fixierten Interviews gehören, die in mindestens vier Publikationen zugänglich sind.[13]

Als sekundäre Quellen kamen Augenzeugen- und Erlebnisberichte in Betracht, wie sie Mitarbeiter, Soziologiekollegen, Studierende, Freunde und Feinde usw. notiert haben.[14] Weitere biografische Notizen und Übersichten

---

[11] Die Quellenlage für eine Luhmann-Biografie ist derzeit noch sehr schmal, da der Nachlass erst nach und nach für die Forschung geöffnet wird, siehe www.uni-bielefeld.de/soz/luhmann-archiv/index.html (Zugriff am 06.11.2016). Dem war ein Erbschaftsprozess vorausgegangen, in dem der Tochter Veronika Schmidt-Luhmann auch der Zettelkasten als Nachlass zugesprochen wurde. Niklas Luhmann hatte in seinem Testament die Tochter als Alleinerbin seines Nachlasses eingesetzt. Im Erbschaftsprozess wurde der Zettelkasten als nicht zum Hausrat, der unter den drei Kindern Luhmanns aufgeteilt worden ist, sondern als zum Nachlass gehörend eingestuft. Demnach hat das Oberlandesgericht Hamm im Wege der Auslegung des Testaments festgestellt, dass die Tochter des Gelehrten Inhaberin sämtlicher mit seinem wissenschaftlichen Werk verbundenen Rechte ist, vgl. OLG Hamm, Urteil vom 29.7.2004, Aktenzeichen 10 U 132/03. Seit 2011 ist die Universität Bielfeld sowohl im Besitz des Nachlasses als auch des Zettelkastens. Derzeit ist man darum bemüht, beides sobald als möglich öffentlich zugänglich zu machen. Ein Tagebuch Luhmanns ist wohl nicht überliefert. Zudem ist bekannt, dass er eine signifikante Anzahl persönlicher Dokumente und Aufzeichnungen vernichtet hat, wie Prof. Dr. Klaus Dammann, Bielefeld, dem Verfasser am 31.03.2010 in einem Gespräch mitgeteilt hat. Dazu zählen offenbar Briefe, private Aufzeichnungen sowie amtliche und nicht-amtliche Dokumente.
[12] Dammann, Klaus (1999): Luhmann sehen und hören. Eine Audio- und Videographie. In: Bardmann, Theodor M.; Baecker, Dirk (Hrsg.): Gibt es eigentlich den Berliner Zoo noch? Erinnerungen an Niklas Luhmann. 1. Aufl. Konstanz, S. 179-182.
[13] Nämlich, chronologisch geordnet, in: Luhmann, Niklas; Baecker, Dirk (Hrsg.) (1987): Archimedes und wir. Interviews. Berlin. Hagen, Wolfgang; Baecker, Dirk; Luhmann, Niklas (Hrsg.) (2005): Warum haben Sie keinen Fernseher, Herr Luhmann? Letzte Gespräche mit Niklas Luhmann. 2. Aufl. Berlin. Hagen, Wolfgang; Luhmann, Niklas; Baecker, Dirk (Hrsg.) (2009): Was tun, Herr Luhmann? Vorletzte Gespräche mit Niklas Luhmann. Berlin. Sowie verstreut vorliegende Interviews, u. a.: Luhmann, Niklas (1992): Erfahrungen mit Universitäten. Ein Interview. In: Luhmann, Niklas (Hrsg.): Universität als Milieu. Bielefeld, S. 100-125. Und: Horster, Detlef; Luhmann, Niklas (1997): Niklas Luhmann, S. 25-47.
[14] Bardmann, Theodor M.; Baecker, Dirk (Hrsg.) (1999): Gibt es eigentlich den Berliner Zoo noch? Erinnerungen an Niklas Luhmann. 1. Aufl. Konstanz. In diese Kategorie gehören auch die Texte des Gedenk-Kolloquiums nach dem Tod von Luhmann, siehe: Stichweh, Rudolf; Luhmann, Niklas (Hrsg.) (1999): Niklas Luhmann – Wirkungen eines Theoretikers. Gedenkcolloquium der Universität Bielefeld am 8. Dezember 1998. Veranstalter: Zentrum für interdisziplinäre Forschung der Universität Bielefeld. Bielefeld.

finden sich verstreut in den einschlägigen Einführungsbüchern und im Internet.

Schließlich wurden die wissenschaftlichen und essayistischen Schriften Luhmanns – von den kleinen Variata in Tages- und Wochenzeitungen über die Beiträge in Fachzeitschriften und Vortragstexten bis hin zu den elaborierten Aufsätzen und den monografisch vorliegenden Büchern – verwertet. Darüber gibt das Literaturverzeichnis im Anhang Auskunft.

Die Brisanz personenbezogener Texte zu Luhmann, mit der sich jeder Biograf auseinanderzusetzen hat, wird unter anderem in den Erinnerungen von Schülern, Kollegen, Freunden und Bekannten deutlich, die in der Publikation „Gibt es eigentlich den Berliner Zoo noch?"[15] greifbar sind. Der Memorialband versammelt 41 Skizzen und Impressionen zur Person Luhmanns, die in szenischen Erzählungen daherkommen. Das allen Autoren als gemeinsam zu unterstellende Verfahren beinhaltet dabei zwei gegensätzliche Intentionen bei gleichzeitigem Bezug auf ein und dieselbe Unterscheidung. Die Unterscheidung lautet Person/Werk oder, abstrakter formuliert, Bewusstseinssystem/Kommunikationsofferten. Alle biografischen Hinweise beziehen sich also entweder überwiegend auf die Person bzw. das Bewusstseinssystem oder aber überwiegend auf das Werk bzw. die Kommunikationsofferten Luhmanns.

Dabei tendiert die eine Form der Konstruktion der Person Luhmanns dahin, die beiden Seiten der Unterscheidung von Person und Werk als von vornherein kongruent darzustellen. Theorie- und Menschengestalt stehen demnach in einer korrelativen oder kongruenten Fassung zueinander. Dafür werden Begriffe wie feinsinnig, zurückhaltend, experimentell, leise usw. verwendet, die deutlich machen sollen, dass der Mensch hinter der feinen Theorie auch ein feiner Mensch war. Hier und da blitzen Überlegungen zu einer paradoxen Konstruktion auf, die sich sowohl auf das Werk als auch auf den Autor beziehen. Die These lautet dann: So wie die System/Umwelt-Theorie von Grund auf paradox konstruiert ist, so war auch das damit gekoppelte Bewusstseinssystem paradox konstituiert. Peter Fuchs (* 1949) schreibt: „Ich hatte es mit dem Extremfall einer unglaublich arroganten Bescheidenheit oder einer unglaublich bescheidenen Arroganz zu tun. Sie bestritt die Möglichkeit irgendeiner Überlegenheit – und führte sie im selben Zuge vor."[16]

---

[15] Bardmann, Theodor M.; Baecker, Dirk (Hrsg.) (1999): Gibt es eigentlich den Berliner Zoo noch?
[16] Fuchs, Peter (1999): Niklas Luhmann – erzählt, S. 76.

Die andere Form der Konstruktion geht ebenfalls von einer Kongruenz beider Seiten aus und wehrt die von den Kritikern Luhmanns gepflegte Beschreibung seiner Person als Unperson ab. Nach Meinung der Kritiker sei von der scharfgetrimmten Theorie Luhmanns auf einen kalten Beobachter, einen Unmenschen oder Zyniker zu schließen. Demgegenüber bemühen sich die Sympathisanten um eine Korrektur. Der Mensch hinter der Theorie sei besser als seine Theorie den Anschein mache und von daher sei auch die Theorie weder kalt noch unmenschlich. Ja, gerade die als Härte gelesene Exklusion des Menschen aus dem System der Gesellschaft in deren Umwelt sei ein Beweis für die Humanität der Theorie.

Beide Konstruktionen der Person Luhmanns haben mit Paradoxien zu tun und laufen entweder darauf auf oder bemühen sich, die Paradoxien ansatzweise zu entfalten. Aber wohin? Antwortversuche darauf finden sich in den Abschnitten ‚Biografie mit Luhmann‘ und ‚Paradoxien einer Biografie‘.

Selbstbeschreibungen

"Man fragt sich nach all dem, weshalb die Placierung der Menschen in der Umwelt des Gesellschaftssystems (und erst recht: aller anderen sozialen Systeme) so ungern gesehen und so scharf abgelehnt wird. Das mag zum Teil an humanistischen Erblasten liegen; aber jede genauere Analyse dieser Tradition stößt hier auf Denkvoraussetzungen, die heute schlechterdings unakzeptabel sind. [...] Im übrigen ist es nicht einzusehen, weshalb der Platz in der Umwelt des Gesellschaftssystems ein so schlechter Platz sein sollte. Ich jedenfalls würde nicht tauschen wollen. [...] Das humanistische Vorurteil scheint, gerade weil es so natürlich und traditionsgesichert auftreten kann, zu den ‚obstacles épistémologiques' zu gehören, die den theoretischen Zugang zu einer hinreichend komplexen Beschreibung der modernen Gesellschaft blockieren – in deren Umwelt wir als Mitwirkende und Betroffene leben. "[1]

Luhmann hat wiederholt darauf hingewiesen, dass die Selbstbeschreibungen eines Systems von dessen tatsächlicher Operationsweise zu unterscheiden sind.[2] Jedes psychische oder soziale System arbeitet mit Selbstbeschreibungen, die notgedrungen auswählen, verkürzen und simplifizieren (müssen), da eine kommunikative Eins-zu-eins-Abbildung der unterstellten und mitlaufenden Realität nicht möglich ist. Luhmann selbst sah sich zu einer Reihe von Selbstbeschreibungen veranlasst, insofern er sich für Interviews zur Verfügung gestellt hat. Die Dokumentation der Gespräche hat in schriftlicher, audiotechnischer und audiovisueller Form stattgefunden (s. o.).

Die Problematik seiner Selbstbeschreibungen fokussiert, so wie alle anderen Problemstellungen bei Luhmann, auf die Frage nach den passenden Unterscheidungen. Man kann dies an der Unterscheidung von Person (als sozialer Adresse) und Motivation Luhmanns, genau diese soziale Adresse zu besetzen,

---

[1] Luhmann, Niklas (2008): Die Tücke des Subjekts und die Frage nach den Menschen. In: Luhmann, Niklas (Hrsg.): Soziologische Aufklärung 6. Die Soziologie und der Mensch. 3. Aufl. Wiesbaden, S. 159. Zum Ausdruck ‚obstacles épistémologiques' dort Anm. 26: „Dieser Begriff genau nach Gaston Bachelard, La formation de l'esprit scientifique: Contribution à une Psychanalyse de la connaissance objective, Paris (1938) 1947, S. 13 ff.".
[2] Vgl. exemplarisch: Luhmann, Niklas (2008): Die operative Geschlossenheit psychischer und sozialer Systeme. In: Luhmann, Niklas (Hrsg.): Soziologische Aufklärung 6. Die Soziologie und der Mensch. 3. Aufl. Wiesbaden, S. 34-37, sowie: Luhmann, Niklas (1998): Die Gesellschaft der Gesellschaft, S. 879-893.

deutlich machen. Bei jeder Motivation – und so auch bei der Motivation, eine soziale Adresse zu besetzen – geht es immer um die Steigerung der Wahrscheinlichkeit der Koinzidenz von Selektionsangebot und Motivation, wofür in der Regel ein symbolisch generalisiertes Kommunikationsmedium einspringt. Da sich Luhmann primär im Wissenschaftssystem verortet hat und dies auch aus Sicht einer Fremdbeschreibung kaum anders eingeschätzt werden kann, führt die Überlegung zur Motivation für eine bestimmte Selbstbeschreibung auf das symbolisch generalisierte Kommunikationsmedium Wahrheit bzw. auf die binäre Codierung von wahr/unwahr hin, das bzw. die sowohl als Selektionsprämisse als auch als Motivationsprämisse fungiert.

Im wissenschaftlichen Kontext bezeichnet sich Luhmann durchweg als Soziologen, treffender noch als Gesellschaftstheoretiker. In der Zuschreibung „Gesellschaftstheoretiker"[3] kommen die beiden wissenschaftlichen Fragestellungen zusammen, die er als die ihn leitenden angibt. Dies ist zum einen die Frage, wie die gegenwärtige moderne Gesellschaft am besten zu beschreiben ist, und zum anderen die Anforderung, wie man die Frage ‚Wer ist der Beobachter?' sinnvoll auflösen kann.[4] Die Beschreibung der Gesellschaft ist selbst Vollzug von Gesellschaft, sodass sich der Beobachter stets mit beschreiben muss bzw. die Beschreibung der Gesellschaft so fassen muss, dass der Beobachter selbst als Gegenstand in seiner Theorie wieder vor kommt. Eine Gesellschaftstheorie hat also den re-entry (siehe das Kapitel ‚Der Operator') der Unterscheidung von Beobachter und Gesellschaft in die Gesellschaftsbeobachtung zu vollziehen.

Mit der doppelten Fragestellung nach der Gesellschaft und nach dem Beobachter gewinnt die Selbstbeschreibung ‚Gesellschaftstheoretiker' ihren genauen Sinn. Luhmann verfasst eine Theorie, die im Sinne alteuropäischer Ansprüche als umfassende Theorie auftritt. Zugleich versteht sich seine Theorie als

---

[3] Vgl. Luhmann, Niklas (2005): Es gibt keine Biografie. Niklas Luhmann im Radiogespräch mit Wolfgang Hagen. In: Wolfgang Hagen, Dirk Baecker und Niklas Luhmann (Hrsg.): Warum haben Sie keinen Fernseher, Herr Luhmann? Letzte Gespräche mit Niklas Luhmann. 2. Aufl. Berlin, S. 37.

[4] „Wenn nun die soziologische Theorie radikal auf ein Beobachtungsverhältnis zweiter Ordnung umgestellt wird und damit ihre eigene Sozialität reflektiert, verschwindet der alte ontologische (seinsbezogene) Begriff der Latenz. Die Unterscheidung selbst von latent und manifest scheint ihre ihre Möglichkeiten erschöpft zu haben. Latenzen werden in Kontingenzen transformiert. Deshalb muß auch jede erste Unterscheidung als kontingent begriffen werden." Luhmann, Niklas (1993): „Was ist der Fall?" und „Was steckt dahinter?". Die zwei Soziologien und die Gesellschaftstheorie. Unter Mitarbeit von Gerhard Trott. Bielefeld, S. 23.

kontingenter Gegenstand ihrer selbst.[5] Damit sind soziologisch-empirische Gegebenheiten – wie z. B. eine Gesellschaftstheorie – dahingehend relativiert, dass sie genau das erfassen und messen, was sie erfassen und messen. Im Umkehrschluss bedeutet dies, dass sie auch andere Aspekte thematisieren oder gegenteilige Untersuchungen anstellen könnten.[6] Die auf diese Weise selbstimplikativ gebaute Gesellschaftstheorie Luhmanns tendiert von daher zur Universalisierung.

„Die Theorie wendet die Einsichten, die sie über Gegenstände erzeugt, autologisch im Rückschluss auf sich selber wieder an. Darin steckt eine Form der Universalität, nämlich das Verbot der Selbstexemption. Man darf sich nicht selber aus einer Theorie herauskatapultieren."[7]

Um beides, den Anspruch an eine universalistische Theorie als auch an eine beobachtbare Gesellschaft, einlösen zu können, hält Luhmann daran fest, dass dies einzig experimentell[8] möglich ist. Eine Gesellschaftstheorie diesen Ausmasses ist stets tentativ, sie testet Unterscheidungen und Unterscheidungen von Unterscheidungen, um tatsächlich eine Theorie der Gesellschaft zustande zu bringen. Die Idee des Experimentierens leiht sich Luhmann aus den Naturwissenschaften, die ebenso verfahren müssen, oder aus den angewandten Wissenschaften wie etwa der Medizin, bei der Medikamente probehalber verabreicht werden, um Folgen und Nebenfolgen beobachten zu können.[9]

---

[5] Vgl. Luhmann, Niklas (2008): Soziologie der Moral, S. 59 ff., insbesondere S. 63. Siehe auch Horster, Detlef; Luhmann, Niklas (1997): Niklas Luhmann, S. 46: „Ja, doch, die Systemtheorie ist auf alle Fälle ein kontingentes Unternehmen. Sie tritt nicht mit dem Anspruch auf, einzig richtig zu sein, obwohl sie universell konzipiert ist. Sie soll für alles zuständig sein, was in der Gesellschaft passiert, aber sie ist nicht notwendigerweise die einzig richtige Konzeption. Das hat ja auch mit der Fundierung in Paradoxien zu tun."

[6] Vgl. Luhmann, Niklas (2005): Die Wissenschaft der Gesellschaft. 1. Aufl., [Nachdr.]. Frankfurt a. M., S. 369 f.

[7] Luhmann, Niklas (2009): „Unsere Zukunft hängt von Entscheidungen ab". Niklas Luhmann im Interview mit Rudolf Maresch. In: Hagen, Wolfgang; Luhmann, Niklas; Baecker, Dirk (Hrsg.): Was tun, Herr Luhmann? Vorletzte Gespräche mit Niklas Luhmann. Berlin, S. 43-44.

[8] „Ein experimentelles Verhalten ist grundlegend für mein Denken", in: Luhmann, Niklas (1987): Biographie, Attitüden, Zettelkasten. In: Luhmann, Niklas; Baecker, Dirk (Hrsg.): Archimedes und wir. Interviews. Berlin, S. 125-155, dort S. 128.

[9] Vgl. Luhmann, Niklas (2009): „That´s not my problem". Niklas Luhmann im Interview mit Klaus Taschwer. In: Hagen, Wolfgang; Luhmann, Niklas; Baecker, Dirk (Hrsg.): Was tun, Herr Luhmann? Vorletzte Gespräche mit Niklas Luhmann. Berlin, S. 23: „Zum Teil muß auch die Medizin heute so vorgehen, dass sie also nicht genau weiß, woran es liegt, und man irgendetwas verschreibt. Und wenn das nichts nützt, dann hat das diagnostische Effekte."

„Während für das aristotelische Denken gerade der natürliche Kontext die Dinge und Ereignisse in Ordnung hielt, geht es jetzt – nur so kann man experimentieren – um möglichst kontextfreie Variation unter kontrollierbaren Bedingungen. Das ermöglicht im Zuge verstärkter Ausdifferenzierung der wissenschaftlichen Forschung eine größere Distanz zu den Phänomenen und zugleich die Vereinheitlichung ihres Gegenstandsbereichs unter abstrakteren Leitgesichtspunkten."[10]

Aufgrund des experimentellen Charakters von Luhmanns Gesellschaftstheorie bleibt schließlich die Erkenntnis: „Die Theorie ist nicht die Gesellschaft."[11] Allerdings würde eine Abstinenz von experimenteller Theorie die Gesellschaft ebenso wenig erreichen wie die Theorie. Im Gegenteil: Der Sinn einer adäquaten Gesellschaftstheorie liegt darin, „dass die Theorie etwas leistet: ein besseres, komplexeres Verständnis der modernen Welt"[12].

In Kombination mit der Selbstzuschreibung Luhmanns als Wissenschaftler haben manche Interviewer dem Interviewten auch Bemerkungen über persönliche Charaktermomente entlocken können. Auf die Frage nach einer seiner vorherrschenden Eigenschaften hinsichtlich der Berührungsfläche zwischen Wissenschaft und Bewusstseinssystem: *„Was würden Sie als eine Ihrer Haupteigenschaften bezeichnen? Neugier?"* lautete seine Antwort: „Bockigkeit."[13]

Sowohl die auf die Theorie als auch auf die Person Luhmanns bezogenen Selbstzuschreibungen ließen sich nun für eine Biografie linear übernehmen oder umschreiben. Aber: Trifft das mit der Bockigkeit zu? Und mit welcher Art Bockigkeit und inwiefern? Bei den auf die Person gemünzten Zuschrei-

---

[10] Luhmann, Niklas (1993): Selbstreferenz und Teleologie in gesellschaftstheoretischer Perspektive. In: Luhmann, Niklas (Hrsg.): Gesellschaftsstruktur und Semantik. Studien zur Wissenssoziologie der modernen Gesellschaft. Band 2. Frankfurt a. M., S. 17 f.

[11] Luhmann, Niklas (2009): „Unsere Zukunft hängt von Entscheidungen ab", S. 40. Siehe auch seine Unterscheidung von (Makro-)Soziologie und Gesellschaftstheorie in: Luhmann, Niklas (2005): Es gibt keine Biografie, S. 37.

[12] Luhmann, Niklas (2005): Es gibt keine Biografie, S. 45-46.

[13] Luhmann, Niklas (2005): Vorsicht vor zu raschem Verstehen. Niklas Luhmann im Fernsehgespräch mit Alexander Kluge. In: Hagen, Wolfgang; Baecker, Dirk; Luhmann, Niklas (Hrsg.): Warum haben Sie keinen Fernseher, Herr Luhmann? Letzte Gespräche mit Niklas Luhmann. 2. Aufl. Berlin, S. 77.

bungen bleibt in jedem Fall ein „so oder auch anders"[14] möglich. Luhmann könnte es ernst gemeint oder aber sich selbstironisch gegeben haben, wie er an anderer Stelle formuliert.[15]

Einem Biografen bleibt für seine Beschreibung genau das übrig, was Luhmann für seine Gesellschaftsbeschreibung umgesetzt hat. Es sind hier wie dort die Unterscheidungen zu benennen und zu klären, mit denen beobachtet wird, um dann selbstrekursiv eine Antwort auf die Frage geben zu können: Wer ist der Beobachter? Eine Biografie wird demnach das von Luhmann und seiner Theorie sehen, was sie gemäß ihrer Unterscheidungen sieht – und nichts anderes.

---

[14] „Die funktionale Analyse benutzt Relationierungen mit dem Ziel, Vorhandenes als kontingent und Verschiedenartiges als vergleichbar zu erfassen. Sie bezieht Gegebenes, seien es Zustände, seien es Ereignisse, auf Problemgesichtspunkte, und sucht verständlich und nachvollziehbar zu machen, daß das Problem so oder auch anders gelöst werden kann." Luhmann, Niklas (1999): Die Behandlung von Irritationen: Abweichung oder Neuheit? In: Niklas Luhmann (Hrsg.): Gesellschaftsstruktur und Semantik. Studien zur Wissenssoziologie der modernen Gesellschaft. Band 4. 1. Aufl. Frankfurt a. M., S. 83 f.

[15] „Mein Stil ist ja auch ironisch, um das genau zu markieren. Ich will damit sagen, nehmt mich bitte nicht zu ernst oder versteht mich bitte nicht zu schnell." Horster, Detlef; Luhmann, Niklas (1997): Niklas Luhmann, S. 46.

Biografie mit Luhmann

„Eine Biographie ist eine Sammlung von Zufällen, das Kontinuierliche besteht in der Sensibilität für Zufälle. Insofern kann man auch bezüglich meiner Biographie von einer Kette von Zufällen sprechen: der politische Umbruch 1945, den ich mit offenen Augen erlebte; das Jurastudium, in dem man eine Reihe von Organisations-Tricks lernte und zugleich eine Art Augenmaß".[1]

Luhmanns schriftliche Diktion quer und längs durch sein Werk ist für ihre begriffliche Genauigkeit bekannt. Schon manche Leser haben sich dadurch dazu verleiten lassen, dem Autor Luhmann eine unterkühlte oder arrogante Art zu unterstellen, andere haben daran mit hohem Eifer ihre eigenen sprachlichen Ansprüche und Aussprüche geschärft. Daher ist in einer Biografie wie dieser ein Abschnitt darüber notwendig, wovon hier genau die Rede sein wird – ohne allerdings der Präzision und Dichte der Formulierungen Luhmanns auch nur im entferntesten nahe kommen zu können.

In der Regel handeln Biografien von Menschen, von Personen, von Individuen oder Subjekten sowie deren Lebensläufen. Aber was genau ist damit jeweils gesagt? Wie lautet die Systemreferenz[2], so würde Luhmann fragen, innerhalb derer der eine oder andere Begriff seine Bedeutung erhält? Im Vorgriff auf spätere Erläuterungen ist daher bereits an dieser Stelle auf die Anwendung des Kalküls bzw. Operators von Georg Spencer-Brown (1923–2016) hinzuweisen. Von dorther ergibt sich die Bedeutung eines Begriffs aus der „distinction" und aus der „indication", die mit jeder Begriffsbestimmung einhergehen. Darauf ist weiter unten detailliert einzugehen.[3]

Für die im soziologischen Interesse verwendeten Begriffe für einzelne humane Lebewesen kommen hier zumindest die Worte Mensch, Person, Rolle, Individuum, Bewusstsein – und auch Subjekt in Betracht.[4] Der entscheidende Punkt dabei ist, dass derlei Begriffe als Einheit einer Differenz begriffen werden müssen. Sie verdecken, als (gegenständlich verstandene) Einheit (indication) genommen, immer eine darin implizierte Differenz (distinction) und sind

---

[1] Luhmann, Niklas (1987): Biographie, Attitüden, Zettelkasten. In: Luhmann, Niklas; Baecker, Dirk (Hrsg.) (1987): Archimedes und wir. Interviews. Berlin, S. 125-155, dort S. 134.
[2] Vgl. Luhmann, Niklas (1984): Soziale Systeme, S. 599 ff.
[3] Siehe das Kapitel ‚Der Operator‘.
[4] Vgl. Luhmann, Niklas (1984): Soziale Systeme, S. 426 ff.

dadurch notwendigerweise paradox konstruiert. Eine Biografie unterliegt demnach von Beginn an einer Paradoxie, wenn und insofern sie ein Lebenswerk auf eine Person oder ein Bewusstseinssystem zurechnet. Genau genommen liegt hier eine doppelte Paradoxie vor, da auch die andere Seite, das Lebenswerk, ausschließlich als paradoxe Einheit einer Differenz zu konstruieren ist. Die damit verbundenen Problemlagen sind verschiedentlich ansatzweise erörtert worden und sollen an dieser Stelle ausführlicher behandelt werden.[5]

Die Frage, die sich im Rahmen einer Biografie über Niklas Luhmann in Bezug auf die System/Umwelt-Theorie eines Niklas Luhmann bezieht, lautet daher zunächst: Ist derselbe ein anderer? Wie stimmen Person (oder Bewusstseinssystem) und Werk überein? Inwiefern differieren sie? Luhmann behandelt diese Art Fragen unter Begriffen wie Attribution oder Zurechnung, Beobachtung erster und Beobachtung zweiter Ordnung, Medium und Form usw. Kurz: Im Effekt tendieren Fragen nach dem wahren und wirklichen Zusammenhang der Person Luhmann und dem Textwerk Luhmanns auf eine bestimmte erkenntnistheoretische und ontologische Fundierung hin. Es soll sozusagen eine richtige, im Sinne einer wahren oder (einzig) realitätsgerechten Darstellung des Lebens inklusive der Leistungen Luhmanns erreicht werden. Ein solcher Ansatz geht auf ontologische Vorstellungen zurück, die auf Abbildtheorien der Erkenntnis basieren, die also davon ausgehen, dass es eine wie auch immer modellierte oder modellierbare Eins-zu-eins-Korrelation zwischen einer vorgegebenen realen Realität und einer vorgestellten mentalen Realität gibt. Nichts anderes ist es, was Luhmann längs und quer durch seine System/Umwelt-Theorie zu vermeiden und dann auch auf neue Füße zu stellen beabsichtigt. Seiner Auffassung nach gibt es die Realität, die innerhalb seines Theoriegefüges selbst als differenzloser Begriff gegeben ist, nur dann und nur insofern als sie nicht in der Erkenntnis verdoppelt, sondern in anderer Form konstruiert wird. Sein daraus resultierendes Votum für einen operativen Konstruktivismus wird weiter unten im Kapitel ‚De-Ontologisierung‘ vorgestellt. Demnach beginnt alle Erkenntnis in der Erkenntnis und nirgendwo anders, womit der aufmerksame Leser oder Nachdenker bereits in der System/Umwelt-Theorie verfangen ist, oder besser: mit aufgenommen ist, da sich die Theorie permanent als ein selbsttragendes Gebilde in ihrer Umwelt konstituiert und dadurch System wird. Theorie ist kein Abbild, keine Analogie zur Realität. Wer so zu un-

---

[5] Vgl. etwa Fuchs, Peter (1999): Niklas Luhmann – erzählt, S. 74-80.

terscheiden anfängt, bleibt vielmehr in ontologischen Eins-zu-eins-Korrelationen verfangen, die sich spätestens mit Immanuel Kants vergeblicher Suche nach dem transzendentalen Ding an sich aufgelöst haben.

In diesem Sinne ist es in einer Biografie über Luhmann zu vermeiden, gegenständlich verstandene Abbild-Korrelationen zwischen Person und Werk, Bewusstseinssystem und Texten zu erzeugen, die eben auf eine Ontologie zurückführen, die sich selbst zwingt, in einer Beobachtung erster Ordnung zu verharren. Jegliche Abbild- und Analogie-Ontologie geht ja von einer Einheit des Begriffs in Bezug auf eine Einheit des gegenständlichen Gegenübers aus. Demgegenüber fragt der operative Konstruktivismus – und mit ihm eine Beobachtung zweiter Ordnung – in jedem Moment nach der Unterscheidung von Einheiten sowie der Unterscheidung von Unterscheidungen und kommt über die dadurch etablierten Differenzen nicht hinaus.

Im Interview „Ich nehme mal Marx"[6] beharrt der Interviewer Walter van Rossum auf einer nicht näher erläuterten, aber beschreibbaren Rückführung des Werks von Luhmann auf die Person Luhmann. Er verwendet für seine Fragen den Begriff des Intellektuellen, den er als Einheit hinter der textlich verfassten Theorie Luhmanns ausmachen und dingfest machen will. Luhmann aber verweigert sich der kausalen Rückführung seiner Texte auf ein Eins-zu-eins-handelndes Subjekt mit Hilfe zweier Argumente. Zum einen kontert er mit einer seiner Standardrückfragen im Sinne von: Wovon ist der Begriff des Intellektuellen zu unterscheiden? Angesichts dieser Frage gerät die Unterstellung einer handlungstheoretischen Einheit eines mehr oder weniger intelligent denkenden Subjekts, die sich nach Ansicht Luhmanns ausschließlich kommunikativ (er-) klären lässt, in Erklärungsnöte. Eine Rückführung auf eine nicht-kommunikative, externe, gegenständliche oder gar objektive Größe ‚Intellektueller' ist damit ausgeschlossen. Gleichzeitig ist eine Differenz eingeschlossen, die einen Intellektuellen von einem Alltagsmenschen oder von anderen sozialen Adressen unterscheidet, eine Unterscheidung also, von der man bis auf Weiteres ausgehen kann – oder auch nicht. Luhmann sieht allerdings keinen Ertrag darin, von der Unterscheidung Intellektueller/Alltagsdenker auszugehen. Damit schließt er eine Rückführung seines Werks auf seine Person nicht kategorisch aus, aber rückt sie in eine spezifische Position, die sich zu-

---

[6] Rossum, Walter van; Luhmann, Niklas (1987): Ich nehme mal Marx. Interview: Walter van Rossum. In: Luhmann, Niklas; Baecker, Dirk (Hrsg.): Archimedes und wir. Interviews. Berlin, S. 14-37.

gleich als kontingent und unverzichtbar beschreiben lässt. Denn ohne Zweifel hat das Individuum Luhmann die von ihm geschriebenen Texte verfasst, was unter anderem bedeutet, dass sie von anderen nicht in gleicher Weise weitergeschrieben werden können. Denn das Bewusstseinssystem Luhmann hat spezifische Erfahrungen mit seiner eigenen Theorie kondensiert – zum Beispiel spezifische Literatur rezipiert und genau diejenigen Gedankenverknüpfungen vorgenommen, die es vorgenommen hat –, die in seinen Texten dann Form gewonnen haben.[7] Er könnte sich daher auch fragen – und er hat sich gefragt: „Warum gerade ich?"[8]

Es ist also von der Paradoxie auszugehen, dass das individuelle Bewusstseinssystem Luhmann unverzichtbar für die Verfassung seiner Theorietexte war und dass doch zugleich vom individuellen Bewusstseinssystem Luhmann abzusehen ist, da es in den Texten um die Texte und nicht um die Individualität geht. Eine Frage hinter die Texte zurück auf den Autor ist wohl möglich, aber sie erscheint als wenig gewinnbringend. Aus der Antwort darauf würde man kaum einen Mehrwert der Texte über die Texte hinaus gewinnen oder eine wie auch immer gelagerte Motivations- oder Interessendisposition des Autors herausdestillieren können. Wer aber hinter die Texte zurückfragt, fragt nach einem anderen Text, den der Autor sicherlich auch hätte schreiben können, aber eben nicht geschrieben hat, weil er dann einen anderen Text geschrieben hätte

---

[7] Im Zusammenhang lautet dieser Gedanke: „Freilich läßt sich wohl sagen, daß es in der persönlichen Biographie Lerneffekte und Erfahrungen gibt, die man nicht weitergeben kann, die also an die Person gebunden bleiben und mit ihr sterben. Die Innenkenntnis des eigenen Theoriewerks ist beim Autor natürlich größer als bei jedem anderen. Und wenn der Autor die Theorie nicht weiterschreibt, wird das kein anderer können. Andere mögen dann Sekundäranalysen machen und kritisch dagegen vorgehen […] aber die Erfahrung der Tragfähigkeit theoretischer Begriffe kann man nicht ohne weiteres entsubjektivieren. […] vielleicht dieser berechtigte Kern der Personalzurechnung. Andererseits übertreibt sie ganz deutlich. […] Was wird nicht Marx alles zugerechnet, was seinerzeit längst Gemeingut war. Es wird ihm zugerechnet, weil es – auch – in seinen Büchern stand." Rossum, Walter van; Luhmann, Niklas (1987): Ich nehme mal Marx, S. 23-24.

[8] Im Zusammenhang: „Diese Geschichte kann ich natürlich auch erzählen, ich kann, durchaus persönlich, darstellen, daß ich fasziniert bin durch Möglichkeiten, durch die offensichtlich niemand anderes fasziniert ist, also durch theoretische, kombinatorische Möglichkeiten, die […] auf der Hand liegen und die nicht genutzt werden. Und das bedeutet zugleich die persönliche Erfahrung, daß es offensichtlich keinen zweiten, dritten, vierten gibt, der genau dieselbe Erfahrung hat. Und das läßt mich natürlich fragen: Warum gerade ich? Aber dann wiederum frage ich mich auch: Wozu soll ich das wieder anderen Leuten mitteilen? Das ist eine Selbsterfahrung und vielleicht auch ein Engagement für eine bestimmte Aufgabe, aber die Aufgabe könnte ja auch für andere interessant sein." Rossum, Walter van; Luhmann, Niklas (1987): Ich nehme mal Marx, S. 20.

22

als den, den er geschrieben hat. Daher bleibt nur der Verweis auf die geschriebenen Texte.

„Warum wollen Sie diese Gesellschaft beschreiben – nach Maßgabe hoch angelegter Standards, auf dem Niveau einer so abstrakten wie komplexen Theorie? Liegt da nicht ein Interesse zugrunde, das Sie bis jetzt theoretisch noch nicht eingeholt haben?
Luhmann: Nun, ich kann sicher einen biografischen Bericht erstatten, aber einerseits frage ich mich dann: Wen interessiert das? Und andererseits möchte ich auch gern die biografische Lesart meiner Arbeiten aus den an diese Arbeiten anschließenden Verstehensprozessen heraushalten. Denn wenn jemand das braucht, um zu verstehen, was ich geschrieben habe, dann habe ich schlecht geschrieben."[9]

Im Fazit bedeutet dies, dass sich ein Leser bzw. Beobachter der Texte Luhmanns, wie sie nun einmal vorliegen, um die Bestimmung der Systemreferenz zu bemühen hat, weil ansonsten ein ständiges Oszillieren zwischen Individuum (Autor) und Text entsteht, in dessen Folge sich eine nicht auflösbare Paradoxie ergibt, die eine differente Einheit von Person und Werk mitführt, wie Luhmann es in Bezug auf Shaftesbury und Rousseau unter der Perspektive der Umwandlung von Identität in Kommunikation formuliert hat:

„Wenn Rousseau von der Einzigartigkeit seines Selbst auf die Einzigartigkeit seines Textes schließt: ist er selbst dann sein Text? Oder ist diese Konfusion nötig, um den Verdacht abzuwehren, es handle sich um ein Schema?"[10]

Ist das Individuum Luhmann sein Text geworden? Oder sind seine Texte nichts anderes als das Individuum Luhmann? System/Umwelt-theoretisch können zwei Antworten gegeben werden. Zum einen tritt hier die Unterscheidung von System/Umwelt insofern ein, als sie Individuum und Text in wechselseitiger Relation als System/Umwelt begreift, sodass das Individuum als Umwelt seiner Texte und die Texte als Umwelt des Individuums zu beschreiben sind. In der Folge davon geht es um Fragen der Systemreferenz und der damit gegebenen strukturellen Kopplungen zwischen dem jeweils als System gesetzten System und seiner Umwelt. Zum anderen lässt sich die Paradoxie von Individuum = Text / Individuum ≠ Text mit Hilfe der Beobachtertheorie auflösen. Ein Be-

---

[9] Rossum, Walter van; Luhmann, Niklas (1987): Ich nehme mal Marx, S. 19.
[10] Luhmann, Niklas (1995): Die Realität der Massenmedien. Wiesbaden, 2004, S. 202, Anm. 15.

obachter kann eine Einheit von Individuum und Text sehen, sieht damit aber eine selbsterzeugte Konstruktion, die seiner eigenen Systemperspektive geschuldet ist. Seitens des Beobachters werden solcherart kausale Attributionen in der Regel mit dem Begriff des Interesses thematisiert: Luhmann möge doch sein hinter den Texten liegendes Interesse benennen, damit man ihn voll und ganz oder wenigstens richtig verstehen könne.

Die geschilderte Problematik läuft auf eine Motivationstheorie hinaus, die von einer stets mitlaufenden Selektionstheorie begleitet wird.[11] Die These lautet: Ein Beobachter mag nach Interessen oder Motiven von Kommunikation oder Handlung fragen, bringt damit aber ausschließlich eigenkonstruierte Unterscheidungen ein, die in kausalen Attributionen enden, die so oder auch anders konstruiert werden können. Deshalb sagen Attributionen mehr über den Attributor aus als über den, dem die Attribution gilt. Dies bedeutet, dass eine Rückfrage auf Motive oder Interessen keinen weiteren Erkenntnisgewinn über das Beobachtete hinaus erbringt, als dass es ist, wie es ist, bzw. als dass beobachtet wird, wie beobachtet wird. ‚Dahinterliegende‘ (und dieses Wort steht in Anführungszeichen, da es einer detaillierteren Aufschlüsselung bedürfte) Gründe, Gründe für diese Gründe usw. erbringen keinen Mehrwert der Erkenntnis, außer den, der mit den Texten selbst gegeben ist. In beiden Fällen entstehen zwar weitere (Anschluss-) Kommunikationen, aber diese finden weder vertikal noch hierarchisch geschichtet, sondern ausschließlich horizontal statt. Die Frage nach Gründen führt immer (nur) zu Kommunikationen, die zu Kommunikationen führen, die zu Kommunikationen führen – oder auch nicht.

In der Selbstanwendung auf die hier vorliegende Biografie könnte man ja fragen, welcher Motivation sie entsprungen ist und würde auf zwei, sieben oder zwölf Antworten kommen, die beliebig variiert, vermindert oder vergrößert werden könnten. Damit wird aber nichts anderes als Anschlusskommunikation erzeugt, nicht aber eine in der Frage nach Gründen unterstellte Abschlusskommunikation, die am Ende ein nicht weiter erläuterungsbedürftiges Ergebnis zeitigen würde.

Der entscheidende Punkt ist, dass die Fragen eines Beobachters von einer Einheit des Autors bzw. des Individuums hinter den Texten ausgehen[12] und zugleich eine Differenz beschreiben (müssen), die kontingent gewählt werden

---

¹¹ Vgl. Luhmann, Niklas (1984): Soziale Systeme, S. 187 ff.
¹² Vgl. Rossum, Walter van; Luhmann, Niklas (1987): Ich nehme mal Marx, S. 17.

kann. Je nach Differenz tritt dann eine bessere oder schlechtere Leistung zutage. Auf die Frage nach dem hinter seinen Texten liegenden Interesse hätte Luhmann ja auch antworten können: Ich schreibe meine Texte und ich schreibe sie so, weil ich berühmt werden möchte, oder, weil ich die Welt und insbesondere die Gesellschaft verändern möchte, oder, weil ich mich für besonders begabt oder intelligent halte, oder, weil ich nichts anderes zu tun habe usw. Wo aber läge der Erkenntnisgewinn für die Sache der Gesellschaftstheorie? Vielmehr würden diese Fragen und Antworten nur die Systemreferenz von der Gesellschaft auf das Individuum verschieben und damit ein anderes Thema zur Bearbeitung anbieten mit der Möglichkeit, weitere, und zwar endlos weitere, Begründungs- und Abschlussfragen zu stellen. Luhmann jedenfalls hat laut Selbstbeschreibung für ein Menschenleben lang versucht, die Sachaufgabe einer Gesellschaftstheorie zu bewältigen:

„Es mag sein, daß ich an diesem Punkt einfach blind bin, aber für mich stellt sich die Frage gar nicht, ob ich meine persönlichen Gründe universalisieren sollte, sondern für mich stellt sich eigentlich nur die Sachaufgabe."[13]

Das theoretische Moment hierbei ist, dass solche auf persönliche Interessenlagen zielenden Begründungsfragen und kausalen Attributionen nichts mit dem Beobachteten, sondern vielmehr mit dem Beobachter, der dies so und nicht anders unterscheidet, zu tun haben. Hinzu kommt, dass solche Attributionen handlungs- statt kommunikationstheoretisch fundiert sind. Luhmann aber hat systematisch von Handlung auf Kommunikation umgestellt und infolge dessen Handlungstheorie auf Kommunikationstheorie basiert.[14]

In der vorliegenden Biografie geht es demnach um die verschriftlichten Texte, die handelsüblich dem Autor Luhmann zugerechnet werden. Es gibt kein ‚Hinter-die-Texte-zurück' oder ‚Hinter-die-Kommunikation-zurück' zum

---

[13] Rossum, Walter van; Luhmann, Niklas (1987): Ich nehme mal Marx, S. 21.

[14] Vgl. global Luhmann, Niklas (2009): Handlungstheorie und Systemtheorie. In: Luhmann, Niklas (Hrsg.): Soziologische Aufklärung 3. Soziales System, Gesellschaft, Organisation. 5. Aufl. Wiesbaden, S. 58-76. Außerdem zwei ergänzende Formulierungen: „Denn nicht die Handlung, sondern nur die Kommunikation ist eine unausweichlich soziale Operation", in: Luhmann, Niklas (2007): Was ist Kommunikation? In: Luhmann, Niklas; Jahraus, Oliver (Hrsg.): Aufsätze und Reden. [Nachdr.]. Stuttgart, S. 96; sowie: „Kommunikation ist die elementare Einheit der Selbstkonstitution, Handlung ist die elementare Einheit der Selbstbeobachtung und Selbstbeschreibung sozialer Systeme." In: Luhmann, Niklas (1984): Soziale Systeme, S. 241.

Individuum oder Bewusstseinssystem Luhmann. Daher gehen Fragen wie: ‚Wie hat Luhmann es gemeint?‘ ‚Warum formuliert er so?‘ ‚Auf welche frühkindlichen, studentischen oder pathologischen Momente des Luhmann sind seine Theoriesätze zurückzuführen?‘ an den Texten vorbei.

An all dem wird deutlich, dass man als Biograf sofort und mitten in der System/Umwelt-Theorie oder einer „second order cybernetics"[15] bzw. Kybernetik zweiter Ordnung verfangen ist (siehe das Kapitel ‚Kybernetik zweiter Ordnung‘). So gesehen ist der hier angebotene Text einerseits eine kommunikative Operation, eine Beobachtung erster Ordnung.[16] Zugleich ist er andererseits eine Beobachtung zweiter Ordnung, der beobachtet, wie der selbst- oder fremdbeschriebene Theoretiker Luhmann beobachtet hat. Beobachten heißt kommunikativ bezeichnen und unterscheiden. Eine Beobachtung zweiter Ordnung legt Bezeichnungen und Unterscheidungen an, die sich ihrerseits auf Bezeichnungen und Unterscheidungen beziehen. Die Systemreferenz einer Biografie bleibt mithin Kommunikation, nicht aber Bewusstsein, Individuum, Person, Rolle oder Mensch. Dies gilt auch für die vorliegende Biografie. Die Flucht nach vorne lautet daher zu sagen, „daß nur die Kommunikation kommunizieren kann"[17].

Eine Folge der vorgeschalteten Überlegungen ist es, dass Entscheidungen zu fällen sind, wie die Kommunikationen einer Biografie aufzubauen sind. Als grundlegende Struktur kann auf das klassische, dreiteilige Schema von Person, Werk und Wirkung zurückgegriffen werden. Die Unterschiede liegen dann in der jeweils spezifischen Systemreferenz von Person, Werk und Wirkung, die Gemeinsamkeit in der kommunikativen Dimension, die in jedem der drei Bereiche über selektive Konstruktionen aufgebaut wird und darüber nicht hinaus kommt – weder zur ‚eigentlichen‘ Realität noch zu definitiven Abschlussformeln.

Im weiteren ist die hier gewählte Form der Darstellung zum Werk Luhmanns dadurch gekennzeichnet, dass nur wenige ausgewählte Punkte berücksichtigt werden. Das bringt zugleich den Verzicht auf eine flächendeckende Erläuterung aller oder wenigstens der 33 als zentral angesehenen Begriffe der

---

15 Vgl. Foerster, Heinz von (1981): Observing Systems. Seaside/California. Deutsch: Foerster, Heinz von (Hrsg.) (1985): Sicht und Einsicht. Versuche zu einer operativen Erkenntnistheorie. Braunschweig.
16 Siehe unten das Kapitel „Kybernetik zweiter Ordnung".
17 Luhmann, Niklas (2007): Was ist Kommunikation? In: Luhmann, Niklas; Jahraus, Oliver (Hrsg.): Aufsätze und Reden. [Nachdr.]. Stuttgart, S. 94-110, dort S. 95.

System/Umwelt-Theorie mit sich.[18] Der eine oder andere der zahlreichen konstitutiven Begriffe wird zwar touchiert, aber nicht theoretisch abgesichert werden. Es kann daher nur um den punktuellen Aufweis dessen gehen, was Luhmann als den Konvergenzpunkt seiner Arbeiten bezeichnet hat, nämlich die Steigerung der theoretischen Auflöse- und Rekombinationsmöglichkeiten von Begriffen und Sachverhalten sowie der damit verbundenen Problemlagen.[19] Im Ergebnis wird die Tieferlegung und Genauigkeit der Theorie Luhmanns hervortreten.

In alle dem stellt sich die Frage, ob es sinnvoll ist, einen der Luhmannschen Begriffe wie einen Anker besonders herauszugreifen. Dies wäre zum Beispiel für Begriffe wie Komplexität, Kontingenz, Sinn, Beobachtung oder Kommunikation durchaus denkbar. Es spricht einiges dafür, den Begriff der Autopoiesis in Verbindung mit dem Begriff der Selbstreferenz als roten Faden durch das Labyrinth der Systemtheorie zu wählen. Person, Werk und Wirkung Luhmanns sind autopoietisch in Gang gesetzt und setzen sich in permanenter Paradoxieentfaltung autopoietisch fort – oder auch nicht (siehe das Kapitel ‚Autopoiesis‘). So gesehen ist im Begriff der Autopoiesis der erkenntnistheoretische Doppelstern am Himmel der System/Umwelt-Theorie präsent gehalten: Tautologie und Paradoxie. Fuchs spricht denn auch vom ‚tautopoietischen‘ Ansatz der Systemtheorie.[20]

---

[18] Siehe hierzu Luhmann, Niklas (1984): Soziale Systeme, S. 11-12, sowie unser Kapitel ‚Labyrinth‘.

[19] Vgl. Stanitzek, Georg; Luhmann, Niklas (1987): Schwierigkeiten mit dem Aufhören. In: Luhmann, Niklas; Baecker, Dirk (Hrsg.): Archimedes und wir. Interviews. Berlin, S. 96: „Ich würde einmal sagen, daß ich sicherlich sehr stark auf Genauigkeit der Wortwahl, des Begriffseinsatzes Wert lege, andererseits das Problem habe, die Genauigkeit – etwa in der Art von Rilke – zu erzeugen dadurch, daß man ganz normale Worte in ganz normaler Weise verwendet; die Normalität der Worte als Stilmittel zu benutzen, so daß die Normalität – was sei eigentlich meinen und sagen – auffällt im Text. Das würde ich zum Beispiel als eine Komponente von Essays ansehen, wo ich immer Schwierigkeiten habe, weil ich natürlich im wissenschaftlichen Kontext die Worte in Begriffe transformiere und die Genauigkeit im Funktionskontext der Theorie liegt und nicht im Rückgang auf das, was mit diesem Wort in der Umgangssprache eigentlich gesagt werden will.“

[20] In Anwendung auf Bewusstseinssysteme schreibt Fuchs, Peter (2000): Das Fehlen einer Ab-Sicht. In: Jahraus, Oliver; Ort, Nina; Schmidt, Benjamin Marius (Hrsg.): Beobachtungen des Unbeobachtbaren. Konzepte radikaler Theoriebildung in den Geisteswissenschaften. 1. Aufl. Weilerswist, S. 11: „Wir sind nämlich zweifelsfrei absolut vollständige Unterscheider. Alle Sinnsysteme sind vollständig sie selbst. Oder besser: Alle Systeme finden sich vollständig vor. Sie sind in gewisser Weise tautopoietisch. Jedes Bewußtsein erlebt sich innen. Es reicht, soweit es reicht. [...] Keines seiner Ereignisse fällt: außen. Das Bewußtsein ist vollständig, es ist seine Welt (sein Plenum). [...] jedes Bewußtsein eine Singularität, eine Monade [...] dann lautet aber die Frage: Wie kann ein vollständiger Unterscheider ein Manko seines Unterscheidens bemerken?“

In Bezug auf einen Lebenslauf ist Autopoiesis als die rekursive Vernetzung von Problemstellung und Problemlösung zu begreifen, die auf Selbstreferenz und damit auf Selbst-Oszillation hinausläuft. Die Frage lautet dann, für welches Problem oder für welche Probleme die Person, das Werk und die Wirkung Luhmanns eine Lösung darstellen.[21] Von daher kann die biografische Interimsthese geprägt werden, dass zwar von einer Autopoiesis ausgegangen werden muss, es zugleich aber nicht dabei bleiben kann, da sich aus den operativen Paradoxieentfaltungen neue und andere Paradoxieformen ergeben, die als kontingente biografische Zeitpunkte nicht zu hintergehen sind. Person, Werk und Wirkung Luhmanns sind zugleich weder unmöglich noch notwendig.

Daraus folgt: Eine Biografie zu Luhmann lässt sich so, wie hier durchgeführt, schreiben – aber auch anders. Sie entspricht in jedem Falle nicht der Autopoiesis der Person, des Werks oder der Wirkung des Beschriebenen. Biografie ist immer ein ‚Stattdessen‘ (siehe das Kapitel ‚Er schreibt und schreibt und schreibt‘). Stattdessen werden Geschichten erzählt oder Begriffe relationiert.

Aus der Notwendigkeit einer Erzählung statt des Lebens leitet auch Fuchs das ‚Stattdessen‘ einer Biografie ab.

„Und wie immer geschieht stattdessen ein Stattdessen, zum Beispiel ein Text, der zu erinnern vorgibt, der der sozialen Beschreibung einer Erinnerung entspricht, aber nicht wirklich Er-Innerung ist, keine Ontologie des Erinnern sein kann, sondern ein Anschluß an Anschlüsse, der auf Anschlüsse aus ist, eine Kommunikation, die eine flüchtige (sozial passende) Konstruktion vorführt.“[22]

Dann aber sind die Erinnerungen so vielfältig wie die Erinnerer.

---

[21] So fragt Nassehi, Armin (2008): Wie weiter mit Niklas Luhmann? Hamburg, S. 3: *„Für welches Problem ist Luhmann eine Lösung?“*
[22] Fuchs, Peter (1999): Niklas Luhmann – erzählt, S. 74.

Paradoxien einer Biografie

„Alles Wissen ist also Paradoxiemanagement, und dies in der Weise, daß man eine Unterscheidung vorschlägt, deren Einheit nicht thematisiert wird, weil dies das Beobachten in die Form einer Paradoxie bringen, also blockieren würde.“ [1]

Jede Beobachtung operiert mit einer Unterscheidung, die sie im Moment des Gebrauchs selbst nicht beobachten d. h. bezeichnen und unterscheiden kann. Daher beginnt jede Beobachtung mit einem blinden Fleck, mit einer blind getroffenen Unterscheidung, mit einem Paradox. Dadurch, dass sie nicht sieht, was sie nicht sieht, und nicht sieht, dass sie nicht sieht, was sie nicht sieht, läuft jede Beobachtung auf ein Paradox auf. Dies gilt für jede Beobachtung erster Ordnung (Operation) und für jede Beobachtung zweiter Ordnung (Beobachtung), insofern sie selbst als Operation, also als Beobachtung erster Ordnung fungiert.[2]

Jede Biografie beginnt mit einem Paradox, insofern die Beschreibung eines Lebens mit einer Beobachtung bzw. Unterscheidung beginnt. Im Moment des Bezeichnens und Unterscheidens bleibt die Unterscheidung unbeobachtbar, sodass sich eine kontingente Beobachterposition ergibt, die auch anders ausfallen könnte. Viele Biografien, die sich auf Texte verfassende Personen beziehen, beginnen mit der Unterscheidung von Person und Werk, schlagen sich dann auf die eine oder andere Seite der Unterscheidung und bemerken schließlich – oder auch nicht, obwohl sie so operieren –, dass die Anfangsunterscheidung in sich selbst wieder eintritt. Die Person wird dann unter Verwendung der Unterscheidung von Person und Werk und das Werk unter Verwendung der Unterscheidung von Werk und Person beobachtet. Hinzu kommt in der Regel, dass die Anfangsunterscheidung durch weitere Unterscheidungen entfaltet wird, um Kongruenzen oder Divergenzen zwischen Person und Werk herzu-

---

[1] Luhmann, Niklas (1999): Die Soziologie des Wissens: Probleme ihrer theoretischen Konstruktion. In: Luhmann, Niklas (Hrsg.): Gesellschaftsstruktur und Semantik. Studien zur Wissenssoziologie der modernen Gesellschaft. Band 4. 1. Aufl. Frankfurt a. M., S. 173.

[2] Vgl. Luhmann, Niklas; Kieserling, André (2002): Die Religion der Gesellschaft. 1. Aufl. Frankfurt a. M., S. 30: „Der Beobachter zweiter Ordnung kann einen Beobachter erster Ordnung nur dann als Beobachter (und nicht als Ding) beobachten, wenn er sieht, daß dieser Beobachter nicht sieht, daß er nicht sieht, was er nicht sieht.“

stellen, zum Beispiel mit den Unterscheidungen von innovativ/nicht-innovativ, differenziert/nicht-differenziert, komplex/nicht-komplex oder trocken/nicht-trocken usw.

Die Paradoxie der Beobachtung ergibt sich aus der Form der Beobachtung, die durch den re-entry einer Unterscheidung in sich selbst gekennzeichnet ist (siehe das Kapitel ‚Der Operator‘). Eine Unterscheidung erfordert im Moment ihres Unterscheidens eine Einheit, aufgrund derer die Unterscheidung als Unterscheidung erkennbar wird und läuft damit auf das Paradox der „Einheit der Differenz“[3] auf. Es bleibt dann die Frage nach dem Beobachter zurück, die allerdings in eine neue Paradoxie führt. Denn die Frage nach dem Beobachter ist immer die Frage nach der Einheit der Differenz des Beobachtens, die im Zuge der Beobachtung – also zum Beispiel der Formulierung einer Biografie – mitgeführt wird. Die Frage nach dem Beobachter kann sich demnach sowohl auf den Biografen als auch auf den vom Biografen beobachteten Beobachter Luhmann beziehen.

In Überlegungen zur Paradoxie der Form – und zwar der Form der Beobachtung – hat Luhmann die Frage nach dem Beobachter als eine mögliche Form der Paradoxieentfaltungen eingeführt. Dabei bezieht sich seine Auflösungstaktik genau auf den Beobachter, der das Beobachtungsparadox überhaupt erst formuliert hat, nämlich auf Spencer-Brown:

„Aber es gibt noch eine […] Möglichkeit, die Auflösung des Formparadoxes zu beobachten. Sie läuft über die Frage: wer ist Spencer Brown? Wer ist es, der all dies so Boole-gerecht arrangiert? Wer erzählt die Erzählung, und kommt der Erzähler in der Erzählung vor? Der Beobachter ist Spencer Brown selbst, der uns durch die strenge Form des Kalküls zwingen will, denselben Kalkül mitzuvollziehen, also zwischen verschiedenen Beobachtern nicht zu unterscheiden.“[4]

Die Frage ‚Wer ist Spencer Brown?‘ stellt das Paradox und seine Auflösung präzise dar. Er ist derselbe und nicht derselbe, insofern er als Beobachter selbst das Kalkül zugleich ist und nicht ist. Es ist also zwischen verschiedenen Beobachtern zu unterscheiden. Spezifische Beobachter ergeben sich daraus, dass

---

[3] Vgl. Luhmann, Niklas (1995): Die Realität der Massenmedien, S. 114, sowie insgesamt: Luhmann, Niklas (2007): Die Paradoxie der Form. In: Luhmann, Niklas; Jahraus, Oliver (Hrsg.): Aufsätze und Reden. [Nachdr.]. Stuttgart, S. 243-261.

[4] Luhmann, Niklas (2007): Die Paradoxie der Form, S. 248.

sie sich von ihren Unterscheidungen her überhaupt erst als Beobachter konstituieren. „Operativ gesehen entsteht ein Beobachter als System durch eine zusammenhängende Sequenz seiner Beobachtungsoperationen."[5] Dies wiederum kann beobachtet werden, indem Unterscheidungen aufgrund anderer Unterscheidungen beobachtet werden, und dadurch unaufhörlich Paradoxie-Verschiebungen stattfinden – wenn es denn weitergeht.

Für eine Biografie – und speziell für eine Biografie zu Luhmann – ergibt sich daraus die Anforderung, mehrere Beobachtungen bzw. Beschreibungen anzufertigen. Wenn es aber mehrere Beobachtungsmöglichkeiten gibt, bleibt nurmehr die Frage, wie viele Beobachtungen sich als sinnvoll oder ertragreich erweisen können.

„So wird das Paradox der Form dann durch Identifizierung verschiedener Beobachter entfaltet [...] Verschiedene Beobachter legen verschiedene Schnitte in die Welt, unterscheiden verschieden, benutzen verschiedene Formen, konstruieren also die Welt nicht als Universum, sondern als Multiversum."[6]

Der paradoxe Beginn einer Biografie ist demnach in der Form zu entfalten, dass die jeweilige Beobachterunterscheidung, mit der operiert wird, zu benennen ist. Bei Anbringung mehrerer Unterscheidungen ist dann von einer steten Verschiebung der Systemreferenzen auszugehen. Es entsteht eine komplexe und das heißt eine zugleich redundante und variable Beschreibung, mithin ein kontingentes Bild des Beschriebenen.

Bei der Trauer- und Gedenkfeier der Universität Bielefeld nach dem Tode Luhmanns hat der damalige Präsident der Universität, Klaus P. Japp (* 1947), dieses Verfahren ansatzweise angewandt. In seinem Nachruf blickt er mit Hilfe der Unterscheidung von Wissenschaft und Universitätsfakultät auf Luhmann zurück:

„Aus meiner Perspektive drängt sich die Unterscheidung zwischen N. Luhmann als Persönlichkeit vor allem der Wissenschaft einerseits und der Fakultät für Soziologie andererseits

---

[5] Luhmann, Niklas (2007): Die Paradoxie der Form, S. 249.
[6] Luhmann, Niklas (2007): Die Paradoxie der Form, S. 249. Den Begriff des „Multiversums" leiht Luhmann hier von Maturana, Humberto R. (1990): The Biological Foundations of Self Consciousness and the Physical Domain of Existence. In: Luhmann, Niklas; Maturana, Humberto R.; Redder, M.; Varela, Francisco J. (Hrsg.): Beobachter. Konvergenz der Erkenntnistheorien? 3. Aufl. München, S. 47-117.

auf. […] Auf der einen Seite erscheint eine Fakultät, die ihrem bedeutendsten Mitglied mit einer Art nervösem Respekt begegnet, und auf der anderen Seite zeigt sie einen Ausnahmewissenschaftler Luhmann, der seiner Fakultät mit einer Art gleichmütiger Aufmerksamkeit begegnet."[7]

Japp beginnt also mit der Unterscheidung zwischen dem gesellschaftlichen Funktionssystem Wissenschaft und einem Organisationssystem Wissenschaft in Form einer Universität bzw. einer soziologischen Fakultät. Daran schließt er weitere Unterscheidungen hinsichtlich der wechselseitigen Wahrnehmungen aus der einen oder anderen Systemreferenz an, die entweder zu Lebzeiten Luhmanns Kommunikation geworden waren oder aber nachträglich als Kommunikation konstruiert werden müssen, wie Japp es in seiner Rede vollzieht.

Welche Unterscheidungen sind nun im Folgenden anzuwenden, um sich dem Multiversum Luhmann zu nähern? Wovon sind die schematischen Topoi Person, Werk und Wirkung zu unterscheiden? Angesichts einer Mehrzahl von möglichen Unterscheidungen für eine Biografie empfiehlt es sich, bei der für Luhmanns Theorie charakteristischen Ausgangsunterscheidung von System und Umwelt zu verbleiben und diese zugleich mit dem Prinzip der Polykontexturalität[8] im Sinne von „perspectives by incongruity"[9] zu verbinden.

Insbesondere durch das Prinzip inkongruenter Perspektiven sind dann biografische Abschlussformeln ausgeschlossen, wie zum Beispiel ein Ergebnis im Sinne von: ‚Das ist Luhmann!' Oder: ‚So war der Herr Professor!' Solcherlei Abschlussformeln sind deshalb ausgeschlossen, weil sie auf eine ontologische Einheit rekurrieren müssten, die weder in der Erkenntnis noch in der Kommu-

---

[7] Japp, Klaus P. (1999): Nervöser Respekt – gleichmütige Aufmerksamkeit. In: Bardmann, Theodor M.; Baecker, Dirk (Hrsg.): Gibt es eigentlich den Berliner Zoo noch? Erinnerungen an Niklas Luhmann. 1. Aufl. Konstanz, S. 21.

[8] Vgl. Günther, Gotthard (Hrsg.) (1979): Beiträge zur Grundlegung einer operationsfähigen Dialektik. Zweiter Band: Wirklichkeit als Poly-Kontexturalität. Reflexion – Logische Paradoxie – Mehrwertige Logik – Denken – Wollen – Proemielle Relation – Kenogrammattik – Dialektik der natürlichen Zahl – Dialektischer Materialismus. Hamburg. Bei Luhmann beispielhaft in: Luhmann, Niklas (2007): Dekonstruktion als Beobachtung zweiter Ordnung. In: Luhmann, Niklas; Jahraus, Oliver (Hrsg.): Aufsätze und Reden. [Nachdr.]. Stuttgart, S. 270. Günther hat von 1900 bis 1984 gelebt.

[9] Diese Formulierung bei Burke, Kenneth (1935): Permanence and change. An anatomy of purpose. New York, S. 95. Luhmann übernimmt die Formel vielfach, vgl. u. a. Luhmann, Niklas (2009): Soziologische Aufklärung. In: Niklas Luhmann (Hrsg.): Soziologische Aufklärung 1. Aufsätze zur Theorie sozialer Systeme. 8. Aufl. Wiesbaden, S. 86. Siehe auch Luhmann, Niklas (1984): Soziale Systeme, S. 88: „Ein System wie die Wissenschaft, das andere Systeme beobachtet und funktional analysiert, benutzt im Verhältnis zu diesen Systemen eine inkongruente Perspektive."

32

nikation gegeben ist – außer als Paradoxie. So bleibt nur die hier favorisierte Möglichkeit der multiperspektivischen Unterscheidungen, die schließlich Abschlussformeln hervorrufen können, die paradoxerweise zugleich Ergebnis und Nicht-Ergebnis sind.

Die These lautet schließlich, dass das Multiversum Luhmann weder erkenntnistheoretisch noch ästhetisch, weder ontologisch noch auf irgendeine andere Weise als Einheit visibilisiert werden kann, sondern ausschließlich als funktionale Differenz. Die Antwort auf die Frage: ‚Wer ist Niklas Luhmann?‘ ist folglich damit zu beantworten, dass Luhmann so zu beschreiben ist, dass die Konstruktion seines Lebens mehrere Funktionen erfüllen kann. Dieser Ansatz käme seiner Theorie vermutlich am nächsten. In seinen Selbstbeschreibungen sieht Luhmann seine Funktion darin, gesellschaftliche Problemlagen adäquat zu erfassen und zu beschreiben. So gesehen läßt sich Luhmanns Leben, Werk und Wirkung als ein „Problemlöseverhalten"[10] begreifen.

---

[10] Vgl. Luhmann, Niklas (2008): Soziologie der Moral, S. 59-60) „Sie [Supertheorien; EB] konzipieren ihren Gegenstand so, daß sie sich selbst als Teil ihres Gegenstandes erscheinen müssen. So kommt eine Theorie des Problemlöseverhaltens nicht umhin, sich selbst als Problemlöseverhalten zu begreifen."

Refutationen

„ Es gibt keine Biografie. " [1]

Einen nicht unerheblichen Anteil an biografischen Zuschreibungen nehmen Spekulationen ein. Man kann solche Spekulationen in mindestens zwei Kategorien einteilen, nämlich in sachliche und (sozial-) psychologische.

Psychologische Unterstellungen, die Zurechnungen auf das Individuum bzw. Bewusstseinssystem Luhmann vornehmen, benutzen bspw. Merkmalsbeschreibungen wie ungesellig, zwangsneurotisch, arrogant usw. und selbstverständlich ließe sich die Liste in beliebige Richtungen beliebig verlängern, da jederzeit alles Mögliche zugeschrieben werden kann, insofern Bewusstseinssysteme black boxes sind und Verhaltensweisen oder Handlungen durch Kommunikation nachträglich hineinkonstruiert werden (können).

Die sachlichen Spekulationen hingegen verbinden sich mit Fragen wie zum Beispiel der Frage danach, an welcher Krankheit Luhmann nun tatsächlich verstorben ist oder ob er – schon vor oder erst nach dem Tod seiner Frau – homosexuell gelebt hat.

Einer der Gründe für derartige (sozial-) psychologische bzw. sachliche Zuschreibungen kann darin gesehen werden, dass das private Quellenmaterial Luhmanns im Vergleich zu vergleichbaren Personen relativ gering ausfällt. Daher könnte man die Formel aufstellen: Je weniger private Kommunikation vorliegt, desto mehr kann relativ frei (hinzu-) konstruiert werden.

In Beantwortung bereits widerlegter als auch in fernerer Zukunft nicht widerlegbarer Spekulationen könnte man sich dazu verleiten lassen, diese einmal zu widerlegen. Dabei stellt sich allerdings die Frage ein, ob dies nicht ein unnötiger Kraftaufwand ist, und zwar unnötig, insofern nicht widerlegbare Spekulationen jederzeit erneut erhoben werden können. In den Fällen, in denen die Quellenlage dürftig ist, erscheint eine endgültige Widerlegung wenig aussichtsreich. Daher soll hier darauf verzichtet werden.

Ein ergänzendes Argument des Verzichts auf Refutationen von Spekulationen ergibt sich daraus, dass die Abstraktionslage oder der Theoriegehalt der Spekulationen und ihrer Refutationen als äußerst gering einzuschätzen ist. Was

---

[1] Luhmann, Niklas (2005): Es gibt keine Biografie, S. 13-47.

würde es für oder gegen die Theorie ausmachen, wenn man von der Spekulation ausginge, Luhmann sei ein zwanghaft angelegter Charakter gewesen? Oder: Worin bestünde der Vorteil zu erkennen, dass Luhmann ein geselliger oder schlimmer: ein ungeselliger Typ gewesen sei?

Derlei Attributionen bleiben einerseits in sich paradox und entbehren andererseits der Möglichkeiten empirischer Überprüfungen. Oder: Die empirischen Nachweise wären so selektiv und komplex zugleich, dass sie als mikrotheoretische Elemente wohl kaum die Chance hätten, eine sinn-erweiternde, klärende Aufnahme in die Makrotheorie Luhmanns erreichen zu können. Denn Zuschreibungen sozialpsychologischer oder sachlicher Herkunft sagen im durchgängigen Normalfall einzig etwas über die Operationsweise des zuschreibenden Systems aus. Daher gilt auch hier: Man beachte zunächst den Kritiker – als bewusstes oder als soziales System – bevor man auf die Kritik eingehe.[2]

---

[2] Vgl. dem Sinne nach Luhmann, Niklas (1995): Die Realität der Massenmedien, S. 31.

LEBEN

Herkunft

„Ich glaube übrigens nicht an eine Determiniertheit von Lebensgeschichten. Biographien sind mehr eine Kette von Zufällen, die sich zu etwas organisieren, das dann allmählich weniger beweglich wird. "[1]

Niklas Luhmann wurde am 8. Dezember 1927, einem Donnerstag, geboren. Seine Eltern, Wilhelm Luhmann und Dora geborene Gurtner, betrieben den jahrhundertealten Brauereibetrieb im Gebäude an der Ecke Salzstrasse am Wasser 1 und Lüner Straße 1a im Lüneburger Hafenviertel.

Das Geburtshaus von Niklas Luhmann in Lüneburg

Nachdem der Brauereibetrieb in den 1960-er Jahren aus Rentabilitätsgründen endgültig eingestellt wurde, wird die Tradition des Hauses heute zumindest durch den Ausschank von Bier fortgesetzt, da sich im Haus der Luhmanns eine

---

[1] Luhmann, Niklas (1987): Biographie, Attitüden, Zettelkasten. In: Luhmann, Niklas; Baecker, Dirk (Hrsg.) (1987): Archimedes und wir. Interviews. Berlin, S. 125-155, dort S. 149.

der ältesten Gaststätten Lüneburgs, das Pons, einquartiert hat. Im gleichen Gebäude nebenan ist das Antiquariat Pliniana von Gabriele Luhmann zuhause.

Für rund fünfhundert Jahre wurde im Hause Luhmann gemalzt und Bier gebraut.[2] „‚Das letzte hier gebraute Malzbier‘, so der gelernte Mälzer und

Brauer Heinrich Luhmann im Originalton, ‚wurde 1945 von den Tommies mitgenommen‘. Bis in die 60er Jahre wurde dann nur noch Malz hergestellt.“[3]

Die Mutter Dora Luhmann stammte aus dem schweizerischen Mürren im Berner Oberland und war die Tochter einer Hoteliersfamilie.[4] So ergab es sich, dass Niklas in seinen Schulferien viele Male in die Heimat seiner Mutter fahren konnte und dies auch gerne tat. Er mochte die Berge. Und es berührt den Beobachter, dass später auch seine eigene Frau aus der Schweiz stammte.

Niklas Luhmann war der älteste von drei Brüdern. Der mittlere sollte den elterlichen Brauereibetrieb übernehmen, hatte aber kein Interesse daran.[5] Der jüngste wurde Exportkaufmann und ging ins Ausland.[6]

Niklas Luhmann schilderte in einem Interview, dass es für die Familie ungewöhnlich war, dass er, statt in einen handwerklichen Beruf, in ein Studium

---

[2] Das lässt sich aus der ersten urkundlichen Erwähnung von 1486 schließen, in der ein „Kroger“ als Hauseigentümer eingetragen ist, und damit ein Hinweis auf das erteilte Krugrecht gegeben ist. Auf der Internetseite www.klausehm.de/Page588.html (Zugriff am 16.02.2013) werden zur Brauerei Luhmann folgende Daten über die Inhaber angegeben: 1565 gegründet, 1809 Brauerei Johann H. August Meyer, 1815 Brauerei Georg Christian Schultz, 1849 Brauerei Jürgen Martin Meyer, 1858 Brauerei Johann Wilhelm Friedrich Lohmann. 1875 Brauerei D. Luhmann, 1916 Braunbierbrauerei Chr. W. Heinrich Luhmann, 1932 Braunbierbrauerei Karl & Wilhelm Luhmann, 1940 Braunbierbrauerei Wilhelm Luhmann, 1956 Brauerei H. Luhmann.

[3] So stand es auf der Internetseite der Gaststätte Pons unter www.pons-info.de/geschichte.htm (Zugriff am 09.01.2013), die so nicht mehr online ist. Vgl. dazu auch den Beitrag „Die älteste Kneipe der Stadt“ auf www.landeszeitung.de/blog/lokales/59559-die-alteste-kneipe-der-stadt (Zugriff am 06.11.2016).

[4] Wimmer, Rudolf (1999): Begegnungen mit Beratern. In: Bardmann, Theodor M.; Baecker, Dirk (Hrsg.): Gibt es eigentlich den Berliner Zoo noch? Erinnerungen an Niklas Luhmann. 1. Aufl. Konstanz, S. 45.

[5] Laut einer mündlichen Mitteilung, die mir zugetragen wurde, ist er im Jahr 2013 verstorben und in Lüneburg bestattet worden.

[6] Vgl. Horster, Detlef; Luhmann, Niklas (1997): Niklas Luhmann, S. 30.

und dann in die Wissenschaft ging. Die Luhmanns waren Handwerker, keine Intellektuellen.[7]

Aber aus der Herkunft Niklas Luhmanns lässt sich vermutlich wenig über die Person und das Werk des späteren Gesellschaftstheoretikers schließen. Wenn er selbst nach Schlüsselereignissen für seinen Lebenslauf suchte, argumentierte er zurückhaltend. Kausalitäten erschienen ihm komplexer zu sein und auch zugleich weniger erklären zu können, als gemeinhin angenommen wird. In seiner Theorie stehen dafür Begriffe wie Kontingenz, Irritation und Selbstsozialisation. Im Aufsatz ‚Das Kind als Medium der Erziehung' schrieb er:

„In den Dauerirritationen, die im Bewußtsein auftreten, wenn es sich immer wieder und in wiederholbaren Formen (Sprache) an Kommunikation beteiligt, liegt der Schlüssel für das Problem der Sozialisation. Erklärt werden kann auf diese Weise, (1) daß alle Sozialisation Selbstsozialisation ist, also nicht in der Form einer Übertragung zustande kommen kann; daß sie (2) eine über die Auslösebedingungen weit hinausreichende Vielfalt von systemeigenen Formen erzeugt, zum Beispiel in einer Familie trotz ähnlicher Bedingungen sehr verschiedene Kinder"[8].

---

[7] Vgl. Luhmann, Niklas (1987): Biographie, Attitüden, Zettelkasten. In: Luhmann, Niklas; Baecker, Dirk (Hrsg.) (1987): Archimedes und wir. Interviews. Berlin, S. 125-155, dort S. 147-148
[8] Luhmann, Niklas (2008): Das Kind als Medium der Erziehung. In: Luhmann, Niklas (Hrsg.): Soziologische Aufklärung 6. Die Soziologie und der Mensch. 3. Aufl. Wiesbaden, S. 201.

Kindheit und Schule

„Was heißt dann aber ‚Kind‘? Wie es scheint, bezeichnet dieser Ausdruck die Erfindung des Mediums für Zwecke der Kommunikation. [...] Das Kind ist [...] Konstrukt eines Beobachters.“[1]

Luhmann beschrieb sein elterliches Zuhause als liberal. Die Kinder hatten alle Freiheiten zur eigenen Entwicklung. Die einzige Vorgabe lautete: Das, was man tut, muss gut gemacht sein.[2] Es klingt beinahe wie ein Lebensmotto für den späteren Soziologen, der dieser Maxime noch in seinen elaborierten Textherstellungen nachzukommen suchte.

Luhmann kam 1934, ein Jahr nach der Machtergreifung der Nationalsozialisten, mit gut sechs Jahren in die Grundschule. Seine Familie hielt Distanz zum Staat. Steuergesetze, die die Brauereiprodukte verbilligten, brachten die finanzielle Situation des väterlichen Betriebes bald in eine Schräglage.

Szenen und Anekdoten aus seiner Kindheit sind kaum überliefert. Otthein (Otto Heinrich) Rammstedt (* 1938), der später Assistent bei Luhmann sowie Dekan der Soziologischen Fakultät der Universität Bielefeld war, berichtet eine der wenigen Szenen:

„Von seiner Kindheit in Lüneburg erzählte mir Niklas Luhmann einmal: Wenn er in jenen Jahren der Hitlerjugendkultur sich einmal am Ballspielen beteiligen durfte, so wurde er von den Jungen immer vor eine Schaufensterscheibe postiert.“[3]

Der mit hoher Aufmerksamkeitsgabe ausgestattete Niklas übersprang eine Grundschulklasse und wechselte 1937 mit neun Jahren bereits an das Gymnasium Johanneum, der 1406 gegründeten und damit ältesten Schule der Stadt Lüneburg.[4]

---

[1] Luhmann, Niklas (2008): Das Kind als Medium der Erziehung, S. 199.

[2] „Und auf die Frage, woran er die Qualität seiner und anderer Arbeiten messen würde, zitierte er seine Mutter: ‚Es muß gut gemacht sein.‘“ Baecker, Dirk (1998): Guter Geist ist trocken – und Systeme sind unzuverlässig.

[3] Rammstedt, Otthein (1999): In Memoriam: Niklas Luhmann. In: Bardmann, Theodor M.; Baecker, Dirk (Hrsg.): Gibt es eigentlich den Berliner Zoo noch? Erinnerungen an Niklas Luhmann. 1. Aufl. Konstanz, S. 20.

[4] Siehe heute im Internet unter www.johanneum.eu (Zugriff am 06.11.2013).

Seit seiner Grundschulzeit und noch mehr im Gymnasium war Luhmann als Vielleser bekannt.[5] Er muss hunderte von Büchern verschlungen haben, wobei er sich offenbar durch alle Wissensgebiete sowie durch die Belletristik hindurch las. Ein Klassenkamerad sprach von „Lesewut"[6]. Zugleich konnte er das Aufgenommene gut wiedergeben. Insgesamt fiel „seine rege Beteiligung am Unterricht"[7] auf.

Das Gymnasium Johanneum Lüneburg heute

Eine umfassende Darstellung seiner Zeit am Gymnasium Johanneum hat Gerhard Glombik, Theologe und Studienrat am Johanneum, zusammengetragen. Daraus werden im folgenden einige Passagen wiedergegeben.

„Das 1406 gegründete Johanneum befand sich damals in einem 1870-72 errichteten Gebäude am Ende der Haagestraße, dem heutigen Standort der Hauptschule und der Orientierungsstufe Stadtmitte."[8]

---

[5] In seiner Art trockenen Humors kommentiert Luhmann später die Frage: *„Gab es in ihrer Lesebiografie [...] wichtige Dinge?"* mit der Antwort: „Ja, Plisch und Plum und Wilhelm Busch [...] ich konnte lesen, bevor ich zur Schule kam." Luhmann, Niklas (2005): Es gibt keine Biografie, S. 18.

[6] Glombik, Gerhard (2006): Niklas Luhmann. 1927-1998. Sozialwissenschaftler. In: Glombik, Gerhard (2006): Prominente Ehemalige Johanniter. Lüneburg, S. 61-69, dort S. 66

[7] Glombik, Gerhard (2006): Niklas Luhmann, S. 63.

[8] Glombik, Gerhard (2006): Niklas Luhmann, S. 63.

„Nach 1939 litt der ordnungsgemäße Unterrichtsablauf zunehmend unter den Folgen des Zweiten Weltkrieges. Das letzte reguläre Abitur fand 1942 mit 7 Schülern statt, die anderen hatte man bereits vor dem Abitur zur Wehrmacht einberufen. […] 1943 wurden die oberen Klassen der Geburtsjahrgänge 1926 und 1927 als Luftwaffenhelfer verpflichtet. Am 1. April 1943 wurde auch Niklas Luhmann bereits im Alter von 15 Jahren mit seinen um ein Jahr älteren Klassenkameraden der Klasse VI (Gymnasium) einer Musterung für den Dienst als Luftwaffenhelfer unterzogen und für tauglich (Vermerk ‚tgl‘) befunden. Die Liste der gemusterten Schüler enthielt maschinenschriftlich den Fehler des Geburtsdatums 8.12.1926, der handschriftlich in 1927 berichtigt wurde. Die Schüler wurden als Flakhelfer auf dem Lüneburger Fliegerhorst, aber auch in Rotenburg und Stade eingesetzt. Luftwaffenhelfer bekamen eine Abfindung von 0,50 Reichsmark täglich; Bekleidung, Unterkunft und Verpflegung wurden gestellt."[9]

Glombik weiter:

„Da das ‚Not-Abiturzeugnis‘ nach Kriegsende nicht anerkannt wurde, fanden für Kriegsteilnehmer wie Niklas Luhmann, die die Klasse 8 noch nicht besucht hatten, zwei Übergangskurse statt. Der erste Kursus von Oktober 1945 bis Ostern 1946 hatte 137 Teilnehmer; von ihnen bestanden nur 53 die Abiturprüfung – unter ihnen auch Niklas Luhmann. […] Die Kriegserlebnisse haben auf Luhmanns Werdegang und seine spätere Systemtheorie einen nachweisbaren Einfluss ausgeübt. Bei seiner Entscheidung Jura zu studieren war er nach eigenen Aussagen von dem Wunsch geleitet, ‚eine Möglichkeit [zu haben], Ordnung zu schaffen in dem Chaos, in dem man lebte‘. *(Niklas Luhmann in einem Interview mit Wolfgang Hagen kurz vor seinem Tode am 6. November 1998, Quelle: Wolfgang Hagen, Hrsg., Warum haben Sie keinen Fernseher, Herr Luhmann?, Kulturverlag Kadmos Berlin 1. Aufl. 2004, S. 17).* A. Koschorke und C. Vismann meinen darüber hinaus, in dem Motiv Ordnung zu schaffen eine biographische Wurzel für die Entstehung von Luhmanns Systemtheorie gefunden zu haben. *(Wolfgang Hagen, a. a. O. S. 11).* Vielleicht, so könnte man ergänzen, ist durch die Erfahrung des Zufalls, wer in den Kriegsereignissen überlebte und wer nicht, auch ein weiteres Element der Luhmannschen Theorie, nämlich der Begriff der Kontingenz mit geprägt worden."[10]

Beides, der Wunsch, Jura zu studieren, und die Irritation auf Kontingenz hin, lässt sich aufgrund anderer Quellen spezifizieren. Luhmanns Entscheidung, das Studium der Rechtswissenschaften zu beginnen, resultierte seiner eigenen Beschreibung nach aus einem Erlebnis in einem Schweizer Gefängnis.

---

[9] Glombik, Gerhard (2006): Niklas Luhmann, S. 64.
[10] Glombik, Gerhard (2006): Niklas Luhmann, S. 65 f.

„Er hatte unmittelbar nach jener Kriegsgefangenschaft seine Mutter in der Schweiz besucht, auf dem Weg ein obskures Schweizer Ausländergesetz übertreten, sieben Tage lang im Gefängnis gesessen und einen SS-Mann in der Nachbarzelle nach seinem Anwalt schreien hören. Erst als Luhmann frei kam, klärte ihn sein Basler Onkel auf. Die Schweiz hielt jenen SS-Mann ohne Verfahren oder Verteidigung hinter Riegeln, bloß weil ein aktenkundiger Auslieferungsantrag der Volksrepublik Polen ihm den sicheren Galgen beschert hätte. Diese Botschaft kam an. ‚Seit damals‘, so Luhmann, ‚wollte ich Jurisprudenz studieren‘.“[11]

Die Bedeutung des Begriffs der Kontingenz führte Luhmann selbst auf ein Erlebnis an der Kriegsfront zurück, bei dem ein Schulfreund von einem Geschoss vollständig zerfetzt wurde – er selbst aber, der direkt daneben stand, blieb verschont.

„‚Herr Luhmann, seit wann denken sie an Kontingenz?‘, hat ein kontingenzverliebter Freund ihn einst gefragt. Luhmann, der ein Herr war, soll geantwortet haben: ‚Herr X, unsere Gymnasialklasse ist 1945 noch zur Wehrmacht einberufen worden. Ich stand mit meinem Banknachbarn an der Brücke Y, zwei Panzerfäuste in vier Händen. Dann machte es Zisch, ich drehte mich um – da war kein Freund und keine Leiche, da war nichts. Seitdem, Herr X, denke ich an Kontingenz.‘ Mit anderen Worten: Nur weil die Trefferrate amerikanischer Panzergranaten nicht bei 100% lag, hat es den Zufall namens Luhmann geben können.“[12]

Doch es bleibt festzuhalten: Kausalherleitungen dieser Art, die für einen Lebensweg Grund und Ursache, Richtung und Zweck angeben sollen, bleiben Zuschreibungen eines Beobachters, gleichgültig ob es sich um einen Selbst- oder Fremdbeobachter handelt. Sie bleiben selbst kontingent, erklären also das, was sie erklären sollen, mit dem, was sie erklären. Dass sich solche Kausalattributionen im Nachhinein als möglich darstellen lassen, beweist nur das, was es beweist: Luhmann hat sich mit Fragen der Kontingenz und der gesellschaftlichen Ordnung auseinandergesetzt, was er auch hätte tun können, wenn die geschilderten Erlebnisse nicht zugrunde gelegen hätten, zumal die Kontingenz des Lebens und die (Un-) Ordnung der Gesellschaft gerade keine indivi-

---

[11] Kittler, Friedrich A. (1999): Ein Herr namens Luhmann. In: Bardmann, Theodor M.; Baecker, Dirk (Hrsg.): Gibt es eigentlich den Berliner Zoo noch? Erinnerungen an Niklas Luhmann. 1. Aufl. Konstanz, S. 185.
[12] Kittler, Friedrich A. (1999): Ein Herr namens Luhmann, S. 183.

duellen, persönlichen Fragestellungen, sondern soziale bzw. gesellschaftliche Grundfragen darstellen.[13]

Sicherlich, Luhmann geschah das Erlebnis der Vernichtung eines Kommilitonen und die Verschonung seiner eigenen Person. Aber auch andere haben das erlebt – und andere Folgerungen daraus gezogen. Der Zirkel kontingenter Beobachtungen und Zuschreibungen ist nicht zu sprengen, er ist nur auf unterschiedliche Weisen der Beobachtung einzutrimmen.

Die Distanz der Familie Luhmann und insbesondere des Vaters zum nationalsozialistischen Staat ist überliefert. Aufgrund fehlender historischer Quellen aber bleibt ungeklärt, ob Niklas selbst Mitglied in der Hitlerjugend gewesen ist. Demgegenüber wurde seine Mitgliedschaft in der NSDAP im Jahre 2007 bekannt.[14] Aber es konnte bislang nicht abschließend beantwortet werden, ob er selbsttätig in die Partei eingetreten war oder ob er, wie damals üblich, automatisch als Parteimitglied geführt wurde, da er zur Wehrmacht eingezogen worden war. Eine von Luhmann unterschriebene Mitgliedschaftsurkunde ist bis heute nicht aufgefunden worden. Daher bleibt es auch spekulativ, ob er von seiner Mitgliedschaft überhaupt Kenntnis hatte, oder gegen seine Absicht in der Partei geführt wurde. Abgesehen von diesen verworrenen Umständen war er später niemals in irgendeiner politischen Partei aktiv.

---

[13] Vgl. den Aufsatz: Luhmann, Niklas (1993): Wie ist soziale Ordnung möglich? In: Luhmann, Niklas (Hrsg.): Gesellschaftsstruktur und Semantik. Studien zur Wissenssoziologie der modernen Gesellschaft. Band 2. Frankfurt Main, S. 195-285.

[14] Siehe www.spiegel.de/panorama/zeitgeschichte/0,1518,494425,00.html vom 14.7.2007 (Zugriff am 15.06.2013).

Studium

„Auf Jura bin ich eigentlich gekommen, weil ich das Gefühl hatte, das ist eine Möglichkeit, Ordnung zu schaffen in dem Chaos, in dem man lebte, und diese vielen Verstöße gegen an sich geltendes Recht in der Gefangenschaft. " [1]

Luhmann geht für sein Studium der Rechtswissenschaften nach Freiburg im Breisgau. Die dortige Albert-Ludwigs-Universität ist aufgrund ihres Gründungsjahres 1457 eine der ältesten in Deutschland. Sie wurde einerseits nach ihrem Begründer, dem habsburgischen Erzherzog Albrecht VI. (latinisiert: Albert) – Freiburg gehörte zu Vorderösterreich –, sowie andererseits nach ihrem Neubegründer Großherzog Ludwig von Baden benannt. Dieser hatte, nachdem Freiburg 1805 an Baden übergegangen war, die Universität 1820 mit einer Zustiftung in ihrer Existenz gesichert.

Die Universität war durch den Zweiten Weltkrieg stark beschädigt und in ihren Angeboten zurückgefahren worden, doch nach Kriegsende begann eine Phase des Neuaufbaus, die 1957 mit der 500-Jahr-Feier ihren Abschluss fand.

Luhmann begann sein Studium im Wintersemester 1946, wobei das Römische Recht einen Schwerpunkt bildete, da er insbesondere an der Behandlung von Einzelfällen und am Problem der Vergleichbarkeit von Rechtsentscheiden interessiert war.[2] Man mag hierin Andeutungen lesen, die bereits auf Bausteine seiner späteren System/Umwelt-Theorie hinweisen, etwa auf die funktionale Analyse als Vergleichsmethode unvergleichbarer Einzelereignisse und -systeme oder auf den possibilistischen Ansatz anhand der Kantischen Leitfrage: ‚Wie ist [...] möglich?' bzw. der soziologisch gefassten Leitfrage Luhmanns: „Wie ist soziale Ordnung möglich?"[3]

Weder über Kontakte mit Studienkollegen noch über Seminararbeiten oder bestandene Prüfungen kann etwas gesagt werden, da die Unterlagen dazu derzeit noch nicht zugänglich sind. Mit dem Erreichen des ersten Staatsexamens

---

[1] Luhmann, Niklas (2005): Es gibt keine Biografie, S. 17.

[2] „Ich bin sicher, daß man Jura völlig anders studieren kann, als ich es getan habe. Ich habe vor allem römisches Recht studiert [...] Mein Interesse war, von Fällen her zu denken [...] Außerdem war ich besonders an rechtsvergleichenden Fragen interessiert", in: Luhmann, Niklas (1987): Biographie, Attitüden, Zettelkasten. In: Luhmann, Niklas; Baecker, Dirk (Hrsg.) (1987): Archimedes und wir. Interviews. Berlin, S. 125-155, dort S. 130.

[3] Vgl. Luhmann, Niklas (1993): Wie ist soziale Ordnung möglich?, S. 195-285.

verließ Luhmann die Universität und die Stadt Freiburg im Jahre 1949 und ging zunächst in seine Geburtsstadt Lüneburg zurück. Gegen andere Darstellungen muss korrekterweise festgehalten werden, dass er weder bereits 1949 noch im Fachbereich Jura promoviert wurde.[4] Es ist stattdessen zu betonen, das Luhmann zunächst kein gelernter Soziologie wurde, sondern den klassischen Weg der Jurisprudenz, nicht zuletzt um der damit gegebenen Vielzahl von beruflichen Möglichkeiten willen, beschritten hat. Sein erklärtes Berufsziel war Anwalt.[5] Im Übrigen wurden soziologische Fakultäten bzw. Studiengänge an den Universitäten in Deutschland erst später eingeführt.[6]

---

[4] So fälschlich auf http://agso.uni-graz.at/lexikon/klassiker/luhmann/26bio.htm (Zugriff am 15.06.2013).

[5] „Doch, ursprünglich wollte ich Anwalt werden." Luhmann, Niklas (1987): Biographie, Attitüden, Zettelkasten. In: Luhmann, Niklas; Baecker, Dirk (Hrsg.) (1987): Archimedes und wir. Interviews. Berlin, S. 125-155, dort S. 130.

[6] „Soziologie gab es noch nicht, als Studium. Ich hätte auch nie daran gedacht, wahrscheinlich. Jura, – ich bereue es nicht. Es war wirklich ein interessantes Studium, weil man so das Manövrieren von Konstruktionen und die Folgen dieser oder jener Optionen erkennen konnte. Wir hatten da auch sehr gute Lehrer in Freiburg". Luhmann, Niklas (2005): Es gibt keine Biografie, S. 18.

Vom Referendar zum Oberregierungsrat

„Ursprünglich wollte ich Anwalt werden, aber als ich in einer Anwaltskanzlei tatsächlich als Referendar als Aushilfe gearbeitet habe, sah ich dann, dass das doch nicht ganz mein Fall war. Also man hatte die Abhängigkeiten von den Klienten [...] Und dann hatte ich mir vorgestellt, die Unabhängigkeit wäre sehr viel größer, wenn man nur einen Vorgesetzten hat. Ja, dann bin ich halt in die öffentliche Verwaltung gegangen.“ [1]

Die nach dem Studium folgenden 13 Jahre von 1949 bis 1962 waren, rückblickend gesehen, eine für Luhmann unbestimmte Zeit. Eine gezielte Suche nach dem passenden Lebens- und Berufsweg kann kaum unterstellt werden, stattdessen sind es die von ihm betonten Zufälle, von denen er sich offenbar treiben ließ. Erst mit der Annahme eines Lehrauftrags an der Hochschule für Verwaltungswissenschaften in Speyer im Jahr 1962 kann von einem Übergang zu einer förmlich wissenschaftlichen Karriere gesprochen werden, obwohl Luhmann nebenbei stets wissenschaftlich gearbeitet hatte. Anhaltspunkte dafür sind die kontinuierliche Lektüre zumeist philosophischer und soziologischer Autoren sowie der Aufbau seines Zettelkastens.[2]

Immerhin vier Jahre lang, von 1949 bis 1953, arbeitete Luhmann als Referendar in einer Lüneburger Anwaltskanzlei und schloss diese Zeit mit dem Zweiten Staatsexamen ab. Man mag es kaum glauben, dass sich der Mann, der später eine hochflexible und -komplexe Theorie der Gesellschaft entwickelt hat, einmal als Assessor einer kleinstädtischen Kanzlei mit alltagsjuristischen Akten befasst hat. Andere setzen genau hier den Hebel zur Kritik an seiner späteren System/Umwelt-Theorie an, indem sie darin nur den verlängerten Arm einer altdeutschen Beamtenmentalität sehen wollen.[3]

---

[1] Luhmann, Niklas (2005): Es gibt keine Biografie, S. 21.

[2] „Mit dem Zettelkasten habe ich bereits während des Studiums, Anfang der fünfziger Jahre, begonnen zu arbeiten." Luhmann, Niklas (1987): Biographie, Attitüden, Zettelkasten. In: Luhmann, Niklas; Baecker, Dirk (Hrsg.) (1987): Archimedes und wir. Interviews. Berlin, S. 125-155, dort S. 142-143.

[3] Vgl. Münch, Richard: Das ‚alteuropäische Denken' schlägt zurück – Kritik an Luhmanns ‚altdeutschem Staatszentrismus', verfügbar auf www.uni-protokolle.de/Lexikon/Richard_M%FCnch_(Soziologe).html (Zugriff am 03.04.2013).

Zuvor hatte sich Luhmann um eine Stelle im Bereich des Luft- und Völkerrechts beim Syndikus Lufthansa beworben, was aber aufgrund mittlerweile abgebrochener Beziehungen scheiterte.[4]

In diesen Jahren wurde ihm anhand von Ausschlusskriterien deutlich, dass sein Berufsziel Anwalt nicht die vermutete Zufriedenheit mit sich bringen würde. Sein Argument war, dass er sowohl beruflich als auch für die privat betriebene Wissenschaft mehr Freiheit bräuchte. Eine Juraprofessur kam für ihn aber nicht infrage.[5]

1954 wechselte Luhmann für ein Jahr als Beamter an das Oberverwaltungsgericht Lüneburg. Er wurde dort Assistent des Präsidenten.[6] Seine Aufgabe bestand darin, ein Referenzsystem für nichtöffentliche Verwaltungsgerichtsentscheidungen zu erstellen. Parallel dazu nahm er Tätigkeiten in mehreren Senaten wahr.[7]

Nach seinem zweiten juristischen Staatsexamen ging er zunächst auf Reisen und hat an einer geplanten Dissertation über Beratungsorgane gearbeitet, die er aber – auch mangels eigenen Interesses – nicht fertiggestellt hat.[8] Von 1956 bis 1962 kam er als Landtagsreferent ins niedersächsische Kultusministerium, um dort Wiedergutmachungsfälle aus der Zeit des Nationalsozialismus aufzuarbeiten, was ihm nach eigenem Bekunden sogar Spass gemacht haben soll. Praktisch hieß das, Kabinettsachen vorzubereiten, an Landtags- und Ausschusssitzungen teilzunehmen sowie Verwaltungsgerichtsprozesse zu führen. Für eine weiterführende Karriere etwa in Richtung eines Staatssekretärs hat er sich indessen nicht empfehlen können, da er einem dafür notwendigen Parteieintritt gegenüber abgeneigt war. „Also, man ist dann ja sehr leicht in der falschen Partei, wenn es sich wieder ändert, nicht?"[9] Seine höchste Position in der Verwaltungshierarchie blieb daher schließlich der Oberregierungsrat.

---

[4] Vgl. Luhmann, Niklas (2005): Es gibt keine Biografie, S. 23.

[5] Vgl. Luhmann, Niklas (2005): Es gibt keine Biografie, S. 25.

[6] Horster, Detlef; Luhmann, Niklas (1997): Niklas Luhmann, S. 201. Vgl. Luhmann, Niklas (2005): Es gibt keine Biografie, S. 23.

[7] „[…] und dann musste ich so ein Nachschlagewerk aufbauen, wo man die nicht veröffentlichten Oberverwaltungsgerichtsentscheide anderer Oberverwaltungsgerichte registrieren konnte, weil davon die Revision abhängig war […] Und dann war ich in den einzelnen Senaten, immer so als Assistent eines Richters, und dann wurde ich ins Kultusministerium delegiert, nach einer politischen Wende. Dann kam die DP/CDU an die Regierung, anstelle von SPD". Luhmann, Niklas (2005): Es gibt keine Biografie, S. 23.

[8] Vgl. Luhmann, Niklas (2005): Es gibt keine Biografie, S. 25.

[9] Luhmann, Niklas (2005): Es gibt keine Biografie, S. 28.

Das Stocken seiner Karriere bzw. darüber hinaus führender Perspektiven beantwortete Luhmann 1960 mit seiner einjährigen Beurlaubung zum Zwecke eines Soziologiestudiums bei Talcott Parsons an der School of Government der Harvard University in Cambridge, USA.[10] Bis dahin lief nebenher ein immenses Pensum an Lektüre, wobei seine Schwerpunkte auf René Descartes (1596–1650), Edmund Husserl (1859–1938) und auf Schriften zum Funktionalismus lagen.

---

[10] „Es ist zum Beispiel ein reiner Zufall, dass ich sehr früh, mit 28 Jahren, Ministerialreferent wurde, einfach weil das Ministerium nach einem politischen Wechsel in Hannover jemanden brauchte. Aber im Ministerium gab es eine gewisse Monotonie der Tätigkeit, und andererseits war eine weitere Karriere nur in Verbindung mit einer politischen Partei möglich. Da habe ich mir ernsthaft überlegt, ob ich nicht wissenschaftlich weiterarbeiten soll. Dann war es wieder ein Zufall, dass im Ministerium eine Ausschreibung über meinen Tisch lief, die ein Harvard-Stipendium betraf, und ich dann dachte, das wäre eine gute Idee, sich da selber zu bewerben. Ich bin dann nach Harvard gegangen, ging dann wieder ins Ministerium zurück und habe einen Absprung gesucht." Frankfurter Rundschau, vom 5.12.1992, zitiert bei Faulstich-Wieland, Hannelore (2000): Individuum und Gesellschaft. Sozialisationstheorien und Sozialisationsforschung. München, S. 128.

Zettelkasten

„Als Ergebnis längerer Arbeit mit dieser Technik entsteht eine Art Zweitge-dächtnis, ein Alter ego, mit dem man laufend kommunizieren kann. "[1]

Luhmann begann seiner eigenen Aussage nach im Jahr 1951 mit dem, was später der Zettelkasten wurde.[2] Der Grund dafür war zunächst ein pragmatischer. Er hatte die Angewohnheit, in die gelesenen Bücher unbeschriebene oder beschriebene Merkzettel einzulegen. Dadurch erhielten die Bücher zum Teil, je nach Menge der Zettel, ein aufgeblähtes Volumen, das von der Einbindung nicht mehr gehalten werden konnte. Die Buchrücken brachen auseinander, die Zettel verloren ihren Halt und die Bücher wurden untauglich. In einer anderen Version spricht Luhmann von mit Zetteln angefüllten Mappen.[3] Diese unterschiedlichen Versuche führten ihn schließlich zum Aufbau einer in Holzkästen systematisierten Ablage seiner Markier- und Merkzettel, womit der Zettelkasten entstand.

Der sachliche Auslöser für den Aufbau des Zettelkastens war der Lese- und Rezeptionsstil Luhmanns. In der Regel fasste er jedes Buch und jeden Aufsatz, das bzw. den er studierte, nur einmal an. Während der Lektüre notierte er sich sofort handschriftlich die ihm relevanten Gedanken, seien es die gelesenen oder eigene Gedanken während des Lesens.[4] Er hielt wenig vom wortwörtlichen Exzerpieren, sondern bestand darauf, das Gelesene in eigene Begriffe und Sätze umzuformulieren, um die Rezeptionsintensität zu erhöhen.[5] Diese Weise der Umarbeitung bewirkte zugleich, dass er ausgesprochen wenig mit

---

[1] Luhmann, Niklas (1992): Kommunikation mit Zettelkästen. Ein Erfahrungsbericht. In: Luhmann, Niklas (Hrsg.): Universität als Milieu. Bielefeld, S. 57.

[2] In einem Interview gibt Luhmann das Jahr 1951 an, vgl. Luhmann, Niklas (2005): Die Realität der Massenmedien. Niklas Luhmann im Radiogespräch mit Wolfgang Hagen. In: Hagen, Wolfgang; Baecker, Dirk; Luhmann, Niklas (Hrsg.): Warum haben Sie keinen Fernseher, Herr Luhmann? Letzte Gespräche mit Niklas Luhmann. 2. Aufl. Berlin, S. 103. Andernorts ist von 1952 oder 1953 die Rede, vgl. Luhmann, Niklas (1987): Biographie, Attitüden, Zettelkasten. In: Luhmann, Niklas; Baecker, Dirk (Hrsg.) (1987): Archimedes und wir. Interviews. Berlin, S. 125-155, dort S. 149.

[3] Siehe Luhmann, Niklas (2005): Die Realität der Massenmedien. Niklas Luhmann im Radiogespräch mit Wolfgang Hagen, S. 103

[4] Vgl. insgesamt: Luhmann, Niklas (2005): Die Realität der Massenmedien. Niklas Luhmann im Radiogespräch mit Wolfgang Hagen, S. 103-107.

[5] Vgl. Luhmann, Niklas (2000): Lesen lernen. In: Gente, Peter; Paris Heidi; Weinmann, Martin; Luhmann, Niklas (Hrsg.): Niklas Luhmann – Short Cuts. Orig.-Ausg., 4. Aufl. Frankfurt a. M., S. 150-157.

Zitationen arbeitete. In seinen Büchern finden sich deshalb zumeist nur fremdsprachige Zitate aus entlegenen Werken, die sonst nicht so leicht zugänglich sind. Alle anderen Bezüge auf Gedankengänge anderer Autoren hat er in seinen eigenen Duktus aufgenommen.

Das Gelesene wurde jeweils auf Zettel in der Größe einer DIN A6-Karteikarte geschrieben. Es konnten einzelne Begriffe oder Gedanken, zusammenhängende Argumentationsmuster oder Zitate sein. Auf die Rückseite kamen die bibliografischen Angaben. Jeder Zettel wurde mit einer Nummer bzw. einer Folge aus Zahlen und Buchstaben versehen, die einerseits als absolute Adresse fungierte, andererseits polyvalente Verweisungen ermöglichte. Die Verweisungen, die eher als kreativ denn als technisch zu begreifen sind, wurden ebenfalls auf dem Zettel notiert. So ergaben sich Zetteladressen wie beispielsweise 21/3a17[6] oder 21/3d26g104,1. Zusätzlich gab es ein Schlagwortregister, in dem die Nummern eingetragen wurden. Jede Adresse kam nur einmal vor. Die Zettel waren, wie Adressen in einer Wohnstrasse, in aufsteigender Folge sortiert. Die Ordnung war unabdingbar für das Wiederauffinden eines Zettels. Sollte einmal ein Zettel fehlerhaft einsortiert worden sein, kam er letztlich nur durch Zufall wieder ans Licht der Systematik. Allerdings kann nur von einer mechanischen Systematik die Rede sein, da die Adressenfolge der Zettel kaum inhaltlichen Kriterien folgte. Sie wurden vielmehr in der zufälligen Folge beziffert, die sich aus der verarbeiteten Lektüre ergab.

Die Funktionsweise seines Zettelkastens, der eine Kombination aus struktureller Ordnung und Unordnung bzw. einer Kombination aus fester Stellensystematik und dadurch erzeugtem internen Komplexitätsaufbau darstellt, sah Luhmann in dreierlei Hinsicht. Die Vorteile eines auf diese Weise strukturierten Zettelkastens basieren (1) auf einer beliebigen inneren Verzweigungsfähigkeit, (2) auf den damit gegebenen Verweisungsmöglichkeiten und (3) auf einem parallel angelegten Register.[7]

---

[6] Vgl. Luhmann, Niklas (2005): Die Realität der Massenmedien. Niklas Luhmann im Radiogespräch mit Wolfgang Hagen, S. 103: *„Einfach durchnummeriert, von 0 bis …* Ja, dann gibt es also schon Clusterbildung und so etwas, aber im Prinzip ist es eine Unendlichkeit, die also nach innen, wenn man also, sagen wir mal, den Zettel 21/3a17 hat, dann kann man 18 machen oder man kann 17a machen und …".
[7] Siehe Luhmann, Niklas (1992): Kommunikation mit Zettelkästen, S. 55-57. Vgl. auch den Beitrag von Frank Berzbach (2001): Künstliche Intelligenz aus Holz, unter www.sciencegarden.de/content/ 2001-07/k%25C3%25BCnstliche-intelligenz-aus-holz (Zugriff am 26.08.2013).

In einer ersten Ausstellung des Zettelkastens, die im Jahre 2015 in der Kunsthalle Bielefeld unter dem Titel „Serendipity – Vom Glück des Findens"[8] stattfand, wurde die Funktionsweise bzw. die Methode der Verzettelung im Prinzip der Serendipität gesehen, nach dem etwas gefunden wird, was nicht gesucht wurde, jedenfalls nicht das, was gefunden wurde. Das prominenteste Beispiel dafür dürfte die Entdeckung Amerikas darstellen.

Der Aufbau und die Pflege des Zettelkastens kostete Luhmann viel Zeit. An jedem Tag, an dem Literatur rezipiert wurde, kamen neue Zettel hinzu und die alten mussten mit neuen Verweisen ergänzt werden. Zum Teil saß er mehrere Stunden am Tag daran.

Historisch gesehen hat Luhmann zwei Zettelkästen aufgebaut.[9] Der erste Zettelkasten entstand in den Jahren von 1951 bis ca. 1962, der zweite in der Zeit von 1963 bis 1996 und „ist durch einen eindeutig soziologischen Zugriff gekennzeichnet – was wohl auch der Grund dafür sein dürfte, dass Luhmann eine neue Sammlung erstellt hatte, bei der die Zählung der Zettel wieder bei 1 beginnt"[10].

Signifikant ist, dass der Singularbegriff ‚Zettelkasten' für die Idee bzw. das Prinzip des Zettelkastens steht, tatsächlich füllten die Zettel nach und nach insgesamt 24 Holzkästen. Ein Bild von der Größe der Kästen kann man aus einschlägigen Videoaufnahmen gewinnen.[11] Alles in allem ist von rund 90.000 Zetteln auszugehen.[12] Die Zettelkästen standen zuletzt im Wohnhaus Luhmanns in Oerlinghausen, bis die Tochter den Nachlass des Vaters inklusive der Zettelkästen im Jahr 2003 mit einem LKW abholen ließ. Dies führte zu einem Rechtsstreit zwischen der Tochter und einem der Söhne darüber, wem die Zettelkästen gehörten. 2004 wurde gerichtlich geklärt, dass die Zettelkästen zum

---

[8] Siehe www.kunsthalle-bielefeld.de/index.php/ausstellungen/ruckblick/serendipity-vom-gluck-des-findens-niklas-luhmann-ulrich-ruckriem-jorg-sasse (Zugriff am 12.11.2016).

[9] Vgl. Schmidt, Johannes F. K. (2013/2014): Der Nachlass Niklas Luhmanns – eine erste Sichtung: Zettelkaten und Manuskripte. In: Soziale Systeme 19, Heft 1, S. 167-183, insbesondere ab S. 168.

[10] Schmidt, Johannes F. K. (2013/2014): Der Nachlass Niklas Luhmanns, S. 169. Dort auch in Fußnote 5 der Hinweis: „Die hin und wieder zu lesende Vermutung, Luhmann sei im Zuge seines Amerikaaufenthaltes Anfang der 1960er Jahre der Zettelkasten verloren gegangen, entbehrt also wohl jeder Grundlage." Siehe dagegen Rammstedt, Otthein (1999): In Memoriam: Niklas Luhmann, S. 16.

[11] Vgl. den Film auf Youtube unter www.youtube.com/watch?v=7gxXkbEag6k (Zugriff am 12.04.2013).

[12] Siehe Schmidt, Johannes F. K. (2013/2014): Der Nachlass Niklas Luhmanns, S. 169, sowie www.nw-news.de/owl/4669163_Forscher_durchforsten_Luhmanns_Zettelkasten.html (Zugriff am 26.08.2013).

wissenschaftlichen Nachlass und nicht zum Hausrat Luhmanns gehörten und daher der Tochter als Alleinerbin zuzusprechen seien.[13]

Heute befinden sich die Zettelkästen sowie rund 80 Umzugskartons mit dem Nachlass Luhmanns im Besitz der Universität Bielefeld, den die Universität mit Unterstützung der Alfried Krupp von Bohlen und Halbach-Stiftung und des Stifterverbandes für die Deutsche Wissenschaft im Jahr 2011 erwerben konnte. Davon ausgehend befindet sich ein Luhmann-Archiv im Aufbau.[14] Dazu gehört die systematische Erschließung des Nachlasses sowie die elektronische Erfassung des Zettelkastens, der daraufhin in dieser Form zugänglich gemacht werden soll.

Luhmann hat weder die Idee noch die Methodik eines Zettelkastens selbst erfunden oder als erster genutzt. Es gab historische Vorläufer. Bekannt geworden sind unter anderem die Zettelkästen von Jean Paul (eigentlich Johann Paul Friedrich Richter, (1763–1825), Georg Wilhelm Friedrich Hegel (1770–1831)[15], Arno Schmidt (1914–1979), Martin Gardner (1914–2010) und Hans Blumenberg (1920–1996), die jeweils aufgrund ihres großen Umfangs und ihrer Bedeutung für die Arbeit und das Werk ihrer Besitzer mit dem Zettelkasten Luhmanns vergleichbar sind. Blumenberg hat Zitate und Metaphern aus der Literatur gesammelt, der US-amerikanische Unterhaltungsmathematiker Gardner hat seine Materialien in einem Zettelsystem verkartet. Jean Paul schrieb 1769 das „Leben des Quintus Fixlein, aus funfzehn Zettelkästen gezogen" und Arno Schmidt stellte 1970 aus einer Zettelsammlung „Zettels Traum (Roman in 8 Büchern)" zusammen.[16]

Die Nachfolge solcher Zettelkästen haben heute spezifische Softwareprogramme zum Aufbau bibliografischer und semantischer Datenbanken übernommen.[17] Ihre Leistungsfähigkeit ist durch technische Gegebenheiten bedeu-

---

[13] Siehe das Urteil des Oberlandesgerichtes Hamm vom 29.07.2004, Aktenzeichen 10 U 132/03 und den Bericht dazu unter www.taz.de/1/archiv/?id=archivseite&dig=2004/07/30/a0035 (Zugriff am 26.08.2013).

[14] Siehe www.uni-bielefeld.de/soz/luhmann-archiv/index.html (Zugriff am 06.11.2016).

[15] Luhmann, Niklas (2005): Die Realität der Massenmedien. Niklas Luhmann im Radiogespräch mit Wolfgang Hagen, S. 103.

[16] Die Gesellschaft der Arno-Schmidt-Leser (GASL) gibt Jahrbücher unter dem Titel ‚Zettelkasten‘ mit Analysen zum Werk des Schriftstellers heraus, siehe www.gasl.org (Zugriff am 06.11.2016).

[17] Vgl. insbesondere die Variante der Software ‚Zettelkasten‘, die nach dem Prinzip des Luhmannschen Originals konstruiert ist, http://zettelkasten.danielluedecke.de (Zugriff am 12.02.2013). Vgl. auch Zorn, Carsten (2003): Der Zettelkasten der Gesellschaft. Medientheorie als Gesellschaftstheorie: Eine Luhmann-Relektüre. Dissertation. Frankfurt/Oder.

tend gesteigert worden, sodass sich die Möglichkeiten der internen und externen Vernetzung sowie der Suchoptionen vervielfacht haben. Die dafür genutzte Hyperverlinkung[18] ist außerdem zum Prinzip des World Wide Web geworden. Inwiefern das World Wide Web als Zettelkasten oder als etwas Vergleichbares aber bisher begrifflich nicht Bezeichnetes angesehen werden kann, wird diskutiert. Fuchs fokussiert seine Überlegungen dazu auf die Fragestellung, ob das World Wide Web als gesellschaftliches Funktionssystem beschrieben werden kann. Dabei würde die grundlegende Verweisungsoperation des ‚Verlinken‘, das Einhaken oder Nicht-Einhaken in Register, sowie die Modi von ‚On‘ und ‚Off‘, eine entscheidende Rolle spielen.[19]

Im Blick auf die Weiterentwicklung papierener Zettelkästen zu elektronisch verfügbaren Datenbanken können Zettelkästen wie die Luhmanns und anderer als „preadaptive advance"[20] wissenssoziologischer bzw. soziostruktureller Entwicklungen auf vernetztes Denken und Wissen hin gelesen werden. Damit ist eine vereinzelte operative Vorwegnahme von späterhin gängigen soziostrukturellen Gegebenheiten gemeint.

Hinsichtlich des Zettelkastens von Luhmann ist überlegt worden, ob er sich aus der Anwendung des Modells archivarischer oder verwalterischer Karteikarten ableiten lässt. Umgekehrt ließe sich aber auch fragen, ob nicht vielmehr die Karteikarte aus dem wissenschaftlichen oder literarischen Zettel hervorgegangen ist.[21] Im Falle Luhmanns war man versucht, sowohl die Methodik des Zettelkastens als auch die Struktur seiner gesamten Theorie aus dem Wunsch

---

[18] Vgl. z. B. die Internetseite zur Systemtheorie unter www.hyperkommunikation.ch (Zugriff am 12.02.2013).

[19] Fuchs, Peter: Realität der Virtualität. Aufklärungen zur Mystik des Internet. Online verfügbar unter www.maroki.de/pub/other/pf_rdv.html (Zugriff am 12.02.2013).

[20] Vgl. Krause, Detlef (2005): Luhmann-Lexikon. Eine Einführung in das Gesamtwerk von Niklas Luhmann; mit 32 Abbildungen und über 600 Lexikoneinträgen einschließlich detaillierter Quellenangaben. 4., neu bearb. und erw. Aufl. Stuttgart, S. 208: „P. a. [= preadaptive advances; EB] sind sozusagen Problemlösungen für noch nicht existierende Probleme." Luhmann, Niklas (1998): Die Gesellschaft der Gesellschaft, S. 511 f., erläutert den Begriff folgendermaßen: „Schon in der Evolution lebender Systeme ist ein solches Überwechseln identischer Merkmale von einem in einen anderen Anpassungszusammenhang ein keineswegs seltenes, vielmehr typisches Geschehen. Dasselbe gilt für die gesellschaftliche Evolution. Auch hier erscheint es geradezu als der Normalfall, daß die Emergenz evolutionärer Errungenschaften durch Vorentwicklungen, durch ‚preadaptive advances‘ (Anm. 169) begünstigt, ja überhaupt erst ermöglicht wird." Und dazu die Anm. 169: „So formuliert Robert MacAdams, The Evolution of Urban Society: Early Mesopotamia and Prehispanic Mexico, London 1966, S. 41. Zur Herkunft des Begriffs L.Cuénot, L´adaptation, Paris 1925."

[21] Vgl. Krajewski, Markus (2002): Zettelwirtschaft. Die Geburt der Kartei aus dem Geiste der Bibliothek. Berlin.

nach Ordnung gegen das kriegsbedingt erfahrene Chaos der Welt abzuleiten. Dann stünde der Zettelkasten für eine einfache aber sichere Ordnung innerhalb der Unordnung der rezipierten Weltliteratur und der eigenen Gedankenbildung. Diese Erklärung mag als plausibel empfunden werden, ist aber doch als allzu linear-kausal getüncht anzuzweifeln. Vor allem aber erklärt sie weder die Funktionsweise des Zettelkastens noch die Gesamtanlage der System/Umwelt-Theorie. Beide sind nämlich weder mechanisch noch kausal, sondern kreativ und operativ strukturiert.

In dieser Hinsicht sind auch die Überlegungen Luhmanns zu ergänzen, in denen er behauptet, dass sein Zettelkasten seine Bücher geschrieben habe[22] – wobei dies sicherlich als eine seiner schalkhaften Aussagen gewertet werden kann. Auf jeden Fall ist die vermeintlich kausale Linearität von Zettelkasten und Buchproduktion am besten im Sinne struktureller Kopplungen und rekursiver Verhältnisse zu beschreiben. Dabei geht es um Kopplungen zwischen der Autopoiesis des Bewusstseins des Autors und der Autopoiesis des Zettelkastens. Dass sich seine Bücher aus dem Zettelkasten heraus selbst geschrieben haben sollen, würde demnach auf das Prinzip der Autopoiesis verweisen, das sowohl für den Zettelkasten als auch für das verarbeitende Bewusstsein sowie schließlich für die daraus resultierenden Texte in Geltung stünde. Die Theorie der Autopoiesis und die autopoietische Theorie hätten in der Praxis also mit dem Zettelkasten begonnen. So gesehen steht der Zettelkasten für ein autopoietisches System, das zugleich operativ geschlossen und kausal offen arbeitet. Seine Karten verweisen ja nicht auf eine externe Realität, sondern auf andere Karten im Kasten. Die Bezifferung der Karten dient daher einzig dem internen Strukturaufbau und ist auf eine innere Unendlichkeit hin ausgerichtet.[23]

In der Regel wird der Zettelkasten als Ordnungssystematik aufgefasst, was hinsichtlich der bekannten Zahlenregister als zutreffend bezeichnet werden kann. Zugleich ist der Zettelkasten Luhmanns für einen Außenstehenden kaum als geordnet einzustufen, da die Systematik weniger mit den aufeinander verweisenden Zahlenregistern zu erfassen ist als vielmehr seitens mentaler Leistungen des Lesers. Der Zettelkasten scheint daher am ehesten als „Externali-

---

22 Vgl. Luhmann, Niklas (1987): Biographie, Attitüden, Zettelkasten. In: Luhmann, Niklas; Baecker, Dirk (Hrsg.) (1987): Archimedes und wir. Interviews. Berlin, S. 125-155, dort S. 142 f.
23 „Ja, dann gibt es schon Cluster-Bildung und so etwas, aber im Prinzip ist es eine Unendlichkeit, die also nach innen [...]" geht, siehe Luhmann, Niklas (2005): Die Realität der Massenmedien. Niklas Luhmann im Radiogespräch mit Wolfgang Hagen, S. 103.

sierung der (intern erarbeiteten) Resultate neurophysiologischer Operationen"[24], in diesem Falle der internen Berechnungen des Arrangeurs Luhmann, verständlich zu sein. Er repräsentiert damit die Paradoxie von Ordnung und Unordnung bzw. der Rationalität des Bewusstseinssystems des Arrangeurs und der des Theoriesystems.

Mit anderen Worten: Der Aufbau des Zettelkastens von Luhmann steht in keiner Eins-zu-eins-Relation mit seiner Umwelt, mit der Literatur, mit dem Bewusstsein des Autors oder mit der Realität der Gesellschaft. Stattdessen wird der Kontakt mit der Umwelt unterbrochen und deren Komplexität durch eine systemeigene Komplexität ersetzt. So bringt der Zettelkasten mit seiner schematischen Ordnung, die sich aufgrund beliebiger Nummern- und Referenzsigel im Hinblick auf die verzettelten Notizen ergibt, mindestens eben soviel Unordnung bzw. Nicht-Linearität wie Ordnung mit sich. Er zeigt auf plastische Weise die wechselseitige Steigerung von Komplexitätsreduktion und Komplexitätsaufbau.[25]

Ergänzend ließe sich sagen, dass die Metapher des Labyrinths, die Luhmann für seine Theorie bemüht hat, in der Operationsweise und im Strukturaufbau des Zettelkastens begründet liegt.[26]

Eine sinnvolle Nutzung der Zettelkästen scheint heutzutage kaum denkbar zu sein. Hoffnungen auf neuartige Erkenntnisse, die sich bei der Sichtung der Zettel ergeben würden, sind als eher unwahrscheinlich einzustufen. Dazu fehlt vor allem die Bewusstseinsstruktur eines Niklas Luhmann, wie sie sich in Ko-Evolution mit dem Zettelkasten aufgebaut und kreativ gekoppelt hat. Denn das Medium des Zettelkastens hat die Form der Bücher Luhmanns nicht von sich aus, sondern in der Kopplung mit dem Medium des psychischen Systems Luhmann hervorgebracht. Aber es bleiben die Erkenntnisse und die daraus sich ergebenden Folgerungen aus der momentan laufenden Sichtung des Nachlasses und vor allem der Zettelkästen abzuwarten.

---

[24] Luhmann, Niklas; Kieserling, André (2002): Die Religion der Gesellschaft. 1. Aufl. Frankfurt a. M., S. 38.

[25] „[…] wie sein Zettelkasten funktioniert: auf sehr einfache Weise durch eine sehr komplexe Struktur." Corsi, Giancarlo (1999): Ein Symbol für eine unbekannte Zukunft, S. 106.

[26] Vgl. unser Kapitel ‚Labyrinth' in diesem Buch.

Vom Oberregierungsrat zum Professor

„Ich meine, ich hatte immer nebenbei wissenschaftlich gearbeitet und philosophisch oder theoretisch, aber dann musste ich mir irgendwann überlegen, was jetzt so im Prinzip aus mir werden soll." [1]

Die von Luhmann zuletzt erreichte Position eines Oberregierungsrates beim niedersächsischen Kultusministerium kann als eine Sackgasse seiner individuellen Entwicklung angesehen werden, in der sich der Beteiligte selbst kaum positioniert oder festgelegt hat.[2] Zwar war er sich über seine wissenschaftlichen Interessen im Klaren, hat diese aber bis zu seinem Stipendiatsstudium

1960/1961 in Harvard zu keiner Zeit konsequent verfolgt. Sein Zögern mag darauf zurückzuführen sein, dass er sich aufgrund seines universalistischen Theorieinteresses nicht für ein einzelnes Fachgebiet wie die Jurisprudenz, die Politologie oder auch die Soziologie entscheiden konnte.

Talcott Parsons[3]

So ergriff Luhmann die Gelegenheit, sich auf die Ausschreibung eines Stipendiums in Harvard, die über seinen Schreibtisch als Verwaltungsbeamter lief, in eigener Person zu bewerben. Er versprach sich davon zum einen, aus der Verwaltungslinie herauszukommen, die ihn zeitlich mehr und mehr in Anspruch zu nehmen drohte, zum anderen wollte er die Gelegenheit nutzen,

---

[1] Luhmann, Niklas (2005): Es gibt keine Biografie, S. 28.
[2] „Beamtenrechtlich war das ganz unorthodox gelaufen und das Innenministerium hat immer, bei jeder Beförderung, die ich anstehen hatte, blockiert, weil ich nicht die normale Beamtenlaufbahn hatte, also nie auf dem Landkreis bei einem Feuerwehrfest gewesen war und so. Ich werde nie ein ordentlicher Beamter, wenn ich mich also nicht auf einem Feuerwehrfest betrinke. Und dann habe ich eben gesagt, ich lese Hölderlin […] aber das hat nicht überzeugt." Luhmann, Niklas (2005): Es gibt keine Biografie, S. 31.
[3] Quelle: www.hyperkommunikation.ch/personen/parsons.htm (Zugriff am 14.06.2013).

über seinen weiteren wissenschaftlichen Weg nachzudenken.[4] Luhmann war damals immerhin bereits 32 Jahre alt.

Rückblickend lässt sich die damit beginnende Zeit als Weg zur Universität deuten, obwohl dies für Luhmann so noch nicht klar war. Es war der sukzessive Übergang von der Hörsaalbank in Harvard zum Lehrkatheder in Speyer und Dortmund sowie schließlich in das weitgehend als Forschungsposition zu beschreibende Professorat in Bielefeld.

In Harvard kristallisierte sich der Bereich der Soziologie als die für das breit angelegte Interesse Luhmanns passendste Option heraus. Seine dortigen Studien, die sich allem voran auf die Gesellschaftstheorie von Parsons bezogen, fixierten seine soziologische Wende, sodass er später sagen konnte:

„Soziologie studieren mußte ich übrigens auch noch, denn ich hatte ja bisher nur Jurisprudenz gelernt. […] An einem Lehrstuhl für Soziologie war ich deshalb besonders interessiert, weil man als Soziologe alles machen kann, ohne auf einen bestimmten Themenbereich festgelegt zu sein."[5]

Nach seiner Rückkehr aus den USA im Sommer 1961 sammelte er weiteres Material für eine Publikation zum Thema ‚Organisation‘, aus dem seine 1964 publizierte und 1966 als Dissertation angenommene Monographie „Funktionen und Folgen formaler Organisation"[6] hervorging. Als erste monografische Publikation Luhmanns kann allerdings die 1963 zusammen mit Franz Becker herausgegebene Schrift „Verwaltungsfehler und Vertrauensschutz"[7] gelten.

1961 kehrte er übergangsweise für ein Jahr in das Kultusministerium in Hannover zurück, wechselt dann aber von 1962 bis 1965 als Referent an die

---

[4] „Es gab so ein ‚fellowship‘ in Harvard aus der Zeit des ‚New Deal‘, also eine stärkere administrative Ausbildung für Nachwuchs in Washington, das war das Ziel. Und da war ein Stipendium für ein oder zwei Deutsche und das lief über meinen Schreibtisch, ich musste das verteilen. Und dann habe ich mich gleich selbst beworben und wurde auch genommen. Da hatte ich eben ein Jahr Zeit, mir zu überlegen, ob ich mehr wissenschaftliche Arbeit wollte, ohne unbedingt an eine Universität zu gehen." Luhmann, Niklas (2005): Es gibt keine Biografie, S. 28-29.

[5] Luhmann, Niklas (1987): Biographie, Attitüden, Zettelkasten. In: Luhmann, Niklas; Baecker, Dirk (Hrsg.) (1987): Archimedes und wir. Interviews. Berlin, S. 125-155, dort S. 141.

[6] Luhmann, Niklas (1964/1999): Funktionen und Folgen formaler Organisation. Mit einem Epilog 1994. 5. Aufl. Berlin.

[7] Becker, Franz; Luhmann, Niklas (1963): Verwaltungsfehler und Vertrauensschutz. Möglichkeiten gesetzlicher Regelung der Rücknehmbarkeit von Verwaltungsakten. Berlin.

Deutsche Hochschule für Verwaltungswissenschaften (DHV) in Speyer.[8] Während dessen eignete er sich im Rahmen seiner Referententätigkeit verstärkt empirische Methoden und Theorien an. Die Arbeitsbedingungen waren, im Sinne seiner erstrebten Unabhängigkeit, ideal:

„Und man konnte relativ frei arbeiten. Die Abmachung war: eine halbe Zeit für Aufträge des Forschungsinstituts und eine halbe Zeit für eigene Interessen. Und da die Aufträge nicht kamen oder nur kamen, wenn ich sie selbst anregte, war das eine ganz günstige Position, eigentlich."[9] In seiner Schrift „Öffentlich-rechtliche Entschädigung rechtspolitisch betrachtet", die Luhmann während dieser Zeit in Speyer 1965 publizierte, spricht der Herausgeber Prof. Dr. Carl Hermann Ule (1907–1999) allerdings zu Recht immer noch vom „Oberregierungsrat Niklas Luhmann"[10].

Von 1965 bis 1969 schloss sich eine weitere wissenschaftliche Station an. Luhmann wurde von Helmut Schelsky (1912–1984) an die Sozialforschungsstelle an der Universität Münster in Dortmund e. V. berufen. Die Außenstelle Dortmund war 1946 gegründet worden und galt in den 1950-er und 1960-er Jahren als die kopfreichste empirisch-soziologische Forschungsinstitution der Bundesrepublik Deutschland. Ihre Gründung ging auf eine Initiative des Soziologen und Arbeitswissenschaftlers Otto Neuloh (1902–1993) zurück. Neuloh wurde darin vom katholischen Sozialökonomen Heinrich Weber (1888–1946; Weber war auch der erste Direktor der Forschungsstelle), sowie von Industrieunternehmern und Kommunalpolitikern aus dem Ruhrgebiet unterstützt. Der Schwerpunkt der Arbeit lag auf industriesoziologischen Forschungen als Kern einer damals avisierten ersten Universität im Ruhrgebiet. Nach 1960 wurden unter dem Direktorat von Schelsky die Forschungsaktivitäten auf andere Bereiche der Soziologie ausgeweitet. Zum Jahreswechsel 1969/1970 zog die Forschungsstelle an die Universität Bielefeld um.

Die heutige Sozialforschungsstelle Dortmund (sfs) wurde 1972 als Nachfolgeorganisation vor Ort neu begründet. Ihr Kerngebiet ist die Arbeitsforschung. Von 1972 bis 2006 war sie als Landesinstitut dem Ministerium für Innovation, Wissenschaft, Forschung und Technologie des Landes Nordrhein-

---

[8] „Da war ein Forschungsinstitut in der Hochschule eröffnet worden. Es war eine Einrichtung, die Rheinland-Pfalz im Auftrag aller Bundesländer verwaltete, als Fortbildungseinrichtung." Luhmann, Niklas (2005): Es gibt keine Biografie, S. 32. Vgl. im Internet www.hfv-speyer.de.

[9] Luhmann, Niklas (2005): Es gibt keine Biografie, S. 33.

[10] Luhmann, Niklas (1965): Öffentlich-rechtliche Entschädigung rechtspolitisch betrachtet. Berlin, S. 6.

Westfalen zugeordnet. Seit Beginn des Jahres 2007 ist die sfs eine zentrale wissenschaftliche Einrichtung der Technischen Universität Dortmund.

Seine Antrittsvorlesung als designierter Hochschuldozent hielt Luhmann im Januar 1967 zum Thema „Soziologische Aufklärung"[11]. Darin skizziert er sein Programm einer theoretischen Umstellung der Soziologie, wie er es in den Folgejahren zu Gehör und zu Papier brachte. Die leitende Frage des Vortrags war die nach der Einheit der Soziologie im Sinne einer selbstreflexiven Wissenschaft. Das Stichwort der Einheit kam dann auch – wie ein einheitsstiftendes Nomen est Omen – in seiner Vorlesung zur Emeritierung wieder vor. Die Einheit der Soziologie, die Luhmann durch die operativen Differenzfragen ‚Was ist der Fall?' und ‚Was steckt dahinter?' konstituiert sah, kennzeichnete zugleich den Anspruch, eine soziologische Supertheorie aufbauen zu können. Mit diesem Ansatz zeichnete sich Luhmann spezifiziert als ‚Gesellschaftstheoretiker' und generalisiert als ‚Supertheoretiker' aus.[12]

Mit seiner ersten Vorlesung begann Luhmanns Karriere als öffentlicher Redner. Sein mündlicher Vortrag galt als brillant einfach, so wie sein schriftlicher Stil die Vorteile der Schriftlichkeit zu benutzen und auszureizen vermochte. Sowohl seine mündlichen als auch seine schriftlichen Produkte waren je für sich vollkommen, wechselseitig aber nicht aufeinander abbildbar.[13] Wer Audiomitschnitte von Vorlesungen oder Interviews mit Niklas Luhmann hört, kann mühelos folgen. Man wundert sich, wie verständlich er die in seiner hochkondensierten schriftlichen Diktion mitgeteilten Erkenntnisse in mündli-

---

[11] Luhmann, Niklas (2009): Soziologische Aufklärung. Ausarbeitung der Antrittsvorlesung am 25.1.1967 an der Rechts- und Staatswissenschaftlichen Fakultät der Westfälischen Wilhelms-Universität in Münster. In: Luhmann, Niklas (Hrsg.): Soziologische Aufklärung 1. Aufsätze zur Theorie sozialer Systeme. 8. Aufl. Wiesbaden, S. 83-115.

[12] „Supertheorien reflektieren mithin die Einheit von Wissenschaft oder die Einheit eines wissenschaftlichen Faches, um die Differenz von Kontinuität und Diskontinuität in der wissenschaftlichen Entwicklung zu überbrücken. Diese Referenz führt, allein deshalb schon, weil es sich um Selbstreferenz handelt, in Konflikte mit Erkenntnistheorie und Methodologie." Luhmann, Niklas (2008): Soziologie der Moral, S. 59.

[13] Vgl. u. a. Pollack, Detlef (1999): Luhmann in der DDR. In: Bardmann, Theodor M.; Baecker, Dirk (Hrsg.): Gibt es eigentlich den Berliner Zoo noch? Erinnerungen an Niklas Luhmann. 1. Aufl. Konstanz, S. 127: „Wenn man ihn so entspannt reden hörte, konnte man sich auf einmal vorstellen […] daß sich seine Bücher wie von selbst schreiben würden, daß er nie etwas erzwingen würde, sondern immer nur das tue, was ihm leicht falle. In beiden Fällen produzierte er, was er produzieren mußte. Aber das Ergebnis war völlig verschieden. Das eine Mal entstand ein dichter, in sich geschlossener, meist hoch voraussetzungsvoller Text, das andere Mal eine zwar auch auf Voraussetzungen fußende, aber in sich transparente Rede. Zwischen seinem Schreib- und seinem Redestil bestand eine auffällige Diskrepanz."

cher Rede darzustellen vermochte. Dies galt offenbar auch für seinen Gesprächsstil in Seminaren oder auf der Straße.

Der Haupteingang zur Universität Bielefeld

Die entscheidende Rolle für Luhmanns Weg an die Universität in Bielefeld spielte Helmut Schelsky.[14] Schelsky war Mitbegründer der 1968 als Reformuniversität konzipierten Hochschule, die auf interdisziplinäres Lehren und

---

[14] „1949 wurde er als Professor für Soziologie an die damalige ‚Akademie für Gemeinwirtschaft‘ nach Hamburg berufen. 1953 wechselte er zur Universität Hamburg. 1960 rief ihn die Rechts- und Staatswissenschaftliche Fakultät der Universität Münster. In dieser Position leitete er zugleich die renommierteste empirisch-soziologische Forschungsstätte jener Jahre, die Sozialforschungsstelle an der Universität Münster in Dortmund. Er war der Spiritus Rector, der für die in Bielefeld neu gegründete Reform-Universität kämpfte und dafür sorgte, dass dort die erste ‚Soziologische Fakultät‘ der Bundesrepublik errichtet wurde. Bereits in diesem Kampf um den ostwestfälischen Standort von der Paderborner CDU als ehedem nationalsozialistischer Student enttarnt, trat er sofort von allen Ämtern zurück – zumal von dem als Vorsitzender des Planungsbeirats Nordrhein-Westfalen für die Entwicklung des Hochschulwesens. Er wurde jedoch zurückgerufen und 1970 als Professor an die Bielefelder Universität berufen. Dort leitete er am Standort Rheda das als ein ‚deutsches Princeton‘ angelegte ‚Zentrum für interdisziplinäre Forschung‘. Er überwarf sich aber mit den Kollegen in seiner eigenen Gründung und kehrte enttäuscht 1973 nach Münster zurück, wo er 1978 emeritiert wurde. Er schrieb noch kämpferische und zunehmend als rechtsintellektuell einzuschätzende Großessays gegen die in seinen Augen eine utopische Erziehungsdiktatur anstrebenden Soziologen der 1968er-Generation, vereinsamte aber bis zu seinem Tod." Quelle: http://de.wikipedia.org/wiki/Helmut_Schelsky (Zugriff am 26.08.2013).

Lernen ausgerichtet werden sollte, was architektonisch am sogenannten Campus-Stil deutlich wurde.

Die Campus-Universität Bielefeld heute

Schelsky, der seit 1960 an der Universität Münster im Bereich der Rechts- und Staatswissenschaften lehrte, hatte die Publikation Luhmanns ‚Funktionen und Folgen formaler Organisation' gelesen und war dadurch nachhaltig davon überzeugt, hier weiteres Potential fördern zu können.

Luhmanns formale Qualifikationen für ein Hochschulamt bestanden zum einen in dieser Veröffentlichung, die ihm post festum als Promotionstext angerechnet wurde, zum anderen in seiner darauf folgenden Habilitationsschrift „Recht und Automation in der öffentlichen Verwaltung"[15], die ebenso wie seine Dissertationsschrift von Dieter Claessens (1921–1997) und Schelsky gemeinsam mentoriert wurde. Andere, laufbahngemäße Voraussetzungen wie z. B. eine wissenschaftliche Assistenzzeit brachte Luhmann nicht mit.[16] So

---

[15] Luhmann, Niklas (1997): Recht und Automation in der öffentlichen Verwaltung. Eine verwaltungswissenschaftliche Untersuchung. 2., unveränd. Aufl. Berlin.

[16] „Die Schwierigkeit war nur, – ich hatte ja den Status eines Oberregierungsrats und konnte nie Assistent werden. Da hätte ich meine Lebensstellung aufgegeben und und wäre eine Gehaltsstufe runtergegangen." Luhmann, Niklas (2005): Es gibt keine Biografie, S. 32.

wurde er einer der berühmtesten Quereinsteiger im Wissenschaftsbetrieb des 20. Jahrhunderts.

Zur gleichen Zeit wie Luhmann lehrten an der Universität Bielefeld internationale Größen wie der Soziologe und Kulturtheoretiker Norbert Elias (1897–1990), der Erziehungswissenschaftler Hartmut von Hentig (* 1925), Hans-Ulrich Wehler (1931–2014) als Begründer der ‚Bielefelder Schule‘ im Bereich der Sozialgeschichte, die Mathematiker Bernd Fischer (* 1936; Gruppentheorie), Friedhelm Waldhausen (* 1938; Algebraische Topologie) und Rudolf Ahlswede (1938–2010; Informationstheorie) sowie Reinhard Selten (1930–2016) am Institut für Mathematische Wirtschaftsforschung, der 1994 den Nobelpreis für Wirtschaft erhielt. So kam der Bielefelder Universität in den Jahren 1970 bis 1990 ein weit über die westfälischen Grenzen hinaus bekannter Ruf zu.

Blick in den Flur der Fakultät für Soziologie
an der Universität Bielefeld

Die Soziologische Fakultät der Universität war die erste ihrer Art in Deutschland und ist bis heute die einzige bundesweit. 1971 wurde dort die Zeitschrift für Soziologie (ZfS) begründet. Die erste Ausgabe erfolgte 1972. Das Blatt war zunächst auf vier Hefte pro Jahr projektiert. Seit 1985 erscheint die ZfS zweimonatlich.

Die beiden letzten offiziellen Vorlesungen als Soziologieprofessor in Bielefeld hielt Luhmann zu den Eckpfeilern seiner Theorie: zur Systemtheorie und zur Gesellschaftstheorie. Im Wintersemester 1991/1992 war es die ‚Einführung in die Systemtheorie‘, die sowohl als Audiomitschnitt als auch als Transkript vorliegt. Das Gleiche gilt für seine letzte Vorlesung im Wintersemester 1992/1993 mit dem Titel „Einführung in die Theorie der Gesellschaft“[17].

Die Hochschulzeit Luhmanns endete mit seiner Emeritierung am 9. Februar 1993. Die Feier fand im voll besetzten Auditorium Maximum der Universität statt. Der Dekan der soziologischen Fakultät, Otthein Rammstedt, gab eine Einführung, in der er einen sachlichen und einen persönlichen Abschied von Luhmann als Architekten „eines höchst anspruchsvollen Theoriegebäudes“[18] und als soziologischem Aufklärer formulierte.

In dieser Abschiedsvorlesung thematisierte Luhmann erneut die Einheit der Differenz der soziologischen Forschung. Unter dem Doppeltitel ‚Was ist der Fall?‘ und ‚Was steckt dahinter?‘ führt er die erste, empirische Frage auf Karl Marx (1818–1883) und die zweite, kritische Frage auf Emilé Durkheim (1858–1917) zurück. Daran schließt er den entscheidenden dritten Aspekt an, der zu seiner Theorie der Beobachtung zweiter Ordnung überleitet. Demnach verweist die Einheit der Differenz der beiden Fragen ‚Was ist der Fall?‘ und ‚Was steckt dahinter?‘ auf die Form der Einheit der Differenz der Soziologie. Nachdem eine einheitliche Metaphysik abhanden gekommen ist, hat die Soziologie beide Seiten zu bearbeiten. Die Form-Einheit der Soziologie stellt Luhmann dabei erneut und final anhand des nicht-stationären Kalküls George Spencer-Browns dar. Auf der Innenseite des Kalküls – der Seite des marked state – ist die Frage nach dem, was der Fall ist, zu platzieren und auf der Außenseite – der Seite des unmarked state – die Frage nach dem ‚Dahinter‘. Der

---

[17] Luhmann, Niklas (2005): Einführung in die Theorie der Gesellschaft. 1. Aufl. Heidelberg.
[18] Luhmann, Niklas (1993): „Was ist der Fall?“ und „Was steckt dahinter?“, S. 3.

auf diese Weise soziologisch genutzte Kalkül führt schließlich zu der Frage: „Wer ist der Beobachter?"[19]

Zum Schluss des Vortrags greift Luhmann in seiner gewohnt lapidaren Art die im Titel formulierten Fragen mit Bezug auf seine eigene Theorie auf und fragt: Was steckt hinter all dem, was für die Systemtheorie der Fall ist? Seine Antwort lautet: „Gar nichts! – außer Systemtheorie."[20]

Auf die Frage nach seinen Plänen als Emeritus antwortete Luhmann einmal: „Manuskripte sind in großem Umfange da. Es wird also wieder Bücher geben, wenn ich die Möglichkeit habe, sie schreiben zu lassen, und wenn irgendein anderer den Computer bedienen kann."[21] Außerdem wolle er häufiger nach Italien reisen.

Während seiner Laufbahn konnte Luhmann Ehrendoktorate der Universitäten von Gent, Bologna, Maccerata, Lecce, Recife und Guadalajara (in chronologischer Reihenfolge) entgegennehmen.[22] Im Jahre 1996 wurde er zum Ehrensenator der Bielefelder Universität ernannt.

Nach seinem Tod am 6. November 1998 fand rund einen Monat später, am Tag seines 71. Geburtstages, am 8. Dezember 1998, eine Gedenkveranstaltung statt, deren Reden in einem Sammelband editiert wurden.[23] Darin schreibt Franz-Xaver Kaufmann: „Luhmann hat dieses abendländische Projekt, die Welt aus einheitlichen Prinzipien zu denken, auf soziologische Weise fortgesetzt. Luhmanns Theorie ist die Theorie eines nachmetaphysischen Zeitalters [...], das seinen Horizont nicht mehr außerhalb seiner selbst finden kann. Diesen Horizont nannte Luhmann *Gesellschaft*."[24]

---

[19] Luhmann, Niklas (1993): „Was ist der Fall?" und „Was steckt dahinter?", S. 14. In Bezug auf den für seine Beobachtertheorie verwendeten Kalkül von George Spencer-Brown formuliert Luhmann in Luhmann, Niklas (2007): Die Paradoxie der Form, S. 248: „Aber es gibt noch eine dritte Möglichkeit, die Auflösung des Formparadoxes zu beobachten. Sie läuft über die Frage: wer ist Spencer Brown? Wer ist es, der all dies so Boole-gerecht arrangiert? Wer erzählt die Erzählung, und kommt der Erzähler in der Erzählung vor? Der Beobachter ist Spencer Brown selbst, der uns durch die strenge Form des Kalküls zwingen will, denselben Kalkül mitzuvollziehen, also zwischen verschiedenen Beobachtern nicht zu unterscheiden."

[20] Luhmann, Niklas (1993): „Was ist der Fall?" und „Was steckt dahinter?", S. 24.

[21] Luhmann, Niklas (1992): Erfahrungen mit Universitäten. Ein Interview. In: Luhmann, Niklas (Hrsg.): Universität als Milieu. Bielefeld, S. 100-125, dort S. 124.

[22] Vgl. Horster, Detlef; Luhmann, Niklas (1997): Niklas Luhmann, S. 193.

[23] Stichweh, Rudolf; Luhmann, Niklas (Hrsg.) (1999): Niklas Luhmann – Wirkungen eines Theoretikers.

[24] Kaufmann, Franz-Xaver (1999): Ein Wittgenstein'sches Schweigen, S. 9.

Er schreibt und schreibt und schreibt ...

„Ohne zu schreiben, kann man nicht denken".[1]

„Sie sitzen also niemals einen Tag da, ohne etwas zu schreiben? Wenn ich zu Hause bin, nein."[2] Das Zitat ist einem Interview entnommen, in dem sich Luhmann zu seinen Schreibgewohnheiten äußert. Wenn er zu Hause war, schrieb er von morgens 8.30 Uhr bis mittags, führte dann seinen Hund aus[3], schrieb erneut von 14 bis 16 Uhr, worauf ein weiterer Gang mit dem Hund oder ein Intensivschlaf von einer viertel Stunde folgte. Abends schrieb er bis gegen 23 Uhr weiter, worauf als Bettlektüre noch ein paar Dinge gelesen wurden, „die ich zu dieser Zeit noch verdauen kann"[4].

Seine Schreibproduktion war von Anfang an hoch und hat kontinuierlich zugenommen. Seine erste Veröffentlichung unter dem Titel „Der Funktionsbegriff in der Verwaltungswissenschaft"[5] erschien im Jahre 1958. Nebenbei (genauer: als Kardinalaktivität) sammelte und sichtete Luhmann kontinuierlich Materialien für seinen Zettelkasten, der schließlich eine Eigendynamik freisetzte, die den Autor mehr und mehr Bücher hervorbringen ließ. Insgesamt lassen sich rund 25.000 bis 30.000 bedruckte Seiten zählen, die in 50 Monografien und 500 Aufsätzen, in eigenen und fremden Sammelbänden sowie in Fachzeitschriften, allgemeinen Zeitschriften und Zeitungen veröffentlicht vor-

---

[1] Luhmann, Niklas (1992): Kommunikation mit Zettelkästen. In: Luhmann, Niklas (Hrsg.) (1992): Universität als Milieu. Bielefeld, S. 53-61, dort S. 53.

[2] Luhmann, Niklas (1987): Biographie, Attitüden, Zettelkasten. In: Luhmann, Niklas; Baecker, Dirk (Hrsg.) (1987): Archimedes und wir. Interviews. Berlin, S. 125-155, dort S. 146.

[3] Das wird der Schäferhund gewesen sein, den Wehrsig erwähnt, vgl. Wehrsig, Christof (1999): Gesten der Person. Zur hintergründigen Anwesenheit Luhmanns. In: Bardmann, Theodor M.; Baecker, Dirk (Hrsg.): Gibt es eigentlich den Berliner Zoo noch? Erinnerungen an Niklas Luhmann. 1. Aufl. Konstanz, S. 54.

[4] Luhmann, Niklas (1987): Biographie, Attitüden, Zettelkasten. In: Luhmann, Niklas; Baecker, Dirk (Hrsg.) (1987): Archimedes und wir. Interviews. Berlin, S. 125-155, dort S. 145.

[5] Luhmann, Niklas (1958): Der Funktionsbegriff in der Verwaltungswissenschaft. In: Verwaltungsarchiv, Jg. 49, S. 97-105. Es folgen die zweite Publikation 1960, die dritte 1962 und an vierter Stelle ein Beitrag zum Thema Funktion und Kausalität: Luhmann, Niklas (1962): Funktion und Kausalität. In: Kölner Zeitschrift für Soziologie und Sozialpsychologie, Jg. 14.

liegen. Detlef Krause führt in seinem Luhmann-Lexikon insgesamt 547 Schriften auf.[6]

Vielfach ist darüber räsoniert worden, wie Luhmann eine derart umfangreiche Textproduktion erreichen konnte. Der Autor selbst hat diese Frage auf paradoxe Weise beantwortet: Einerseits schreibe er jeden Tag, sofern er zuhause sei und nicht anderes zu tun habe, andererseits habe sein Zettelkasten seine Bücher geschrieben.[7] Insofern bestätigt die Gleichzeitigkeit von Involvement und Desinvolvement seine These von der Autopoiesis der Kommunikation. Die strukturellen Kopplungen zwischen den beteiligten Systemen haben sich aber als äußerst produktiv ausgewirkt.

Mit der Menge seiner Texte reiht sich Luhmann in den Kreis anderer Autoren ein, die vergleichsweise produktiv waren, man denke nur an Martin Luther (1483–1546), Georg W. F. Hegel und Theodor W. Adorno (eigentlich Theodor Ludwig Wiesengrund; 1903–1969). Auch Luhmanns Antipode Habermas kann auf ein vergleichbar umfangreiches Œuvre verweisen.

Zum weiteren Vergleich mag der Romanautor Heinz G. Konsalik (1921–1999) dienen, der rund 154 Bücher mit einer mittleren Stärke von je 300 Seiten verfasst hat, was in der Summe eine Seitenanzahl von 43.500 ergibt, also in etwa das Eineinhalbfache dessen, was Luhmann produziert hat. Solch ein Vergleich soll weder die Leistung des einen – zu wenige Seiten –, noch des anderen – einfach gestrickte Texte – schmälern, sondern eine Relation aufmachen, die einerseits deutlich macht, dass Luhmann quantitativ sehr viel Text hinterlassen hat, andererseits aber auch nicht als Über-Autor angesehen werden kann. Er hat, so wie andere auch, fleißig geschrieben und dabei sowohl Quantität als auch Qualität produziert. Rechnet man die Anzahl der geschriebenen Seiten auf die verfügbaren Lebenstage um, hat Luhmann in der Zeitspanne von 1958 (erste Publikation) bis 1998 rund 40 x 365 = 14.600 Tage

---

[6] Krause, Detlef (2005): Luhmann-Lexikon, S. 265-287. Nach einer ersten Sichtung des Nachlasses kann Schmidt, Johannes F. K. (2013/2014): Der Nachlass Niklas Luhmanns, S. 176, darüber hinaus schreiben: „Trotz der bereits beispiellos großen Zahl der Publikationen zu Lebzeiten enthält der Nachlass mehr als 150 unveröffentlichte Manuskripte. Zum einen handelt es sich um größtenteils umfangreiche Texte aus den 1950er bis 1970er Jahren […], zum anderen um Manuskripte vornehmlich in Aufsatzstärke aus den 1980er und 1990er Jahren […] Außerdem enthält der Nachlass eine ganze Reihe von Vorlesungsnotizen Luhmanns von teils erheblichem Umfang.“

[7] „Meine Produktivität ist im wesentlichen aus dem Zettelkasten-System zu erklären. […] Der Zettelkasten kostet mich mehr Zeit als das Bücherschreiben.“ Luhmann, Niklas (1987): Biographie, Attitüden, Zettelkasten. In: Luhmann, Niklas; Baecker, Dirk (Hrsg.) (1987): Archimedes und wir. Interviews. Berlin, S. 125-155, dort S. 142-143.

Zeit gehabt. Das entspricht einer mittleren Produktionsdichte von zwei Buchseiten pro Tag und ergibt somit eine durchaus realistische Zahl.[8]

Faktisch dürfte man sich die Textproduktion so vorstellen, wie Luhmann selbst sie geschildert hat. Da ist zum einen der Zettelkasten, zum anderen viel Zeit, außerdem eine stabile Physis und irgendwie und irgendwo ein unerbittlicher Drang, ein Sog, ein Wissensdurst, ein Schreibimpetus, wie auch immer hier formuliert werden mag. War Luhmann bereits in seiner Schulzeit als Leseratte klassifiziert worden, so ist aus ihm später eine Schreibratte geworden.[9] Bei all dem blieb eine entscheidende Dosis Kreativität und Kombinatorik unumgänglich. Beide müssen derart gravierend gewesen sein, dass Luhmann behaupten konnte, dass ihm, was das Schreiben angeht, niemals etwas schwer gefallen ist.

„Ich muß Ihnen sagen, daß ich nie etwas erzwinge, ich tue immer nur das, was mir leichtfällt. Ich schreibe nur dann, wenn ich sofort weiß, wie es geht. Wenn ich einen Moment stocke, lege ich die Sache beiseite und mache etwas anderes. – *Was machen Sie dann?* – Na, andere Bücher schreiben. Ich arbeite immer gleichzeitig an mehreren verschiedenen Texten. Mit dieser Methode, immer an mehreren Dingen zu arbeiten, habe ich nie Blockierungen."[10]

Dabei ist auch der Humor in seinen Schriften nicht zu kurz gekommen. Es liege ihm im Naturell, Scherze zu produzieren, meinte er. So habe er hin und wieder gezielt Unsinn in seine Bücher eingebaut[11], um einer Orthodoxisierung seiner Werke entgegen zu arbeiten und die Reflexionsaufgaben für seine Leser

---

[8] Es ist allerdings zu beachten, dass hierbei der voluminöse Nachlass noch nicht mit eingerechnet ist, vgl. Schmidt, Johannes F. K. (2013/2014): Der Nachlass Niklas Luhmanns, S. 167.

[9] Zur Metapher der Ratte vgl. Luhmann, Niklas (2007): Erkenntnis als Konstruktion. In: Luhmann, Niklas; Jahraus, Oliver (Hrsg.): Aufsätze und Reden. [Nachdr.]. Stuttgart, S. 227.

[10] Luhmann, Niklas (1987): Biographie, Attitüden, Zettelkasten. In: Luhmann, Niklas; Baecker, Dirk (Hrsg.) (1987): Archimedes und wir. Interviews. Berlin, S. 125-155, dort S. 145-146.

[11] Vgl. Horster, Detlef; Luhmann, Niklas (1997): Niklas Luhmann, S. 46: „Einerseits habe ich das Bedürfnis, in jedes Buch mindestens einen Unsinn hineinzubringen."

zu steigern.[12] Auf Ungereimtheiten oder Scherzartikel lässt sich eben kein dogmatisches Epigonentum aufbauen. Seine in einer Fußnote versteckte Ironie zum Klassikertum bedeutender Denker und Schreiber ist darin unmissverständlich:

„Zum fachlich gewissenhaften Umgang mit Klassikern gehört im einzelnen: (1) Sicherung und Edition eines authentischen schriftlichen Corpus als Grundlage weiterer Arbeit am Klassiker; (2) Zurechnung all dessen, was in diesem Corpus geschrieben ist, auf den Klassiker selbst, also Personifizierung der Theorie unter Außerachtlassen der überwiegend doch bloß rezeptorischen, reformierenden Tätigkeit eines jeden Autors; (3) lückenfüllende, interpretatorische Steigerung der Konsistenz des Werkes unter Eliminierung kognitiver Dissonanzen, notfalls durch Bildung verschiedener interpretatorischer Schulen; in diesem Zusammenhang: (4) Kritik und Interpretation von Interpretationen (Tertiärliteratur); ferner (5) Rekontextierung des Klassikers und Wiederentdecken der Herkunft seiner Gedanken; und nach einiger Zeit (6) mehr oder weniger desperate Bemühungen um Entdeckung seiner eigentlichen Gestalt. Schließlich entsteht ein durch Literatur über Literatur so stark mumifizierter Komplex, daß man den Klassiker nur noch im Kontext einer eigenen, neuen Theorie wieder in Bewegung bringen kann."[13]

Einzelne Humoristika in den Formulierungen Luhmanns treffen zum Beispiel die Soziologen, so gleich in der Anmerkung zum Eröffnungssatz in ‚Die Realität der Massenmedien‘, wo es heißt:

„Was wir über unsere Gesellschaft, ja über die Welt, in der wir leben, wissen, wissen wir durch die Massenmedien." Dazu die Anmerkung: „Das gilt auch für Soziologen, die ihr

---

[12] Luhmann, Niklas (1992): Erfahrungen mit Universitäten. Ein Interview. In: Luhmann, Niklas (Hrsg.): Universität als Milieu. Bielefeld, S. 100-125, dort S. 103. Ein exemplarischer Unsinn ist zu finden in: Luhmann, Niklas (2005): Es gibt keine Biografie, S. 18: „Interviewer: *Gab es in ihrer Lesebiografie* […] *wichtige Dinge?* Luhmann: Ja, Plisch und Plum und Wilhelm Busch". Ein durchaus im Sinne Luhmanns weiterführender Gedanke wäre, dass diese Selbstzuschreibung der Abwehr einer Orthodoxisierung durch unsinnige Elemente innerhalb der Systemtheorie nicht einmal stimmen muss. Sie wäre also selbst ein Unsinn, um damit auf indirekte Weise die Orthodoxisierung seiner Werke zu vereiteln oder aber den Reflexionseros der Leser zu steigern. Dieser nun wiederum selbst als unsinnig einzustufende Gedanke wird hier deshalb platziert, weil mit seiner Hilfe ein weitläufiger Theoriezweig der Systemtheorie Luhmanns anschaulich gemacht werden kann, nämlich jener der Attributionen von Kausalitäten, Motivationen oder Selektionen bzw. Selektionsprämissen. Der Verfasser verdankt diesen Gedanken einem Gespräch mit Michael Witt am 30.1.2010.
[13] Luhmann, Niklas (1993): Wie ist soziale Ordnung möglich?, S. 258 Anm. 113.

Wissen nicht mehr im Herumschlendern und auch nicht mit bloßen Augen und Ohren gewinnen können."[14]

Luhmann schreibt trocken. Das gilt gleichermaßen für seine ernst gemeinten
theoretisch-abstrakten Sentenzen wie auch für seine humoristischen Schnör-
kel. Seine trockene Stilistik ist dabei weder in der einen noch anderen Weise
spröde, sondern dauerhaft von einem Schalk begleitet, der sich vermutlich in
Kooperation mit der trockenen Sprachkunst wie von selbst einstellte. So verwundert es auch nicht, daß er, befragt auf ein Motto für sein Tun, antwortete:
„Ihr Motto? Tagsüber: ‚Guter Geist ist trocken'; genau gesagt heißt es bei Heraklit: αὔη ψυχὴ σοφωτάτη καὶ ἀρίστη."[15] Dabei blieb es auch nicht aus, dass
der trockene Geist Luhmanns zuweilen in lapidaren Ergebnissätzen kulminier-
te, etwa, wenn er einen für ihn nicht weiter tragfähigen Gedankengang aus der
alteuropäischen Tradition beschrieben hat und zum Ergebnis kommt: „Man
kann so denken und so formulieren, aber es bringt nichts."[16]

Luhmann legte in seinen Formulierungen großen Wert auf gute Stilistik.
Kennzeichen dafür sind eine akurate Wortwahl, eine verdichtete aber klare
Gedankenführung sowie eine angemessene Rhythmik des Satzbaus. Aufgrund
seines Anspruchs an die Genauigkeit, wenn nicht Präzision der verwendeten
Begriffe, prägten sich in seinem Sprachgebrauch jederzeit zitierfähige Senten-
zen oder theorieleitende Formeln wie bspw. ‚Doppelte Kontingenz', ‚Einheit
der Differenz', ‚Beobachtung zweiter Ordnung', ‚Reduktion von
Komplexität', ‚alteuropäische Tradition' und andere mehr aus.

Im Gebrauch von derlei Stereotypen der Formulierung, die wie in einem
Kristall je für sich die gesamte System/Umwelt-Theorie enthalten, sind sowohl
ein Vorteil als auch ein Nachteil vereinigt. Der Vorteil liegt darin, dass der
Schreibduktus klar und verständlich, konsistent und wiedererkennbar ist. Der
Nachteil ist darin zu sehen, dass sich beim Leser ein allzu schnelles Verstehen
und eine ebensolche Übernahme von Textblöcken in andere Zusammenhänge
einzustellen beginnt, ohne dass sich damit ein adäquates oder hinreichendes
Verständnis eingespielt hat, das der komplex gebauten System/Umwelt-Theo-

---

[14] Luhmann, Niklas (1995): Die Realität der Massenmedien, S. 9.

[15] Stanitzek, Georg; Luhmann, Niklas (1987): Schwierigkeiten mit dem Aufhören, S. 98. Mit gleichem
Titel: Baecker, Dirk (1998): Guter Geist ist trocken – und Systeme sind unzuverlässig.

[16] Luhmann, Niklas (1993): Selbstreferenz und Teleologie in gesellschaftstheoretischer Perspektive,
S. 10.

70

rie in ihren Verzweigungen und spezifischen Funktionen, kurz: in ihren Systemreferenzen, gerecht werden könnte.

Einen bislang kaum beachteten Gebrauch machte Luhmann von kleinen unscheinbaren Wörtchen, die im Zusammenhang seiner Theorie einen neuen und das heißt tiefer gelegten Sinn erhielten. Sie kennzeichnen allzumal die Umstellung von erkenntnistheoretischer Ontologie auf operativen Konstruktivismus. Es sind Worte wie ‚genau‘, ‚sogar‘ oder ‚stattdessen‘. Insbesondere das Wörtchen ‚stattdessen‘ übernimmt die Funktion einer Funktionsumstellung innerhalb der Systemtheorie. Es wird sowohl abwehrend gegen bisherige Konzepte als auch stabilisierend für das eigene Konzept der Realitätskonstruktion verwendet. In seiner Doppelfunktion weist ‚stattdessen‘ auf Funktionalität überhaupt hin, und zwar im Modus funktionaler Äquivalente. Insoweit Funktionen Problemlösungen darstellen, sind stets auch andere und dabei funktionsgleiche Lösungen vorstellbar. So bildet ‚stattdessen‘ ein im Œuvre Luhmanns prominentes Beispiel für ein zugleich als Abwehr- und als Auffangmechanismus fungierendes Wort, um auf kontingent funktionale Äquivalente zu kommen. Die Begriffe erfüllen bestimmte Funktionen – oder nicht. Wenn sie aber keine bestimmte Funktion erfüllen, dann sind sie entweder schärfer zu stellen oder aber auszutauschen.

Die doppelte Funktion von Abwehr- und Auffangfunktion des Wortes ‚stattdessen‘ kommt in einem – außerhalb seines Kontextes nicht notwendigerweise auf Anhieb verständlichen – Zitat aus der Schrift ‚Die Funktion der Religion‘ zur Geltung: „Was geschieht, geschieht ‚statt dessen‘."[17]

Einen spezifischen Zusammenhang eines ‚stattdessen‘ stellt Luhmann zwischen der Selektivität von Informationen und der moralischen Kommunikation in den Massenmedien, insbesondere im Fernsehen, her:

„Ist der Übergang, ist die Ablenkung auf Moral einmal geschafft, läuft es wie von selbst, wie auf Rollen, manchmal zu schnell. Moral dient dann als Supplement zur Selektivität, das kompensatorisch im Sinne Odo Marquards, also ‚statt dessen‘ angeboten wird."[18]

So funktioniert auch das in der klassischen Philosophie hochbelastete Wort ‚ist‘ bei Luhmann in gleicher Weise als Abwehr- und als Auffangmechanismus. Wird das Wort ‚ist‘ in der Regel für die Bezeichnung einer korrelativen Beziehung zwischen Erkenntnis und Realität oder Abbild und Urbild in Anspruch genommen, so wehrt Luhmann diesen Gebrauch ab, indem er ‚ist‘ ausschließlich funktional verwendet. Das Gleiche gilt für ‚es gibt‘, dessen Gebrauch in der Formulierung, „daß es Systeme gibt"[19] seit eh und je für Irritationen gesorgt hat.

---

[17] Es muss an dieser Stelle ein längeres Zitat eingebaut werden, um den angedeuteten Zusammenhang wenigstens rudimentär verständlich machen zu können. Im Kontext hyperkomplexer Relationierungen der Mitgliedschaftsverhältnisse in kirchlichen Organisationen kommt Luhmann auf mögliche Komplexitätsreduktionen zu sprechen. Dabei tritt das Wort ‚stattdessen‘ gleich mehrfach, und zwar sowohl als Abwehr- als auch als Auffangmechanismus auf: „Es ist rasch einzusehen, daß es keiner heute bekannten Organisationstechnik gelingen kann, Interdependenzen dieses Ausmaßes zu kontrollieren, und zwar weder informationstechnisch im Hinblick auf die Beschaffung der Wissensgrundlagen, noch entscheidungsrational im Hinblick auf (und sei es nur: vermeintlich) richtige Reduktionen. In solchen Lagen kann eine Organisation nicht einmal die Absicht haben, richtig zu handeln. Sie hält sich nur, und dies scheint möglich zu sein, in der Position, in der hochgetriebene Komplexität richtiges Entscheiden ausschließt. Was geschieht, geschieht ‚statt dessen‘[80]. Die soziologische Forschung könnte hier Hypothesen anschließen über latente (nicht rational intendierte) Komplexitätsreduktionen. Zum Beispiel: Bei Zunahme der Verschiedenartigkeit der Mitglieder gewinnt die Umwelt größeren Einfluß auf die Organisation, weil die Organisation sich ‚statt dessen‘ an der Umwelt orientiert. Oder: Die Mitglieder orientieren sich nicht an einem theologisch-organisatorisch greifbaren Sinn von Kirche, sondern ‚statt dessen‘ am Pfarrer. Viele Einsichten dieser Art könnten ‚statt dessen‘ ein Mosaik entstehen lassen und der amtskirchlichen Organisation punktuelle Orientierungen zuführen. Die Theologie müßte sich dagegen ein Angebot überlegen, das dem Artikulationsniveau des Komplexitätsproblems selbst gerecht wird und sich nicht nur damit begnügt, ‚statt dessen‘ im Namen des Heiligen Geistes zu reden." Und dazu Anm. 80: „An einer Philosophie ‚statt dessen‘ arbeitet Odo Marquard [...]". Luhmann, Niklas (2004): Funktion der Religion. Frankfurt a. M., S. 316. Vgl. auch Luhmann, Niklas (1995): Die Realität der Massenmedien, S. 144.

[18] Luhmann, Niklas (1995): Die Realität der Massenmedien, S. 143-144.

[19] Luhmann, Niklas (1984): Soziale Systeme, S. 30.

Der theoretische Stellenwert der hier angestellten Überlegungen zum Wortgebrauch bzw. zu den Begriffsverwendungen bei Luhmann ist innerhalb der klassischen Debatte über Realismus versus Nominalismus anzusiedeln, aber nicht damit gleichzusetzen. Dass Luhmann, ausgehend von einer konstruktivistischen Erkenntnistheorie, nicht dem Realismus zuzurechnen ist, liegt auf der Hand, aber ist er deshalb auf die nominalistische Seite zu positionieren? Tendenzen dazu sind unverkennbar, insofern man seinen operativen Konstruktivismus als eine spezifische Form des Nominalismus beschreiben könnte, und dennoch grenzt er sich selbst von dieser Debatte insgesamt ab, da sich, historisch gesehen, sowohl die realistische als auch die nominalistische Position auf eine ontologische Basis bezogen haben.[20]

Mit der von Luhmann angestrebten Präzisierung der Wort- und Begriffsverwendungen geht die Umstellung von Was- auf Wie-Fragen bzw. -Antworten einher. Dass alles irgendwie miteinander oder dass manches auf mancherlei Weise irgendwie zusammenhängt, muss nach Luhmanns Anspruch genauer gesagt werden können. Wie nämlich hängt was womit und dann wie „genau"[21] und womit genau zusammen? Außerdem haben die Was-Fragen der philosophischen Tradition stets in einen unendlichen Regress, zum Beispiel von Gründen, geführt und führen auch heute noch dorthin. Die Umstellung auf Wie-Fragen dient deshalb nicht zuletzt dazu, einen regressus oder auch ingressus ad infinitum vermeiden zu können.

So hat auch das Schreiben Luhmanns ein Ende finden müssen. Als sein zu Lebzeiten letzter Aufsatz kann „Selbstorganisation und Mikrodiversität"[22] gelten, als finale Buchpublikation das als Abschlusswerk konzipierte „Die Gesellschaft der Gesellschaft"[23]. Mehr war lebenszeitlich nicht leistbar.

---

[20] Vgl. Luhmann, Niklas (2007): Die Paradoxie der Form, S. 253.

[21] Exemplarisch „Erst in den letzten Dekaden des 18. Jahrhunderts […] bildet sich eine Ethik aus, die den Anspruch einzulösen versucht, eine Reflexionstheorie der Moral zu [258] sein. […] Aber die Frage bleibt: Was genau ist da zu reflektieren". Luhmann, Niklas (2008): Paradigm Lost: Über die ethische Reflexion der Moral. In: Luhmann, Niklas; Horster, Detlef (Hrsg.): Die Moral der Gesellschaft. Orig.-Ausg., 1. Aufl. Frankfurt a. M., S. 257.

[22] Luhmann, Niklas (1997): Selbstorganisation und Mikrodiversität. Zur Wissenssoziologie des neuzeitlichen Individualismus. In: Soziale Systeme 3, Heft 1, S. 23-32.

[23] Luhmann, Niklas (1998): Die Gesellschaft der Gesellschaft.

Der Privatmensch

„Kurz: alles, was eine Person betrifft, ist in der Familie für Kommunikation zugänglich. [...] Wer bereit ist, sich dieser Regel zu fügen, der ist bereit zu heiraten.“[1]

Wohnhaus der Familie Luhmann in Bielefeld, Lessingstraße 25

Luhmanns Privatleben verlief äußerlich betrachtet nach einem gut bürgerlichen Schema. Er heiratete, gründete mit seiner Frau eine fünfköpfige Familie und ging einer regulierten Arbeit nach. Die wenigen, bislang zusammengetragenen Details ergeben daher folgendes spartanisches Bild.

Niklas Luhmann und seine Frau Ursula, geborene von Walter, haben sich 1960 verehelicht. Ursula Luhmann stammte aus einer wohlhabenden schweizerischen Hoteliersfamilie und war gelernte Goldschmiedin. Dem Ehepaar wurden die drei Kinder Veronika (* 1961), Jörg (* 1963) und Clemens (* 1965) geboren.

---

[1] Luhmann, Niklas (2009): Sozialsystem Familie. In: Luhmann, Niklas (Hrsg.): Soziologische Aufklärung 5. Konstruktivistische Perspektiven. 4. Aufl. Wiesbaden, S. 193.

In der Regel zog die Familie dem Vater, der in den zehn Jahren zwischen 1960 und 1970 mehr als eine Handvoll unterschiedlicher Stellen und Aufgaben wahrgenommen hat, hinterher. 1970 bezogen die Luhmanns das Haus in der Lessingstraße 25 in Bielefeld. Von dort zur Universität sind es knapp fünf Kilometer.

Bereits 1977 starb Ursula Luhmann. Sie wurde auf dem städtischen Friedhof Oerlinghausen-Lipperreihe bestattet. Luhmann widmete seine in diesem Jahr erschienene Religionsschrift ‚Funktion der Religion' seiner Frau. Das Buch kann als Hommage an eine gläubige Protestantin gelesen werden. Er formulierte: „In Erinnerung an meine Frau / der Religion mehr bedeutete / als Theorie zu sagen vermag."[2] Niklas Luhmann hat nicht wieder geheiratet.

Wohnhaus der Familie Luhmann in
Oerlinghausen, Marianne-Weber-Straße 13

Nach dem Tode seiner Frau zog der allein erziehende Vater mit seinen drei Kindern in das rund elf Kilometer südöstlich von Bielefeld gelegene Oerlinghausen im Kreis Lippe. Zur Universität waren es nun etwa 18 Kilometer. 1975 zählte die Stadt 14.474 Einwohner, 1995 war die Zahl auf 17.165 angestiegen.

---

² Luhmann, Niklas (1977/2004): Funktion der Religion. Frankfurt a. M., S. 6.

Die Familie bewohnte das Haus Nr. 13 in der Marianne-Weber-Straße. Es war einer jener von Luhmann selbst geschilderten lebensgeschichtlichen Zufälle, dass er gerade in eine Straße zog, die nach der mit einem Soziologen verheirateten Juristin benannt wurde.[3]

Für den praktischen Teil der alltäglichen Arbeiten kam vier Mal in der Woche eine Hilfe ins Haus. Die erzieherischen und geselligen Anteile übernahm Luhmann selbst. Nach eigener Aussage liebte er die Spaziergänge mit seinen Kindern. Zum Naturpark Eggegebirge und zum südlichen Teutoburger Wald war es nicht weit. Luhmann ließ sich gerne in Gespräche mit seinen Kindern verwickeln und interessierte sich für die geschmacklichen und kulturellen Neuigkeiten der aufstrebenden Jugend.[4] Gesellschaftlich gesehen war er zu der Zeit als alleinerziehender Vater vermutlich eine seltene Gestalt.

Als weiterer Bewohner gehörte ein Schäferhund zum Haushalt. Mobilisiert war Luhmann zunächst mit einem offensichtlich überlebten Peugeot, bei dem ihm während einer Autobahnfahrt zu einer Vortragsveranstaltung der Unterboden wegbrach.[5] Als neuer Wagen wurde ein orangefarbener Volvo mit Frontantrieb angeschafft.[6]

Luhmanns Lebensgefühl war seiner eigenen Einschätzung nach positiv durch die Sonne sowie durch Musik und Kunst bestimmt, negativ durch fehlende Zeit.

„Ich mag Sonne, zum Beispiel. Ich mag gerne in der Sonne arbeiten. Ich habe Präferenzen für eine bestimmte Art von Musik und Kunst, aber wenn ich mir etwas wünsche, dann ist es mehr Zeit. Das einzige, was mir wirklich ein Ärgernis ist, das ist dieser Mangel an Zeit. Ich weiß nicht, ob es eine Utopie ist, unbegrenzt Zeit zu haben. Ich könnte mir also vorstellen,

---

[3] Die Frauenrechtlerin, Soziologin und Rechtshistorikerin Marianne Weber, geb. Schnitger, wurde am 2. August 1870 in Oerlinghausen geboren. 1893 heiratete sie den Soziologen Max Weber, dessen Biografin sie später war. 1922 erhielt sie von der Universität Heidelberg die juristische Ehrendoktorwürde und wurde damit die erste deutsche Doktorin der Rechtswissenschaften. Marianne Weber verstarb am 12. März 1954 in Heidelberg.

[4] Vgl. Luhmann, Niklas (1987): Biographie, Attitüden, Zettelkasten. In: Luhmann, Niklas; Baecker, Dirk (Hrsg.) (1987): Archimedes und wir. Interviews. Berlin, S. 125-155, dort S. 147: „Meine Frau ist gestorben, mein bester Freund ist gestorben; meine Kinder sind ein wesentlicher Teil meines Lebens. Mit ihnen und der ganzen Jugendkultur um sie herum lebe ich hier zusammen."

[5] Vgl. Kaufmann, Franz-Xaver (1999): Ein Wittgenstein'sches Schweigen, S. 15 f.

[6] „Noch seinen alten Volvo mit Vorderradantrieb rechtfertigte er damit, daß es in Oerlinghausen ab und zu Schnee gebe." Willke, Helmut (1999): Zur Differenz von Schreiben und Reden und Schweigen, S. 188.

daß für mich der Tag 30 Stunden hat, für die anderen dagegen nur 24. Die anderen müßten dann immer schon schlafen, wenn ich noch alles mögliche tue."[7]

Luhmann verreiste gerne, am liebsten in die italienische Sonne. So hat er sich neben Urlaubs- und Dienstreisen nach Italien offenbar auch zu wochenlangen Studienaufenthalten bei Elena Esposito (* 1960) in Italien aufgehalten. Über persönliche und kulturelle Vorlieben hat ihn 1987 Georg Stanitzek (* 1953) befragt:

„Zum Schluß möchte ich noch einen kleinen laienhaften Beitrag zur empirischen Sozialforschung leisten. [...] und deshalb nehme ich ein vertrautes Schema zur Hilfe [...] Was sind ihre liebsten Romanhelden?
Die Princesse de Clèves ist das Beispiel, das mir zuerst einfällt.
   Ihre Lieblingsmaler?
Nicolas de Stael und Hanns Trier.
   Ihr Lieblingskomponist?
Wahrscheinlich Mozart, mit schlechtem Gewissen: Chopin.
   Ihr Lieblingsschriftsteller?
Das ist ganz schwierig. Wahrscheinlich Dostojewsky, aber das bezieht sich auf ein vergangenes Ich, beinahe.
   Ihr Lieblingslyriker?
Ein verstorbener Freund, dessen Gedichte auf seinen eigenen Vortrag angewiesen waren und nie gedruckt worden sind.
   Ihr Motto?
Tagsüber: ‚Guter Geist ist trocken‘; genau gesagt heißt es bei Heraklit: αὔη ψυχὴ σοφωτάτη καὶ ἀρίστη. Nachts … Braucht man nachts ein Motto?
   Aber ja!
Mit Ovid würde ich sagen: ‚Bene qui latuit, bene vixit.‘"[8]

Niklas Luhmann starb am Freitag, dem 6. November 1998, in seinem Haus in Oerlinghausen. Zwei Jahre lang befand er sich nicht mehr auf der Höhe seiner Gesundheit. Als Ursache wird gemeinhin ein leukämieähnlicher Blutzellen-

---

[7] Luhmann, Niklas (1987): Biographie, Attitüden, Zettelkasten. In: Luhmann, Niklas; Baecker, Dirk (Hrsg.) (1987): Archimedes und wir. Interviews. Berlin, S. 125-155, dort S. 139.
[8] Stanitzek, Georg; Luhmann, Niklas (1987): Schwierigkeiten mit dem Aufhören, S. 97-98. Übersetzt lautet die Weisheit: „Wer sich gut im Verborgenen gehalten hat, hat gut gelebt."

krebs angegeben. Andere gehen von einer Pilzerkrankung aus.[9] Es existieren auch Spekulationen über eine HIV-Erkrankung, die er sich in Kairo zugezogen haben soll.[10]

Das Grab mit Grabstein von Niklas Luhmann und Ursula Luhmann auf dem städtischen Friedhof Oerlinghausen-Lipperreihe

Luhmann wurde in derselben Grabstelle auf dem städtischen Friedhof Oerlinghausen-Lipperreihe beerdigt, in der seine Frau 21 Jahre zuvor bestattet

---

[9] Vgl. http://de.wikibooks.org/wiki/Soziologische_Klassiker/_Luhmann,_Niklas (Zugriff am 10.06.2013).

[10] „Die Telephone flüsterten es seit zwei Jahren, daß bei Bielefeld jemand starb, an dem die medizinisch üblichen Diagnosen allesamt gescheitert waren. Er hatte in Kairo einfach kein handelsübliches Luxushotel bezogen." Kittler, Friedrich A. (1999): Ein Herr namens Luhmann. In: Bardmann, Theodor M.; Baecker, Dirk (Hrsg.): Gibt es eigentlich den Berliner Zoo noch? Erinnerungen an Niklas Luhmann. Konstanz, S. 183-186, dort S. 183.

worden war. Die Beisetzung fand unter ausschließlicher Beteiligung der Familienangehörigen statt. Der Text der Todesanzeige lautete:

> „Seele des Menschen,
> wie gleichst du dem Wasser.
> Schicksal des Menschen,
> wie gleichst du dem Wind.
> In Liebe und Dankbarkeit nehmen wir Abschied: die Familie. [...]
> Die Trauerfeier fand im engsten Familienkreis statt."[11]

Offenbar waren weder ein weltlicher Redner noch ein Geistlicher anwesend.[12] Auf dem Friedhof gibt es bis heute keine Hinweisschilder auf die Lage der Grabstätte. Sie befindet sich, vom Friedhofseingang aus gesehen auf der rechten Seite, etwa in der Mitte des ersten Gräberfeldes. Der Grabstein ist ein kreuzförmiger Sandstein von etwas über einem Meter Höhe. Er trägt die eingemeißelte Inschrift ‚Niklas Luhmann / Ursula Luhmann', grundiert von einem von der Mitte ausgehenden Strahlenkranz. Die Grabpflege obliegt dem Sohn Jörg Luhmann, der einen Betrieb für Gartengestaltung in Lage führt.

Eine Totenmaske des Verstorbenen wurde offenbar nicht angefertigt.

---

[11] Gumbrecht, Hans Ulrich (1999): Niklas Luhmanns flüchtige Privatheiten. In: Bardmann, Theodor M.; Baecker, Dirk (Hrsg.): Gibt es eigentlich den Berliner Zoo noch? Erinnerungen an Niklas Luhmann. 1. Aufl. Konstanz, 174-178, dort S. 174. Das Zitat stammt aus J. W. v. Goethe: Gesang der Geister über den Wasser (1779).

[12] Dieser Hinweis stammt von Prof. Dr. Klaus Dammann, Bielefeld. (E-Mail vom 16.6.2010).

Szenen

*„Man tritt ins Haus ein, dreht den Hausschlüssel um, die Frau ist in der Kü-
che. Man möchte jetzt natürlich erst einmal zum Schreibtisch gehen und sehen,
was die Post gebracht hat. Aber wenn man das tut, weiß man genau, dass sie
darin eine Vernachlässigung sieht. Also geht man in die Küche. Sie aber weiß,
dass man deswegen in die Küche geht, weil sie andernfalls annehmen würde,
sie würde vernachlässigt werden. – Und das wiederum? – Das führt in die
typische Familientherapie-Situation einer nicht ausgesprochenen Paradoxie:
Ich tue das, was du willst mit dem Bewusstsein, dass du siehst, dass ich das
deshalb tue.“* [1]

Form

Im November 1988 erhielt Luhmann den Hegel-Preis der Stadt Stuttgart über-
reicht. Die Laudatio hielt der Philosoph Robert Spaemann (* 1927), in der er
das berühmte Diktum vom ‚Anti-Philosophen‘ Luhmann platzierte. Luhmann
sprach in seiner Dankesrede zum Thema „Paradigm Lost. Über die ethische
Reflexion der Moral“ [2]. Der Geehrte ließ die Feier über sich ergehen, verab-
schiedete sich zügig von der Bühne des Smalltalks und besuchte den Künstler
Frederick D. Bunsen (* 1952) in dessen Stuttgarter Atelier in der Liststraße. [3]

Bunsen selbst schildert die Begegnung mit Luhmann auf der Folie seiner
üblichen Erfahrungen mit Atelierbesuchern, die stets nach den handwerklichen
Kniffen fragten, wie man denn an ein abstraktes Gemälde herangehe und was
die dahinter verborgene Idee sei. Luhmann, so Bunsen, habe sich zunächst mit
der Atmosphäre des Ateliers vertraut gemacht, sei längere Zeit schweigend
von Gemälde zu Gemälde geschritten, schließlich vor einem Werk stehen ge-
blieben und habe dies ausführlich betrachtet. Über die Frage Luhmanns, „wie

---

[1] Luhmann, Niklas (2005): Vorsicht vor zu raschem Verstehen. Niklas Luhmann im Fernsehgespräch
mit Alexander Kluge. In: Hagen, Wolfgang; Baecker, Dirk; Luhmann, Niklas (Hrsg.): Warum haben
Sie keinen Fernseher, Herr Luhmann? Letzte Gespräche mit Niklas Luhmann. Berlin, S. 49-77, dort
S. 54.

[2] Luhmann, Niklas; Spaemann, Robert (Hrsg.) (1990): Paradigm lost. Über die ethische Reflexion der
Moral. 1. Aufl. Frankfurt a. M..

[3] Zum Leben und Werk von Bunsen siehe www.spacetime-publishing.de/b.htm (Zugriff am
15.06.2013).

ich so vorginge, um ein solches Bild zu malen"[4], kamen die beiden in ausführliche Gespräche zur Formgestalt und -gestaltung großformatiger, expressiver Bilder. Bunsen demonstrierte seine Ebenen-Technik, in der in einem ersten Schritt eine Farbe formlos auf die Leinwand aufgetragen wurde, die dann durch farbige Formübermalungen oder -überblendungen in die gewünschte abstrakte Formhaftigkeit getrieben wurde. Der Bezugsrahmen dieser Maltechnik ließe sich, wenn man der Analyse des Künstlers folgt, als differenztheoretisch umreißen.

„Zum Beispiel wurde spontan mit frisch angerührter Farbe eine dunkle Form auf einen Malgrund aufgebracht, die beim ersten Blick nichts Erkennbares von sich mitteilte. Erst nachdem sie mit einem transparenten Kreis übermalt wurde, ergab sich die Form eines Auges, aus dem eine sichtbare Tiefe von hinten nach vorne hervortrat. Die Differenz der übereinander aufgetragenen Malschichten brachte hier Neues hervor, was Luhmann sofort erkannte."[5] Luhmann war tatsächlich begeistert von den sich mittels dieser Technik ergebenden Emergenz- und Differenzierungsstufen abstrakter Kunst. „Schließlich blieb niemals die ursprüngliche Form übrig, sondern die Auswirkung einer Kombinatorik mehrerer Formen. Momente wie Raum, Zeit, Tiefe, Paradox oder Spannung waren die Ergebnisse, und er teilte seine Erkenntnis mit dem glänzenden Blick und Freudenstrahl eines Lernenden mit."[6]

1990 entstand aus den Begegnungen und Gesprächen des Künstlers und des Soziologen ein Buch, das unter dem Titel „Unbeobachtbare Welt"[7] veröffentlicht wurde.

Doppelte Kontingenz

Die damalige Studentin Andrea Frank besuchte im Wintersemester 1987/1988 eine Seminarveranstaltung bei Luhmann, die gegen halb zehn Uhr abends endete. Auf ihre Frage in die kleine Runde der Teilnehmer, wer sie eventuell mit in die Stadt nehmen könne, antwortete Luhmann mit Ja. Auf dem Weg zum

---

[4] Bunsen, Frederick D. (1999): Der Künstler in Niklas Luhmann. In: Bardmann, Theodor M.; Baecker, Dirk (Hrsg.): Gibt es eigentlich den Berliner Zoo noch? Erinnerungen an Niklas Luhmann. 1. Aufl. Konstanz, S. 32-36, dort S. 35.

[5] Bunsen, Frederick D. (1999): Der Künstler in Niklas Luhmann, S. 35.

[6] Bunsen, Frederick D. (1999): Der Künstler in Niklas Luhmann, S. 35.

[7] Luhmann, Niklas; Bunsen, Frederick D.; Baecker, Dirk (1990): Unbeobachtbare Welt. Über Kunst und Architektur. Bielefeld.

Auto und während der Fahrt erlebt sie Luhmann als eher schweigsam. Sie berichtet:

„Unaufgefordert folgte sie ihm zu seinem Büro, aus dem er seinen Mantel holen mußte. Sie wußte nicht, was sie sagen sollte, und er sagte auch nichts. Sie spürte, daß sie den ersten Schritt tun mußte. Irgendwie ist ihr das auch gelungen. Zumindest erinnert sie sich daran, daß auf dem Weg zum Parkhaus und später im Auto durchaus gesprochen wurde. An weitere Themen ihrer Unterhaltung auf dem Weg zum Parkhaus kann sie sich nicht mehr erinnern, wohl aber daran, daß das Ganze weit entfernt von dem war, was man gemeinhin small talk nennt. Ob es für ihn genauso anstrengend war wie für sie selbst, blieb freilich offen. Klar und irritierend war, daß alles, was in dieser nicht-akademischen Situation ‚kommunikativ' geschah, sich nur auf der Basis ihrer Inputs ereignete. Nur wenn sie etwas sagte, sagte auch er etwas. Im Auto sitzend sprachen sie unter diesem Vorzeichen weiter"[8].

Neurophysiologisches System
Detlef Pollack (* 1955) berichtet:

„Als wir im Restaurant saßen, erwies sich die Bestellung des passenden Menüs dann doch als schwierig. Eigentlich wollte er Ente haben, die es aber wohl nicht gab. Dann fragte er mich, was ich empfehlen könnte und übertrug mir damit eine Verantwortung, die ich nicht übernehmen wollte. Schließlich überredete ihn der Kellner zu einem Schweinesteak. Ob das Steak auch nicht zu fett sei, fragte er. Nein, durchaus nicht, versicherte der Ober. Es dürfe aber auch nicht zu mager sein. Die Geduld des Kellners war überstrapaziert. Solche ausgefallenen Wünsche hatte man in der DDR nicht."[9]

Wissenschaftssystem
Dario Rodriguez aus Chile hatte über den Deutschen Akademischen Austauschdienst (DAAD) das Angebot, eine soziologische Dissertation in Deutschland schreiben zu können. Zur Vorbereitung kamen er und andere Doktoranden aus dem internationalen Ausland im Wintersemester 1977/1978

---

[8] Frank, Andrea (1999): Weder Naserümpfen noch Augenaufschlag. In: Bardmann, Theodor M.; Baecker, Dirk (Hrsg.): Gibt es eigentlich den Berliner Zoo noch? Erinnerungen an Niklas Luhmann. 1. Aufl. Konstanz, S. 67-71, dort S. 68-69. Einen vergleichbaren Bericht über den von Luhmann gepflegten Umgang in zufälligen Interaktionssystemen, vgl. Glanville, Ranulph (1999): Scenes. In: Bardmann, Theodor M.; Baecker, Dirk (Hrsg.): Gibt es eigentlich den Berliner Zoo noch? Erinnerungen an Niklas Luhmann. 1. Aufl. Konstanz, S. 72-73.
[9] Pollack, Detlef (1999): Luhmann in der DDR. In: Bardmann, Theodor M.; Baecker, Dirk (Hrsg.): Gibt es eigentlich den Berliner Zoo noch? Erinnerungen an Niklas Luhmann. 1. Aufl. Konstanz, S. 122-129, dort S. 126.

nach Freiburg im Breisgau, um sich darauf vorzubereiten. Abschließend sollte jeder seinen zukünftigen Doktorvater zu einem ersten Gespräch besuchen. Bevor Rodriguez dazu kam, hatten etliche Mitstipendiaten ihren Besuch bei ihren Mentoren bereits absolviert. Auf der Folie von deren Schilderungen über die die teils kühlen, teils fordernden sowie insgesamt beängstigenden Begegnungen mit der akademischen Welt und der überwiegend professoralen Distanz in Deutschland, wagte sich schließlich auch Rodriguez in Richtung seines Bestimmungsortes Bielefeld. Zwei Punkte waren vornehmlich zu klären: Absprachen zur wissenschaftlichen Arbeit und die Suche nach einer geeigneten Unterkunft für seine Familie während der Zeit der Promotion. Am Dienstag, dem 7. März um 15 Uhr, war es so weit. Rodriguez reiste mit schlotternden Knien und stockender Stimme nach Bielfeld, versuchte zunächst, Erkundigungen über zu mietende Häuser einzuholen und erhielt beim universitären Auslandsamt drei Adressen. Doch die Zeit vor dem Termin mit Luhmann reichte nicht mehr aus, um die Häuser zu besichtigen, und Rodriguez stellte sich darauf ein, noch zwei bis drei Tage auf Häusersuche gehen zu müssen.

Im Büro wurde er von Luhmann herzlich und mit Tee empfangen.

„Zur verabredeten Uhrzeit klopfte ich an die Tür von Luhmanns Büro. Während der seit meiner Bewerbung verstrichenen Zeit, ca. zwei Jahre, habe ich ihn mir oft vorzustellen versucht. Durch die Geschichten meiner Mitstudierenden am Goethe-Institut vorgewarnt, erwartete ich eine entsprechend seinem Rang sehr selbstbewusste Person, einen strengen Bewerter und jemanden, der nicht gewillt ist, seine Zeit zu verschwenden. […] Niklas Luhmann selbst öffnete die Tür. Sein jugendliches Aussehen überraschte mich (zu diesem Zeitpunkt war er 50 Jahre alt), denn aus der Fülle seines Schaffens hatte ich jemanden in fortgeschrittenem Alter erwartet. Seine Herzlichkeit und Bescheidenheit überraschten mich ebenfalls. Hinter den Gläsern seiner Brille äußerte der Glanz seiner Augen ein unverfälschtes Interesse an meiner Person und an dem, was ich zu sagen versuchte.“[10]

Schließlich kam das Gespräch auf die Frage der Wohnung und Rodriguez zeigte Luhmann die Adressliste. Der wiederum legte ihm nahe, gleich bei den Vermietern anzurufen, was Rodriguez aber aufgrund seiner mangelnden Sprachkenntnisse scheute.

---

[10] Rodriguez, Dario (1999): Niklas Luhmann, eine Erinnerung. In: Bardmann, Theodor M.; Baecker, Dirk (Hrsg.): Gibt es eigentlich den Berliner Zoo noch? Erinnerungen an Niklas Luhmann. 1. Aufl. Konstanz, S. 130-133, dort S. 132.

„Ohne zu zögern nahm er das Telefon und wählte die erste Nummer. Sie gehörte zu dem Haus mit der besseren Lage zur Universität. Er sprach mit der Besitzerin und sagte, er brauche ein Haus für einen Doktoranden und fragte, ob wir das Haus besichtigen könnten. Nach einem Gespräch, das ich nur bruchstückhaft verstand, teilte er mir mit, daß die Besitzerin des Hauses jetzt sofort auf uns warte."[11]

Luhmann fuhr den Stipendiaten mit seinem Auto zur angegebenen Adresse, verhandelte mit der Vermieterin und ohne großen bürokratischen oder finanziellen Aufwand war die Hausfrage geklärt. Luhmann erläuterte sein zuvorkommendes Verhalten noch mit seinen Erfahrungen im fremden Harvard und beide haben noch etliche Tassen Tee miteinander getrunken und dabei diskutiert.

„Meine Erinnerungen an Niklas Luhmann sind unzählig, und von allen ist seine Güte und die enorme Fähigkeit, sich in die Lage eines anderen zu versetzen, hervorzuheben."[12]

Überblick
Der Literaturwissenschaftler Dietrich Schwanitz (1940-2044) erinnert sich:

„Es war wiederum in Dubrovnik, aber bei einer späteren Tagung. Wir hatten zu Schiff einen Ausflug gemacht und waren auf einer der dalmatinischen Inseln gelandet. Als wir an Land gingen, löste sich Luhmann von der Gruppe und eilte quer durch den Maquis zielstrebig auf eine Bergkuppe im Inneren der Insel zu. Der Trierer Soziologe Alois Hahn folgte ihm, und ich folgte Alois Hahn. Als wir ihn eingeholt hatten, erklärte uns Luhmann, er müsse immer auf den nächsten Berg, um sich einen Überblick zu verschaffen. Tatsächlich war aber der Überblick, wie sich nach einer längeren Wanderung herausstellte, an der Spitze des Berges nur unvollkommen. Der Blick auf die Küste war durch Bäume und Hügel verstellt. Das machte sich unangenehm bemerkbar, als wir den Abstieg antraten. Wir verloren die Orientierung. Der Zeitpunkt der Abfahrt rückte näher, und der Kapitän hatte signalisiert, daß er auf niemanden warten werde. Die Aussicht, auf der Insel zurückgelassen zu werden, schien Luhmann sichtlich zu beunruhigen. Seine üblich Gelassenheit wich einer intensiven Theoriebildung hinsichtlich unseres Standorts und des richtigen Weges zum Schiff. Und diese Beunruhigung wurde auf sadistische Weise von Alois Hahn weiter geschürt. Er entwickelte auf breiter Front die Idee, daß wir nach der Abfahrt des Schiffes für Jahre, ja Jahrzehnte auf

---

[11] Rodriguez, Dario (1999): Niklas Luhmann, eine Erinnerung, S. 133.
[12] Rodriguez, Dario (1999): Niklas Luhmann, eine Erinnerung, S. 133.

der Insel vergessen würden und in der Gesellschaft von Ziegenhirten unser Dasein fristen müßten. Erst nach Dezennien würden ein paar versprengte Ethnologen die Insel besuchen und zu ihrer Verwunderung feststellen, daß auf ihr ein merkwürdiger Dialekt namens Systemtheoretisch gesprochen würde, dessen Herkunft sie sich nicht erklären konnten. Und je unruhiger Luhmann wurde, desto genüsslicher entfaltete Hahn sein Szenario. Er tat das mit solcher Lust am Detail, er entwarf solch hanebüchenen Theorien der Ethnologen, daß der Eindruck nicht fern lag, er sehne dieses Schicksal geradezu herbei und sabotiere deshalb heimlich unseren zielsicheren Weg zurück. Je mehr Hahn sein Szenario ausschmückte, wobei er Luhmann die Rolle des Robinsons und sich selbst die Freitags zugedacht hatte (mich hatte er vergessen), desto verzweifelter schien Luhmann zu werden, bis er schließlich von Hahns Frohsinn überwältigt, stehenblieb und sagte: ‚Ich glaube, wir haben uns verirrt.' Dieses Bekenntnis muß ihn ziemliche Überwindung gekostet haben. Es war fast so, als hätte er gesagt: ‚Ich habe den Überblick verloren.' Aber es war wie im Märchen. Kaum hatte er das gesagt, hörten wir Stimmen. Die List der Vernunft hatte uns im Zickzackkurs ganz in die Nähe unseres Landeplatzes geführt. [...] Und so kam es, daß der Dialekt der Systemtheorie sich nicht auf der Insel unter dalmatinischen Ziegenhirten, sondern unter den Studenten der Universitäten der Welt weiter ausbreitet."[13]

---

[13] Schwanitz, Dietrich (1999): Niklas Luhmann artifex mundi. In: Stichweh, Rudolf; Luhmann, Niklas (Hrsg.): Niklas Luhmann – Wirkungen eines Theoretikers. Gedenkcolloquium der Universität Bielefeld am 8. Dezember 1998. Veranstalter: Zentrum für interdisziplinäre Forschung der Universität Bielefeld. Bielefeld, S. 58-59. Luhmann schildert dies Erlebnis in: Luhmann, Niklas (2009): „That's not my problem", S. 22.

Wer war Luhmann? Oder: Wie war Luhmann?

„Die Frage des ‚Wer bin ich?‘ führt zwangsläufig ins Dunkel, aus dem man nur auf unehrliche Weise [...] wieder herausfindet"[1].

Ist eine Luhmann-Biografie doch möglich? Wie tritt nun das gezeichnete Bild vor Augen? Durch erzählte Szenen, benannte Orte und Zeiten sowie durch die dazu in Beziehung gesetzten Personen kann ein Lebensbild entstehen. Die üblichen Unterscheidungen, die mit Lebensbildern einhergehen, sind kommunikativ begründet und lauten etwa: hell/dunkel, gerade/krumm, freundlich/unfreundlich, gesellig/ungesellig usw. ‚Davor‘ aber liegt der Bereich der Wahrnehmung, der – im besten Luhmannschen Sinne – selbst nicht kommunikabel ist. Es entstehen Eindrücke, unbestimmte Schemen, Sinn- und Gefühlshorizonte, die sich nicht distinkt fassen lassen. Stattdessen: Wahrnehmung wird in Kommunikation zu transformieren sein. Es muss Unterscheidungen geben und wer mit Unterscheidungen beginnt, wird sich festlegen müssen, auf der einen und nicht auf der anderen Seite seiner gewählten Unterscheidung anzuschliessen.

Niklas Luhmann hat in einer seiner Selbstbeschreibungen darauf hingewiesen, dass sein primäres Interesse mit der Unterscheidung von kognitiv/normativ zu erfassen ist. Er hatte von Anbeginn bis Ende ein kognitives nicht aber ein normatives Interesse. Ausgehend von den kontingenten Anlässen, die sich ihm in den Erfahrungen des Zweiten Weltkriegs und des Umbruchs von 1945 aufgedrängt haben, war Luhmann auf kognitive Klärungen aus. So gesehen war er ein Theoretiker, aber nicht im Gegensatz zu einem Praktiker, sondern – wenn man so will – in Unterscheidung zu einem Normatiker. Luhmann hatte ein unvergleichlich hochgelagertes kognitives Interesse, er war unendlich lernwillig und erkenntnisstrebsam. Dabei hielt er aber stets die zu berücksichtigenden Systemreferenzen ein, die solche Erkenntnisse und Theorien überhaupt erst ermöglichen. Seine globalen Referenzen waren, in kaskadierender Reihenfolge, das System der Gesellschaft mit dem Funktionssystem der Wissenschaft mit dem Subsystem der Soziologie mit dem Subsystem einer Theo-

---

[1] Luhmann, Niklas (2008): Die Autopoiesis des Bewusstseins. In: Luhmann, Niklas (Hrsg.): Soziologische Aufklärung 6. Die Soziologie und der Mensch. 3. Aufl. Wiesbaden, S. 70.

rie der Gesellschaft.[2] In diesem Sinne ist Luhmann als Generalist bzw. als Universalist anzusehen. Als Universalgelehrter, der sich primär als Historiker verstand[3], kann er ohne Zögern bspw. in eine Reihe mit Georg W. F. Hegel gestellt werden.

Wer war Luhmann? Von sich selbst würde er sagen, dass er die Funktion eines Soziologen erbracht hat. In seinen theoretischen Schriften tituliert er sich gemeinhin als Soziologen, genauer: als Gesellschaftstheoretiker. Sein Freund De Giorgio schreibt:

„Jemand hatte gesagt, seine Konstruktion sei großartig aber falsch. Er lachte und lachend wiederholte er: ‚Kann wohl sein; aber wenn sie falsch ist, dann auf die einzig richtige Weise.‘ […] Er war seine Theorie. Nicht weil die Theorie sein Leben gewesen wäre, sondern weil sein Denken und Leben wie seine Theorie waren. Überraschend, selbstironisch, geduldig, einsam, unverständlich einfach, harmlos und zerstörerisch, paradox und selbstverständlich.“[4]

Eine auf diese Weise sozial konstruierte Adresse für die Person Luhmann, die sich aus spezifischen Attributionen durch spezifische Beobachter ergibt, changiert in der Regel zwischen zwei Polen: So wurde (und wird) die Person Luhmann in einer Melange aus psychischem und wissenschaftlichem System entweder als feinsinnig, empfindsam und zugewandt, oder aber als distanziert, kühl und zynisch bezeichnet.

Tatsächlich sind einige Beobachter darauf verfallen, Luhmann auf Grund seines ‚Menschenbildes‘[5] oder von darauf bezogenen Äußerungen – etwa jener über die Platzierung des Menschen in die Umwelt des Gesellschaftssys-

---

[2] „Es wird darum gehen, auszuprobieren, ob und wie weit eine soziologische Gesellschaftstheorie, obwohl aus der Sicht des Subsystems Soziologie des Subsystems Wissenschaft des Gesellschaftssystems entworfen, zur Entwicklung einer adäquaten Selbstbeschreibung der modernen Gesellschaft beitragen kann.“ Luhmann, Niklas (2009): Die Unterscheidung von Staat und Gesellschaft. In: Luhmann, Niklas (Hrsg.): Soziologische Aufklärung 4. Beiträge zur funktionalen Differenzierung der Gesellschaft. 4. Aufl. Wiesbaden, S. 75.

[3] Vgl. Luhmann, Niklas (1991): „Ich denke primär historisch“. Religionssoziologische Perspektiven. Ein Gespräch mit Fragen von Detlef Pollack. In: Deutsche Zeitschrift für Philosophie, Heft 39, S. 937-956.

[4] Di Giorgi, Raffaele (1999): Niklas Luhmann – Die Zukunft des Gedächtnisses, S. 30.

[5] „Ich lehne alle Einladungen ab, die mich veranlassen wollen, über den Menschen zu sprechen. Menschenbilder, sowas Grausliches. Also der Mensch interessiert mich nicht, wenn ich das so hart sagen darf.“ Luhmann, Niklas (2009): Gibt es Kunst außerhalb der Kunst? Niklas Luhmann im Gespräch mit Hans-Dieter Huber. In: Hagen, Wolfgang; Luhmann, Niklas; Baecker, Dirk (Hrsg.): Was tun, Herr Luhmann? Vorletzte Gespräche mit Niklas Luhmann. Berlin, 80-98, dort S. 98.

tems[6] – als Zyniker einzustufen.[7] Abgesehen davon, dass eine solche Zuschreibung eher auf den Kritiker – der unter anderem die System/Umwelt-Unterscheidung entgegen ihrem Gebrauch bei Luhmann als moralisches Gefälle
missversteht – als auf die Kritik schließen lässt, dürfte am ehesten eine präzisere Begriffsverwendung weiter helfen. So wäre hier im Sinne Luhmanns von
Ironie anstatt von Zynismus zu sprechen, womit er sich selbst zugleich in die
Reihe großer Denker versetzte, bei denen ihrerseits Theorie und Ironie in
wechselseitiger Steigerung vorkamen.

„Ich würde einen Unterschied zwischen Zynismus und Ironie machen, und mich irritiert
[…] diese Humorlosigkeit, dieses sozusagen direkte Verhältnis zu den Dingen, dieses Dafür-oder-Dagegen. Eine leise Distanz mag auch einfach eine Geschmacksfrage sein."[8]

Von daher läge unter anderem der Vergleich zu Søren A. Kierkegaard nahe.
Luhmann selbst hat diesen Vergleich nicht gezogen, hat aber einige Male zustimmenden Bezug auf Kierkegaard genommen.[9]

In Luhmanns von Fantasie und Ironie getränkten Formulierungen, wie sie
etwa in der Sequenz zum Umgang mit Klassikern (s. o. im Kapitel ‚Er schreibt
und schreibt und schreibt …‘) zu Tage treten, ist eine Zurückhaltung, eine Vorsicht, eine Epoché ausgebildet, die in ihrer Eleganz und Vornehmheit ihresgleichen sucht. Die Folge der Luhmannschen Skepsis aber scheint gewesen zu
sein, dass er – sogar über den Menschen und also auch über sich selbst – taktvoll und gelassen sprechen konnte, ja ausschließlich so sprechen konnte. Mehr
noch: Es wäre letztlich die heuristische Frage zu stellen, wie es gewesen wäre,
wenn sich Luhmann derb, frech und laut verhalten hätte? Wäre seine Theorie

---

[6] Siehe Luhmann, Niklas (2008): Die Tücke des Subjekts und die Frage nach den Menschen, S. 159.
[7] Von theologischer Seite aus etwa Hans-Eckehard Bahr, der Luhmanns nüchternen Umgang mit der
(verzweifelten) Sinnsuche oder mit dem Leiden der Menschen kritisiert, vgl. Dallmann, Hans-Ulrich
(1994): Die Systemtheorie Niklas Luhmanns und ihre theologische Rezeption. Stuttgart, S. 170.
[8] Renk, Heidi; Bruns, Marco; Luhmann, Niklas (1987): Ein trojanisches Pferd. In: Luhmann, Niklas;
Baecker, Dirk (Hrsg.): Archimedes und wir. Interviews. Berlin, S. 108-124, dort S. 117. Dazu auch
Kaufmann, Franz-Xaver (1999): Ein Wittgenstein'sches Schweigen, S. 15: „Ich erfuhr ihn nicht nur als
einen inspirierenden und provozierenden Denker, sondern auch als liebenswerten Menschen, wenngleich er viel von mitmenschlicher Distanz hielt. Er verfügte über einen geistreichen Humor, er verstand es, als akademischer Lehrer im unmittelbaren Vortrag Studenten zu fesseln, er machte kein Aufhebens von seiner Person, und er war von großer persönlicher Verläßlichkeit. Manche Anekdoten zeugen von seiner bald irritierenden, bald liebenswürdigen Ironie, die auch das eigene Tun mit einschloß."
[9] Vgl. etwa Luhmann, Niklas (1999): Zweckbegriff und Systemrationalität. Über die Funktion von
Zwecken in sozialen Systemen. 6. Aufl. Frankfurt a. M., S. 14.

dann anders ausgefallen oder wäre sie anders zu beurteilen? Am Schluss dieses Kapitels kommt daher die Miniatur eines summarischen, attributiven Beobachter-Bildes der Person Luhmanns zu stehen:

Er ist ein schnörkelloser, kauziger Professor mit überdimensionierter Hornbrille, ein einsamer Denker der Welt, der quasi von der Seite her, lakonisch und witzig, mit skurrilen Beispielen über ein paar Tropfen besten Kaffees in Rom oder über Ehen, die im Himmel geschlossen werden und im Automobil auseinander gehen[10], räsoniert, zurückhaltend und bescheiden, darin aber bestimmt, auf Unterscheidungen und Grenzen bedacht, der nicht nach mehr Licht ruft, sondern in der ostwestfälischen Sonne sitzt und schreibt und schreibt und schreibt, und wenn nicht an einem Buch, dann an einem anderen oder an einem Aufsatz, multitaskingfähig und daran gewöhnt, dass es ihm leicht fällt, immer hoch konzentriert zu sein, sogar im kurzen Mittagsschlaf, niemals in Eile, aber mit zu wenig Zeit, gleichmütig und zielstrebig, gesellig und verschlossen, ein Unterschied seiner selbst, ein distanzierter, auf ruhige Erwägung hin getrimmter, ein nachdenklicher und vorandenkender Zeitgenosse, schräg beäugt ob seiner kühnen Theorie, geachtet und gemieden aus gleichem Grunde.

---

[10] „Handelnde orientieren sich stärker an der Situation, Beobachter rechnen stärker auf Personenmerkmale zu; und dies dürfte verstärkt für Beobachter gelten, die Vertrauen oder Liebe testen und wissen möchten, ob sie mit stabilen Haltungen auf der anderen Seite rechnen können. So glaubt der Fahrer eines Wagens sich mit bestem Können nach der Situation zu richten. Der Mitfahrer beobachtet ihn, rechnet die Eigentümlichkeit der Fahrweise auf Personenmerkmale zu und fühlt sich, wenn die Person ihm wichtig ist und er Rücksichtnahme erwarten zu können meint, veranlaßt, zu kommentieren und mitzuteilen, wie er selbst fahren würde bzw. gefahren werden möchte. Der Fahrer dagegen hat die Gründe seines Verhaltens jeweils schon hinter sich, hat sie, wenn überhaupt, im Kontext der Situation erlebt und sie gar nicht auf die Ebene seiner persönlichen Beziehungen zum Mitfahrer hochtransformiert. So werden Ehen im Himmel geschlossen, und im Auto gehen sie auseinander, weil es zu Attributionskonflikten kommt, die sich einer kommunikativen Behandlung weitgehend entziehen." Luhmann, Niklas (1984): Soziale Systeme, S. 308-309.

WERK

„Wenn gilt, daß zentrale Begriffe eines Theoriewerks nicht für sich, sondern nur im Kontext begriffen werden können – und mindestens diese Erfahrung der Philosophen dürfte nicht verloren gehen –, kann man Begriffe auch mit dem Ziel bearbeiten, durch ihre überlegte Variation Kontexte in Bewegung zu bringen. Nur an Begriff/Kontext-Relationen sieht man im Detail, was man von einer Theorie lernen kann, wenn man sie ändert (im Unterschied zu: was man mit einer Theorie lernen kann, wenn man sie anwendet). " [1]

Es existiert eine Reihe von Einführungsschriften in das Werk – und zum Teil in das Leben – Niklas Luhmanns, auf die hier in chronologischer Abfolge mit wenigen Stichworten exemplarisch zu verweisen ist.

Die Einführung von Peter Fuchs bestätigt einmal mehr dessen kongeniale Art, den Denkstil und -duktus der Luhmannschen System/Umwelt-Theorie aufnehmen und weiterführen zu können. Das Darstellungsschema ist die in Form von Gesprächen gekleidete Beobachtung zweiter Ordnung.[2]

Walter Reese-Schäfer bietet anhand ausgewählter Theoriebegriffe Luhmanns und ausgewählter Funktionsbereiche der Gesellschaft eine konzentrierte Studie, die weitgehend homophon zum Luhmannschen Duktus verläuft.[3] Im Schlusskapitel allerdings geht der Verfasser mit dem Subjekt-/Objekt-Schema in überwundene Theoriezusammenhänge über.

Georg Kneer und Armin Nassehi fokussieren in ihrer Einführung auf die Systemtheorie als interdisziplinäres Paradigma sowie auf die damit verbundenen gesellschaftstheoretischen Momente.[4] Sie nehmen für sich die Selektionsleistung einer Luhmann-untypischen hierarchischen Darstellung in Anspruch.

Helga Gripp-Hagelstange ringt mit der zirkulären Theorieanlage Luhmanns, die sie stufenförmig in fünf Schritten auflöst. Ihr thematisch zentraler Abschnitt gilt der Paradoxie-Problematik des Beobachtens und endet selbst mit

---

[1] Luhmann, Niklas (2009): Interpenetration – Zum Verhältnis personaler und sozialer Systeme. In: Luhmann, Niklas (Hrsg.): Soziologische Aufklärung 3. Soziales System, Gesellschaft, Organisation. 5. Aufl. Wiesbaden, S. 175.
[2] Fuchs, Peter (1992/2004): Niklas Luhmann – beobachtet. 3., aktualisierte Aufl. Wiesbaden.
[3] Reese-Schäfer, Walter (1992/2005): Niklas Luhmann zur Einführung. 5., erg. Aufl. Hamburg.
[4] Kneer, Georg; Nassehi, Armin; Kneer-Nassehi (Hrsg.) (1994): Niklas Luhmanns Theorie sozialer Systeme. Eine Einführung. 2. unveränd. Aufl. München.

einer Paradoxie, um die Differenz von Einheit und Differenz im Denken Luhmanns festhalten und zugleich den Rückverweis auf Luhmanns Texte anbringen zu können.[5]

Eine stark auf politische Funktionen ausgerichtete Systemtheorie im Anschluss an Luhmann entwirft Helmut Willke.[6]

Die Einführung von Detlef Horster strukturiert die Darstellung in vier Blöcken: Gesellschaftstheorie (mit: Soziale Systeme, Rechtssystem, Die Gesellschaft der Gesellschaft), Organisationstheorie, Politik sowie Wissenssoziologie (Semantik/Gesellschaftsstruktur zu Liebe, Individualität und Erziehung). Als besondere Beigabe gibt es ein exklusiv abgedrucktes Interview mit Luhmann.[7]

Andreas Göbel rekurriert in seiner problemgeschichtlichen Einführung auf die selbstreferentielle Suchbewegung Luhmannscher Theoriebildung. Dabei scheinen die Begriffe der Systemtheorie im Sinne eines Problem – Lösung – Problem-Zirkels kontinuierlich auf sich selbst zu reagieren.[8]

Eine Einführung in die Systemtheorie für Geschichts- und Kulturwissenschaften von Frank Becker und Elke Reinhardt-Becker setzt grundbegrifflich an und erfüllt die selbstgestellten Ansprüche.[9]

Der Klassiker unter den Einführungswerken stammt von Margot Berghaus, die letztlich auf die Interaktionssysteme der Gesellschaft fokussiert.[10]

Das weitläufige Werk Luhmanns lässt sich nach zeitlichen, sachlichen oder sozialen Kriterien – wie er selbst vielfach unterscheidet[11] – einteilen. Unter zeitlichem Aspekt legt sich eine Einteilung nach Phasen der Textproduktion nahe, etwa in eine Zeit vor und nach der autopoietischen Wende (siehe das Kapitel ‚Autopoiesis‘), die in der Regel mit dem Erscheinen von ‚Soziale Systeme‘ 1984 angesetzt wird. Auch eine Einteilung nach Luhmanns biografi-

---

[5] Gripp-Hagelstange, Helga (1995/1997): Niklas Luhmann. Eine erkenntnistheoretische Einführung. 2., verb. Aufl. München.

[6] Willke, Helmut (1996): Systemtheorie. 7., überarb. Aufl. mit einem Glossar. Stuttgart, 2006.

[7] Horster, Detlef; Luhmann, Niklas (1997): Niklas Luhmann.

[8] Göbel, Andreas (2000): Theoriegenese als Problemgenese. Eine problemgeschichtliche Rekonstruktion der soziologischen Systemtheorie. Konstanz.

[9] Becker, Frank; Reinhardt-Becker, Elke (2001): Systemtheorie. Eine Einführung für die Geschichts- und Kulturwissenschaften. Frankfurt a. M.

[10] Berghaus, Margot; Luhmann, Niklas (2002/2004): Luhmann leicht gemacht. Eine Einführung in die Systemtheorie. 2., überarb. und erg. Aufl. Köln.

[11] Vgl. etwa Luhmann, Niklas (1984): Soziale Systeme, S. 114 ff.; oder Luhmann, Niklas (2009): Zur Komplexität von Entscheidungssituationen. In: Soziale Systeme, Jg. 15, Heft 1, S. 8 f.

schen Abschnitten bis zur Studienzeit, während der Berufstätigkeit als Verwaltungsbeamter und dann als Hochschullehrer ist denkbar. Eine an sozialen Kriterien orientierte Aufteilung des Luhmannschen Werkes könnte sich an inner- und außersoziologische Kontakte, Diskussionen und Kritiken anlehnen. Eine plausible Gliederung nach sachlichen Kriterien hat Reese-Schäfer vorgenommen und kommt dabei auf vier Abteilungen: (1) Das systematische Werk, beginnend mit ‚Soziale Systeme‘ über die Einzelschriften zu den gesellschaftlichen Funktionssystemen bis hin zu ‚Die Gesellschaft der Gesellschaft‘; (2) die historisch-semantischen Studien in den vier Bänden ‚Gesellschaftsstruktur und Semantik‘ und entsprechende Einzelwerke wie beispielsweise ‚Liebe als Passion‘; (3) die konkreten politisch-soziologischen Beiträge wie bspw. ‚Ökologische Kommunikation‘ sowie (4) die Schriften zu organisationssoziologischen Themen.[12]

Johannes F. K. Schmidt fasst seine Einblicke aus einer ersten Sichtung des Nachlasses wie folgt zusammen: „Entsprechend veranschaulichen die gesellschaftstheoretischen Manuskripte insgesamt betrachtet auch die grundlagentheoretische Werkgenese von einer phänomenologisch orientierten Sinn- und Modaltheorie über eine Theorie, die soziale Systeme als komplexitätsreduzierende Handlungszusammenhänge begreift, hin zu einer Theorie selbstreferentieller Kommunikationssysteme, die schließlich durch eine Kybernetik zweiter Ordnung angereichert wird."[13]

An dieser Stelle wird dafür optiert, den Zugang zu Luhmanns Werk nicht über zeitliche, soziale und sachliche Staffelungen oder Sequenzierungen zu suchen, sondern einen Zugang der Simultaneität zu wählen. Dabei wird unterstellt, dass das Werk Luhmanns in sich kohärent ist und die vielgestaltigen Gesichtspunkte seiner Theorie in lockerer Äquidistanz zueinander stehen. Zugleich lässt sich auf diese Weise die permanente Entwicklung und Veränderung der Systemtheorie begreiflich machen. Sie wurde weniger in Brüchen oder in Sprüngen als vielmehr durch ein stetiges Verschieben des blinden

---

¹² Vgl. Reese-Schäfer, Walter (1992): Niklas Luhmann zur Einführung, S. 178 f.
¹³ Schmidt, Johannes F. K. (2013/2014): Der Nachlass Niklas Luhmanns, S. 179, Fußnote 26.

Flecks[14], durch eine gleitende différance im Sinne Jaques Derridas (1930–2004)[15], entwickelt. So unterstreicht Rudolf Stichweh …

„… daß Luhmann gerade auch seine eigene Theoriearbeit unter einen permanenten Veränderungsdruck, einen Druck des immer erneuten Austauschens auch von Leitbegrifflichkeiten setzte, der wissenschaftshistorisch ungewöhnlich, wenn nicht singulär ist. […] Die Systemtheorie bildete insofern als konzeptuelles Arrangement in sich strukturelle Eigentümlichkeiten der modernen Gesellschaft ab, die sie andererseits auf der Basis dieser theorieeigenen Strukturen zu beschreiben versuchte." [16]

Im Ergebnis wird man mit der Darstellung der Systemtheorie an jeder Stelle im Werk Luhmanns beginnen und von dort aus zu jeder anderen Stelle kommen können. Dass sich dabei unterschiedliche Gewichtungen einzelner Aspekte einstellen (werden), kann nicht ausgeschlossen werden, ist aber der temporalen Struktur von Bewusstsein und Kommunikation zuzurechnen. Mit anderen Worten: Auf der hier angebotenen Folie der Simultaneität erscheint jeder Anspruch einer besten oder einzig ‚so-und-nicht-anders‘ möglichen Darstellung des Luhmannschen Werkes als eine beobachterverursachte Konstruktion. ‚Die Kommunikation kommuniziert‘, wurde Luhmann nicht müde zu betonen, man möchte sagen: zu beschwören. Von dorther aber können Zurechnungen von beobachterbasierten Intentionen, von subjektiven Theorie-Architektur-Ansprüchen oder von kausalen Zurechnungsmodi in die zweite Reihe verwiesen werden.

Die nun folgende Darstellung des Werkes Luhmanns greift die Verwicklungen seines systemtheoretischen Theoriekomplexes anhand ausgewählter Themenstellungen exemplarisch auf und fasst sie pointiert zusammen.[17]

---

[14] Vgl. exemplarisch Luhmann, Niklas; Baecker, Dirk (2006): Einführung in die Systemtheorie. 3. Aufl. Heidelberg, S. 145 ff., insbesondere S. 147.

[15] Vgl. exemplarisch Luhmann, Niklas (1995): Die Realität der Massenmedien, S. 159. Sowie Luhmann, Niklas (1984): Soziale Systeme, S. 202.

[16] Stichweh, Rudolf (1999): Niklas Luhmann Theoretiker und Soziologe. In: Stichweh, Rudolf; Luhmann, Niklas (Hrsg.): Niklas Luhmann – Wirkungen eines Theoretikers. Gedenkcolloquium der Universität Bielefeld am 8. Dezember 1998. Veranstalter: Zentrum für interdisziplinäre Forschung der Universität Bielefeld. Bielefeld, S. 66 f.

[17] Einige weiterführende Literaturhinweise zur Werksdarstellung bietet u. a. Horster, Detlef; Luhmann, Niklas (1997): Niklas Luhmann, S. 211 f.

Supertheorie

„Ja, doch, die Systemtheorie ist auf alle Fälle ein kontingentes Unternehmen. Sie tritt nicht mit dem Anspruch auf, einzig richtig zu sein, obwohl sie universell konzipiert ist. Sie soll für alles zuständig sein, was in der Gesellschaft passiert, aber sie ist nicht notwendigerweise die einzig richtige Konzeption. Das hat ja auch mit der Fundierung in Paradoxien zu tun.“ [1]

Luhmann hat zeit seines Lebens daran gearbeitet, Theorie zu entwickeln. Er sah sein Lebensprojekt in der Entwicklung einer Theorie der Gesellschaft. Damit war es für ihn zunächst, und das heißt arbeits- und zeitökonomisch, ausgeschlossen, Praxisanweisungen zu formulieren, Anwendungsmodelle zu konzipieren oder unzusammenhängende empirische Detailfragen lösen zu wollen. Theorie hat nach Auffassung Luhmanns – praktisch – nichts mit der Praxis zu tun.

Ein verbreitetes Missverständnis, das der Systemtheorie entgegengebracht wird, betrifft denn auch das Verhältnis von Theorie und Praxis zueinander. Herkömmlich wird davon ausgegangen, dass Theorie eine Art Bereitstellungswissen für Praxis darstellt. Praxis gilt dann als angewandte Theorie. Im Sinne der System/Umwelt-Unterscheidung aber lassen sich Theorie und Praxis in ein Ausschlussverhältnis zueinander bringen, sodass sie wechselseitig in der Umwelt des anderen erscheinen.[2] Theorie und Praxis sind je für sich selbstreferentielle Systeme. In beiden kommt es daher auf die Ausbildung einer eigenbestimmten Komplexität an. Das ‚Verhältnis‘ von Theorie und Praxis lässt sich daher am besten über die Annahme struktureller Kopplungen erklären, die zu beiderseitigen Steigerungen führen: Je höher die Theorie desto höher die Praxis und vice versa. In der Differenz der Theorie von der Praxis, von der Wirklichkeit, von der Lebenswelt (eines Habermas) oder vom Alltag, liegt nach Luhmann allererst die Möglichkeit, eine Theorie kreieren zu können. Theorie muss sich gegenüber ihrer Umwelt abschliessen, um als autopoietisches System, das unbestimmte Umweltkomplexität in eigenbestimmte Systemkomplexität umschreiben kann, funktionieren zu können. Der Begriff für diese Art

---

[1] Horster, Detlef; Luhmann, Niklas (1997): Niklas Luhmann, S. 46.
[2] Vgl. u. a. das Einführungskapitel von Luhmann, Niklas (1999): Zweckbegriff und Systemrationalität, S. 7-17.

von Theorie, die in der modernen Gesellschaft zugleich möglich und notwendig geworden ist, lautet bei Luhmann: Supertheorie.[3]

Der Anspruch Luhmanns, eine Supertheorie zu entwerfen, resultiert einerseits aus den Möglichkeiten der ausdifferenzierten Funktionssysteme der Gesellschaft – im Besonderen der Ausdifferenzierung eines Wissenschaftssystems –, andererseits macht es diese Ausdifferenzierung allererst erforderlich, sich überhaupt an die Ausarbeitung einer Supertheorie heranzuwagen. So gesehen bestätigt der Anspruch einer Supertheorie zugleich die nicht mehr unter einen einheitlichen Gesichtspunkt zu bringende Gesellschafts- und Wissenschaftsformation sowie die Notwendigkeit, etwas Übergreifendes, Vereinheitlichendes zu konstruieren.

Luhmanns Modell einer Supertheorie entfaltet diese Paradoxie durch das Konzept des Problemlöseverhaltens. Demnach beschreibt eine Supertheorie unterschiedliche und unvergleichbare Formen des Problemlöseverhaltens so, dass sie durch einen fokussierten Problembezug vergleichbar werden. Zugleich damit generiert sich eine Supertheorie selbst als Problemlöseverhalten. Auf diese Weise werden Supertheorien schließlich Teil ihrer selbst. „Sie konzipieren ihren Gegenstand so, daß sie sich selbst als Teil ihres Gegenstandes erscheinen müssen."[4] Damit ist, wie in allen Facetten der System/Umwelt-Theorie, die Beobachtung von Selbstreferenz in operativen Systemen thematisiert, die für den Fall einer Supertheorie im Wissenschaftssystem permanent mitzuführen und aufzulösen ist.

Supertheorien sind (1) erstens evolutionär historisch zu begreifen, da sie die funktional ausdifferenzierte Gesellschaft zugleich voraussetzen und dann als solche bearbeiten, (2) zweitens auf die interne Ausdifferenzierung des wissenschaftlichen Systems in seiner Funktion für die Gesellschaft, in seinen Leistungen für andere Funktionssysteme und in seiner selbstbezüglichen Reflexion hinsichtlich der eigenen Identität und Kontinuität (bzw. Diskontinuität) bezogen, sowie (3) drittens darauf ausgerichtet, dass „die Reflexionsleistungen die Form von Supertheorien"[5] annehmen.

„Supertheorien reflektieren mithin die Einheit von Wissenschaft oder die Einheit eines wissenschaftlichen Faches, um die Differenz von Kontinuität und Diskontinuität in der wissen-

---

[3] Vgl. zum Folgenden: Luhmann, Niklas (2008): Soziologie der Moral, insbesondere die Seiten 57-79.
[4] Luhmann, Niklas (1978/2008): Soziologie der Moral, S. 58.
[5] Luhmann, Niklas (1978/2008): Soziologie der Moral, S. 59.

schaftlichen Entwicklung zu überbrücken. Diese Referenz führt, allein deshalb schon, weil es sich um Selbstreferenz handelt, in Konflikte mit Erkenntnistheorie und Methodologie."[6]

Die Systemreferenz einer Supertheorie ist mithin Wissenschaft, nicht aber zum Beispiel Politik oder Kunst oder Moral. Das bedeutet zugleich, dass ein wissenschaftlicher Theorieanspruch in der gegenwärtigen Gesellschaft ausschließlich durch eine Supertheorie eingelöst werden kann. Luhmanns supertheoretische Überlegungen führen dazu, dass deren Ergebnisse im Bereich der Wissenschaft liegen und sich mittels struktureller Kopplungen auf andere Funktionssysteme bzw. deren Reflexionstheorien auswirken (können). In der Regel lösen wissenschaftliche Theorien selbsterzeugte Probleme, so auch die Supertheorie, die in dieser Richtung allerdings einen Schritt weiter geht und zu erklären versucht, was Wissenschaft macht, wenn sie selbsterzeugte Probleme zu lösen beabsichtigt. So gesehen ist eine Supertheorie keine Theorie mit „leicht erhöhter Oktanzahl"[7], damit der Motor runder läuft, sondern sie ist einem Spiel bzw. einem „metagame"[8] vergleichbar, das sich selbst zum Gegenstand macht. Mit anderen Worten: Das metagame Supertheorie reflektiert zugleich die erkenntnistheoretischen Grundlagen, mit denen es operiert. Eine Supertheorie reflektiert daher nicht nur ihre selbst gestellten Problemlagen, sondern auch das Auslöseproblem für diese Problemlagen.

„Die Frage […] sucht eine Rekonstruktion des Auslöseproblems […] um ihre Praxis als Problemlösung darstellen, mit Alternativen konfrontieren und in ihrer Lernfähigkeit verbessern zu können. Und natürlich bringt die Kenntnis des Problems, das man löst, und der Theorie, nach der man verfährt, dem Kenner auch die Freiheit ein, sich ‚metarational' zu verhalten und das Problem nicht zu lösen. Auf dieses ‚existentialist axiom' stellt das Konzept der totalisierenden Supertheorien sich explizit ein; es ist ein Konzept für ‚metagames'."[9]

Der für Luhmann entscheidende Punkt einer Supertheorie liegt nun aber darin, dass auf Begründungen, auf Abschlussformeln, kurz: auf ontologische Bezüge

---

[6] Vgl. Luhmann, Niklas (1978/2008): Soziologie der Moral, S. 59.
[7] „Supertheorien sind nicht etwa normale Theorien mit leicht erhöhter Oktanzahl." Luhmann, Niklas (2008): Soziologie der Moral, S. 57.
[8] Vgl. Luhmann, Niklas (2008): Soziologie der Moral, S. 74
[9] Luhmann, Niklas (2008): Soziologie der Moral, S. 74.

der Erkenntnistheorie zu verzichten ist.[10] Dies entspricht einer Abkehr von der bisherigen Abbild- oder Korrelationsthese der Erkenntnis, wonach sich Erkenntnis in einer wie auch immer gearteten Korrelation auf reale Realität beziehen und diese mental abbilden soll. Luhmann geht stattdessen davon, dass sich Erkenntnis erst dann ausbilden kann, wenn sie in sich geschlossen ist. Erst die Abkopplung der Erkenntnis von der Wirklichkeit ermöglicht Erkenntnis, da sie nach eigenen Operationsweisen vorgeht. Die Erkenntnis des Wasserglases auf dem Tisch ist nicht das Wasserglas auf dem Tisch, sondern die Erkenntnis des Wasserglases auf dem Tisch und damit eine andere Emergenzstufe als das Wasserglas auf dem Tisch.

Mit der Abkopplung der Erkenntnis von der Realität und der Erkenntnis, dass dies so ist und wie dies erkannt werden kann, fängt eine Supertheorie stets im unbezeichneten ‚Raum‘ an und konstruiert dann so, wie sie konstruiert. Eine Supertheorie funktioniert selbstreferentiell:

„Diese Theorieanlage erzwingt eine Darstellung in ungewöhnlicher Abstraktionslage. Der Flug muß über den Wolken stattfinden, und es ist mit einer ziemlich geschlossenen Wolkendecke zu rechnen. Man muß sich auf die eigenen Instrumente verlassen. Gelegentlich sind Durchblicke nach unten möglich – ein Blick auf Gelände mit Wegen, Siedlungen, Flüssen oder Küstenstreifen, die an Vertrautes erinnern; oder auch ein Blick auf ein größeres Stück Landschaft mit den erloschenen Vulkanen des Marxismus. Aber niemand sollte der Illusion zum Opfer fallen, daß diese wenigen Anhaltspunkte genügen, um den Flug zu steuern.“[11]

Für den Beobachter ergibt sich daraus eine freischwebende und für den Operator eine selbsttragende Konstruktion.

„Jeder Schritt muß eingepaßt werden. Und selbst der Willkür des Anfangs wird, wie im System Hegels, im Fortschreiten des Theorieaufbaus die Willkür genommen. So entsteht eine selbsttragende Konstruktion.“[12]

Eine Supertheorie kümmert sich um die Konstruktion einer Konstruktion. Sie beobachtet sich dabei, wie die Konstruktion auf die eine oder andere Weise

---

[10] Vgl. u. a. Gripp-Hagelstange, Helga (1995): Niklas Luhmann. Eine erkenntnistheoretische Einführung. 2., verb. Aufl. München, 1997, S. 141: Luhmann verweigert ein „Letztes“.
[11] Luhmann, Niklas (1984): Soziale Systeme, S. 12-13.
[12] Luhmann, Niklas (1984): Soziale Systeme, S. 11.

begonnen und weitergeführt werden kann. Selbst die Konstruktionsfundamente können jederzeit wechseln, da die Konstruktion auch ihre Fundamente selbst baut. Das Fazit dieser selbstreferentiellen Konstruktion, die nur im Medium der Zeit entfaltet werden kann, ist im Begriff der Kontingenz zusammengefasst. Eine Supertheorie ist, da sie nicht auf Begründungen oder Anfangs- und Endformeln beruhen kann, kontingent: nicht notwendig, aber auch nicht unmöglich.

„Im Unterschied zu Dogmatiken und im Unterschied zu wissenschaftsmäßig schon vorprogrammierten Theorien sind Supertheorien im Prinzip kontingent gesetzt. Sie verwenden keine begründungshaltigen Begriffe. Sie geben sich auch nicht als normative, sich selbst vorweg schon bewertende Theorie. Sie sind vollständig durchrelationiert, so daß man von jedem ihrer Punkte aus, wenn man ihn festhält, alles in Frage stellen kann." [13]

An dieser Stelle springt die Metapher des Labyrinths ein (siehe das Kapitel ‚Labyrinth‘). Die Durchrelationierung der für eine Supertheorie verwendeten Begriffe zwingt dazu, eine in angemessener Weise erreichbare Komplexität aufzubauen, die schließlich als Labyrinth erscheint. Außerdem treten innerhalb der Supertheorie Begriffe hinzu, die die Supertheorie selbst benötigt, um sich konstruieren zu können. Einer dieser Begriffe ist bspw. ‚Kontingenzformel‘. Dies bedeutet dann unter anderem: Die Funktion einer Kontingenzformel für das jeweilige gesellschaftliche System liegt darin, die Nichtbeliebigkeit von Negationen zu steuern.[14]

Was erbringt eine Supertheorie nun? Zum einen vermag sich eine Supertheorie selbst als Gegenstand ihrer selbst zu behandeln. Diese Form der Selbstimplikation scheint aufgrund der selbstreferentiellen Operationen von Systemen – und mithin auch der Operationen einer Supertheorie – sowohl notwendig als auch möglich zu sein.

Zum anderen leistet eine Supertheorie – im Sinne ihrer spezifischen Form der Selbstimplikation – den Einbezug der eigenen Negation. Sie ist dadurch paradox gebaut und kann ausschließlich durch operative Selbstentfaltung weitergetrieben werden. Mit anderen Worten: Die Supertheorie stimmt, wenn sie nicht stimmt, und sie stimmt nicht, wenn sie stimmt. Eine Supertheorie setzt

---

[13] Luhmann, Niklas (2008): Soziologie der Moral, S. 63.
[14] Zum Prinzip der Limitationalität vgl. Luhmann, Niklas (2005): Die Wissenschaft der Gesellschaft, S. 392 ff.

sich also, und zwar genau auf Grund ihres supertheoretischen Anspruchs, selbst kontingent.[15] Eine auf diese Weise gebaute Theorie ist weder notwendig noch unmöglich.

Schließlich und drittens erhöht eine Supertheorie durch ihren operativen Ansatz ihr eigenes Auflöse- und Rekombinationsvermögen. Dies führt zu einer Steigerung der theorieinternen Komplexität, die zugleich eine Steigerung der theorieextern beobachtbaren Komplexität zu erbringen vermag. Durch die beidseitige Komplexitätssteigerung werden aber sowohl die kommunikativen Anschluss- als auch die Ausschlussmöglichkeiten der Theorie erhöht, womit sich – in the long run – sowohl das Verständnis als auch die Mißverständnisse gegenüber der Supertheorie vermehren.

„Ihre koordinierende Begrifflichkeit muß hochabstrakt angesetzt werden, Abstimmungen auf rein begrifflicher Ebene erfordern einen hohen Aufwand und sprengen die Möglichkeiten sequentieller Vertextung. Die Anlern- oder Eingewöhnungszeiten sind lang, die Pädagogik ist schwierig, die Verbreitung auf Mißverständnisse geradezu angewiesen. Andererseits liegt der Bedarf für Orientierungsgrößen dieser Art auf der Hand, und es fehlt nicht an Interesse, so daß eine eigentümliche Kombination von Schwierigkeit und Leichtigkeit der Verbreitung entsteht, die im allgemeinen zu einem raschen, vorzeitigen Ende prädisponiert.“ [16]

---

[15] Luhmann führt die Kontingenz seiner Supertheorie (selbstverständlich) auf die gesellschaftlich zirkulierende Kontingenz zurück, vgl. Luhmann, Niklas (1992): Kontingenz als Eigenwert der modernen Gesellschaft. In: Luhmann, Niklas (Hrsg.): Beobachtungen der Moderne. 2. Aufl. Wiesbaden, S. 93-128.

[16] Luhmann, Niklas (2008): Soziologie der Moral, S. 56-162, S. 67. Siehe auch Renk, Heidi; Bruns, Marco; Luhmann, Niklas (1987): Ein trojanisches Pferd. In: Luhmann, Niklas; Baecker, Dirk (Hrsg.): Archimedes und wir. Interviews. Berlin, S. S. 118 f.: „*Hat es Sie erstaunt, daß die Systemtheorie solchen Wirbel ausgelöst hat und weit über die Soziologie hinaus populär geworden ist?* Man gewöhnt sich natürlich im Laufe der Zeit daran. Andererseits habe ich bei Parsons gesehen, daß es eine merkwürdige Rolle ist, wenn man die Position einer universalistischen Theorie einnimmt und glaubt, es müßten viele Leute damit beschäftigt sein, eine allgemeine Theorie zu entwickeln, und es macht nur ein einziger. Das führt zu einer unverdienten Zentrierung von Aufmerksamkeit und zu einer unverdienten Zurechnung von Effekten.“

Labyrinth

„Die Theorieanlage gleicht also eher einem Labyrinth als einer Schnellstraße zum frohen Ende."[1]

Es erscheint mitunter hilfreich zu sein, wissenschaftliche Operationsweisen und Begriffe – wie z. B. den Begriff der Theorie – durch eine Metapher zu erläutern oder ersetzen zu können.[2] Welche Metapher kann für die Supertheorie Luhmanns einspringen? Für eine Theorie, die auf Komplexität und deren systeminterne Reduktion und Steigerung zugleich, die auf Kontingenz und zugleich auf deren systemübergreifende Relevanz setzt?

„Im Unterschied zu gängigen Theoriedarstellungen [...] soll im folgenden versucht werden, die Zahl der benutzten Begriffe zu erhöhen und sie *mit Bezug aufeinander* zu bestimmen. Das geschieht mit Begriffen wie: Sinn, Zeit, Ereignis, Element, Relation, Komplexität, Kontingenz, Handlung, Kommunikation, System, Umwelt, Welt, Erwartung, Struktur, Prozess, Selbstreferenz, Geschlossenheit, Selbstorganisation, Autopoiesis, Individualität, Beobachtung, Selbstbeobachtung, Beschreibung, Selbstbeschreibung, Einheit, Reflexion, Differenz, Information, Interpenetration, Interaktion, Gesellschaft, Widerspruch, Konflikt."[3]

Zieht man diese von Luhmann begonnene Linie der Begriffe und der daraus resultierenden Begriffsrelationierungen aus, entsteht zügig eine adäquate Vorstellung von Komplexität. Bei vollständiger Relationierung der genannten 33 Begriffe, d. h. wenn jeder Begriff mit jedem anderen Begriff auf bestimmte Weise in Beziehung gesetzt wird, ergibt sich für n als Anzahl der Begriffe die Ergebnisformel $(n^2-n):2$ und für $n=33$ das Ergebnis der Relationierungen, nämlich $(33^2-33):2 = 528$ Möglichkeiten.

Allein hieraus wird deutlich, dass sich aus den errechenbaren Relationierungen kein einfaches Brettspiel ergibt, sondern eher eine komplexe Glaska-

---

[1] Luhmann, Niklas (1984): Soziale Systeme, S. 14.

[2] Dass der Einsatz einer Metapher für eine Theorie üblich ist, belegen u. a. die Metaphern der Eule der Minerva bei Georg Wilhelm Friedrich Hegel sowie der Leviathan bei Thomas Hobbes.

[3] Luhmann, Niklas (1984): Soziale Systeme, S. 11-12.

thedrale[4], ein vielsteiniges Mosaik[5] oder – sozialwissenschaftlich gesprochen – eine Vielzahl von Schaubildern und Kreuztabellierungen. In Kenntnis dessen hat Luhmann seiner Theorie die Metapher des Labyrinths angedeihen lassen.[6] Es liegt auf der Hand, dass bei dieser Metapher die Unterscheidung von labyrinthisch/linear mitläuft.

Eine straffere Reduktion in der Begrifflichkeit hat Luhmann in seinem Aufsatz ‚Unverständliche Wissenschaft‘ vorgenommen. Dort kürzt er die 33 Begriffe auf zwölf herunter. Zugleich zeichnet er die Interdependenzen ein, die sich in bestimmter Weise daraus ergeben. Er zeichnet dem Labyrinth einen Weg ein, der möglicherweise begangen werden kann. Die Knotenpunkte lauten:

„Soziale Systeme als allgemeiner Gegenstand, Doppelte Kontingenz und Systemgrenzen, System und Umwelt, Interpenetration: personale und soziale Systeme, Sinn, Schematisierung der Sinndimension, Komplexität, Erleben und Handeln, Kommunikation, Zeit, Auflösevermögen und Rekombination, Selbstreferenz.“[7]

Die Problematik der Komplexität bleibt selbstverständlich auch in diesem Falle erhalten, da die Interdependenzen zwischen den Begriffen nicht-linear zu konstruieren sind. Es ergibt sich ein Relationierungslabyrinth, das Luhmann graphisch darzustellen versucht und als „diese leicht labyrinthische Theorieanlage“[8] bezeichnet hat.

---

[4] Vgl. Reese-Schäfer, Walter (1992): Niklas Luhmann zur Einführung, S. 175: „Luhmanns Konstruktionen sind Glaskathedralen der Theoriearchitektur, während Habermas eher der lebensweltorientierten (ökologisch und städtebaulich nach heutigen Maßstäben durchaus vorzuziehenden) Altbausanierung zuneigt.“

[5] „Da die Systemtheorie Luhmanns – ganz der Theorie entsprechend – sich nicht von dem einen Element zum andern hin hierarchisch baut, sondern einem Mosaik gleicht, bei dem jedes Steinchen – für sich schier unverständlich – alle andern ein wenig erhellt, nähert man sich ihr am besten über deren wichtigste Grundbegriffe an“. Lüthi, Dominic (2004), auf: www.grin.com/e-book/63538/die-systemtheorie-niklas-luhmanns (Zugriff am 12.06.2013).

[6] Siehe Luhmann, Niklas (1984): Soziale Systeme, S. 14. Vgl. auch die Weiterführung dieser Metaphorik, u. a. bei Reese-Schäfer, Walter (1992): Niklas Luhmann zur Einführung, S. 18: „Wenn Luhmanns Theorie ein Labyrinth ist […] dann nicht eins von der archaischen Art, an dessen Ende ein Opferpriester auf das Fleisch des Neulings lauert, sondern eher von der Art barocker Gartenanlagen. aber vermutlich muß man vollkommen andere Metaphern wählen und an labyrinthische Computerspiele und aufwendige Flugsimulatoren denken.“

[7] Luhmann, Niklas (2009): Unverständliche Wissenschaft: Probleme einer theorieeigenen Sprache. In: Luhmann, Niklas (Hrsg.): Soziologische Aufklärung 3. Soziales System, Gesellschaft, Organisation. 5. Aufl. Wiesbaden, S. 201.

[8] Luhmann, Niklas (2009): Unverständliche Wissenschaft, S. 197.

Anlage: Soziale Systeme/Themenplan

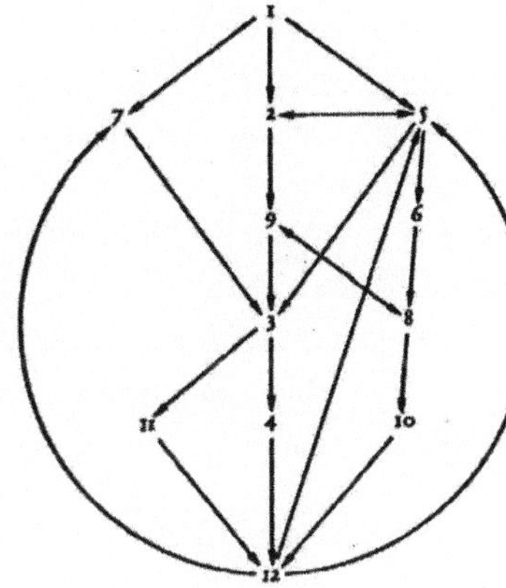

1. Soziale Systeme als allgemeiner Gegenstand
2. Doppelte Kontingenz und Systemgrenzen
3 System und Umwelt
4. Interpenetration: personale und soziale Systeme
5. Sinn
6. Schematisierung der Sinndimensionen
7. Komplexität
8. Erleben und Handeln
9. Kommunikation
10. Zeit
11. Auflösevermögen und Rekombination
12. Selbstreferenz

Abbildung aus: „Unverständliche Wissenschaft"[9].

Varianten der Labyrinth-Metapher und der zugrundeliegenden Unterscheidung von labyrinthisch/linear können sich daraus ergeben, dass man Unterscheidungen wie offen/geschlossen oder variant/invariant anlegt. Testweise wäre auch die Metapher einer freischwebenden Wolke zu verwenden, die anhand der Unterscheidungen von ungebunden/gebunden oder lose/strikt funktionieren würde.[10] So bezeichnet etwa Jean Clam (* 1958) die Theoriekonstruktion Luhmanns als „sphärisch"[11].

---

[9] Luhmann, Niklas (2009): Unverständliche Wissenschaft, S. 201.

[10] Hier greift zudem die Unterscheidung zwischen Medium/Form, die Luhmann von Fritz Heider adaptiert hat, vgl. Heider, Fritz (1926): Ding und Medium. Unter Mitarbeit von Hrsg. von Dirk Baecker. Berlin, 2005 sowie exemplarisch Luhmann, Niklas (2007): Erkenntnis als Konstruktion, S. 218-242, insbesondere S. 231.

[11] „Die postontologische Theoriegestalt muss dann folgerichtig als sphärisch, freizügig treibend und ereignishaft vorgestellt werden. *Worauf es* in ihr *ankommt*, ist das *Ereignis der Intellektion als Informationsschöpfung durch Erzeugung einer Differenz*, die in ihrem eigenen Vollzug besteht und nichts ist, wenn dieser aussetzt." Clam, Jean (2002): Was heißt, sich an Differenz statt an Identität orientieren? Zur De-Ontologisierung in Philosophie und Sozialwissenschaft. Konstanz, S. 33.

System/Umwelt

„Die folgenden Überlegungen gehen davon aus, daß es Systeme gibt." [1]

Grob skizziert bezieht sich die von Luhmann verwendete System/Umwelt-Unterscheidung auf soziale Systeme in den drei Emergenzstufen Gesellschaftssystem, Organisationssysteme und Interaktionssysteme.[2] Soziale Systeme werden, vergleichbar zu bewussten oder lebenden Systemen, als nicht-triviale Maschinen in Abgrenzung zu trivialen (Maschinen-) Maschinen aufgefasst.[3]

Mit der basalen Unterscheidung von System/Umwelt spezialisiert und generalisiert Luhmann unterschiedliche Ansätze bis dahin geläufiger Systemtheorien. Dabei sind zwei Entscheidungen von zentraler Bedeutung:

„In der Ausarbeitung der Theorie haben sich zwei wichtige Paradigmenwechsel vollzogen: Im ersten Schritt (um 1960) wurde die traditionelle Vorstellung, ein System bestünde aus einem Ganzen und seinen Teilen, durch die Grenze zwischen System und Umwelt ersetzt. Der zweite Schritt (seit den siebziger Jahren) vollzieht die Wende zur selbstreferentiellen, autopoietischen Geschlossenheit"[4].

Die Umstellung von der Unterscheidung Ganzes/Teile auf die Unterscheidung System/Umwelt besagt, dass ein System die Differenz zu seiner Umwelt ‚ist'. Die System/Umwelt-Unterscheidung setzt folglich eine differenztheoretische Dynamik in Gang. Was hierüber und über die damit verbundenen Folgeprobleme – Unterscheidungen als paradoxe Unterscheidungen, notwendige Voraussetzung eines re-entry der System/Umwelt-Unterscheidung auf der Seite ‚System' dieser Unterscheidung sowie damit gekoppelter Unterscheidungen wie Selbstreferenz/Fremdreferenz, Symmetrie/Asymmetrie, Komple-

---

[1] Luhmann, Niklas (1984): Soziale Systeme, S. 30.

[2] Vgl. Luhmann, Niklas (2009): Interaktion, Organisation, Gesellschaft. Anwendungen der Systemtheorie. In: Luhmann, Niklas (Hrsg.): Soziologische Aufklärung 2. Aufsätze zur Theorie der Gesellschaft. 6. Aufl. Wiesbaden: 9-24.

[3] Die Unterscheidung von trivialen und nicht-trivialen Maschinen übernimmt Luhmann von Heinz von Foerster, vgl. Luhmann, Niklas; Baecker, Dirk (2006): Einführung in die Systemtheorie, S. 97 f., sowie Foerster, Heinz von (1993): Prinzipien der Selbstorganisation im sozialen und betriebswirtschaftlichen Bereich. In: Foerster, Heinz von; Schmidt, Siegfried J. (Hrsg.): Wissen und Gewissen. Versuch einer Brücke. 1. Aufl. Frankfurt a. M., S. 244 ff.

[4] Lüthi, Dominic (2004), auf www.grin.com/e-book/63538/die-systemtheorie-niklas-luhmanns (Zugriff am 12.02.2013).

xität/Kontingenz usw. – zu sagen ist, lässt sich am besten anhand des Operators von George Spencer-Brown darstellen und erläutern (siehe das Kapitel ‚Der Operator‘).

Der wissenschaftsgeschichtliche Clou der System/Umwelt-Unterscheidung bei Luhmann liegt dabei weniger in der zugleich spezifizierten und generalisierten Bedeutung des Begriffs ‚System‘ als vielmehr in der Fassung des Begriffs ‚Umwelt‘. Luhmann hat eigentlich nicht das ‚System‘, sondern die ‚Umwelt‘ erfunden, die als Voraussetzung aller Systembildung angesehen werden kann und eine Differenztheorie allererst ermöglicht.[5] Seine Systemtheorie ist also eine Theorie der Unterscheidung von System und Umwelt. Aufgrund dieses unterscheidungstheoretischen Ansatzes bildet sie eine neue Form der Systemtheorie gegenüber vorhergehenden Systemtheorien aus, die noch mit Ganzheits-, Gleichgewichts- und/oder Bestandsmomenten gearbeitet haben.[6] Erst in der System/Umwelt-Theorie Luhmanns wird es dann bspw. möglich, das Theorem der wechselseitigen Steigerung different gesetzter Begriffe zu formulieren.[7]

Die Einzelheiten der System/Umwelt-Unterscheidung sind sowohl durch Luhmann als auch durch Sekundärautoren vielfach beschrieben worden.[8] Daraus sind an dieser Stelle wenigstens zwei übergeordnete Aspekte zu erwähnen.

Zum einen bezieht sich die System/Umwelt-Unterscheidung auf eine operativ erzeugte Differenz. Ein System schließt sich anhand bestimmter Operationen aus seiner Umwelt aus. Die Operationen eines Systems laufen selbstreferentiell und damit in sich geschlossen. ‚System‘ ist das operativ Eingeschlossene, Umwelt das Ausgeschlossene. Zugleich spiegelt jedes System seine operative Differenz zur Umwelt in sich selbst hinein und

---

[5] Vgl. Baecker, Dirk (2008): Die Theorieform des Systems. In: Baecker, Dirk (Hrsg.): Wozu Systeme? Berlin, S. 83-110, dort S. 87.

[6] Vgl. Luhmann, Niklas; Baecker, Dirk (2006): Einführung in die Systemtheorie, S. 41 ff.

[7] Dazu zwei Beispiele: Zum einen kann von einer wechselseitigen Steigerung von Wissen/Nichtwissen gesprochen werden, vgl. Luhmann, Niklas (1999): Die Soziologie des Wissens, S. 159 f.; zum anderen ist von einer wechselseitigen Steigerung von Individuum bzw. individuellen Anspruchsniveaus und Gesellschaft auszugehen, vgl. Luhmann, Niklas (2008): Die gesellschaftliche Differenzierung und das Individuum. In: Luhmann, Niklas (Hrsg.): Soziologische Aufklärung 6. Die Soziologie und der Mensch. 3. Aufl. Wiesbaden, S. 125.

[8] Vgl. exemplarisch: Luhmann, Niklas (1999): Zweckbegriff und Systemrationalität, S. 171-179; Luhmann, Niklas (1998): Die Gesellschaft der Gesellschaft, S. 60 ff.; Luhmann, Niklas; Baecker, Dirk (2006): Einführung in die Systemtheorie. 3. Aufl. Heidelberg, S. 66 ff.; Baecker, Dirk (2008): Wozu Systeme? In: Baecker, Dirk (Hrsg.): Wozu Systeme? Berlin, S. 7-20.

reguliert seine Differenz zur Umwelt mit der systeminternen Unterscheidung von Selbstreferenz/Fremdreferenz.

„So bietet die Systemtheorie dem Beobachter ein bestimmtes Schema an, mit dessen Hilfe er andere und sich selbst beobachten kann, nämlich die Unterscheidung von System und Umwelt. Ein Beobachter, der diese Unterscheidung verwendet, um die Welt zu zerteilen, kommt nicht umhin (ist eben dadurch genötigt), sich selbst als System in seiner Umwelt mitzusehen. Zugleich bietet das Schema die Formulierung einer Differenz. Jede systembildende (selbstreferentielle, rekursive, anschlußfähige, verkettende) Operation differenziert durch ihren Vollzug das, was sie erreicht, gegen eine dadurch ausgeschlossene Umwelt. Eine der Anschlußmöglichkeiten ist es dann, diese Differenz mit Hilfe der Unterscheidung von System und Umwelt zu beobachten."[9]

Zum anderen folgt aus der System/Umwelt-Differenz die Notwendigkeit, im Zuge einer jeden kommunikativen Formulierung die dabei involvierte Systemreferenz zu beachten. Mit anderen Worten: Eine Aussage ohne Angabe der Systemreferenz ist nicht möglich. Jede Beobachtung und Beschreibung unterliegt einem Systembezug. Mehr noch: In allen Belangen ist von einer mitgeführten Systemreferenz auszugehen.

Von daher kann deutlich gemacht werden, dass die System/Umwelt-Differenz als Erstunterscheidung der Systemtheorie gilt. Ihre heuristische Omnipotenz resultiert daraus, dass sie so funktioniert, wie sie funktioniert. Eine funktional genutzte System/Umwelt-Unterscheidung führt aber dazu, über die Funktion ihrer Funktion Auskunft geben zu müssen. Dies geschieht am grundlegendsten durch ihre Funktion, sowohl in der Form eines Problems als auch in der Form einer Lösung auftreten zu können.

---

[9] Luhmann, Niklas (2001): Reden und Schweigen. In: Luhmann, Niklas; Fuchs, Peter (Hrsg.): Reden und Schweigen. Frankfurt am Main, S. 7-20, dort S. 13. Vgl. auch Luhmann, Niklas (2002): Das Recht der Gesellschaft. 1. Aufl., [Nachdr.]. Frankfurt am Main, S. 44: „Als operativ geschlossen sollen Systeme bezeichnet werden, die zur Herstellung eigener Operationen auf das Netzwerk eigener Operationen angewiesen sind und in diesem Sinne sich selber reproduzieren. Mit einer etwas weicheren Formulierung kann man auch sagen, daß das System sich selber voraussetzen muß, um mit weiteren Operationen seine eigene Reproduktion in der Zeit betreiben zu können, oder in anderen Worten: daß es eigene Operationen im Rückgriff und Vorgriff auf andere eigene Operationen erzeugt und nur auf diese Weise bestimmen kann, was zum System gehört und was zur Umwelt."

Funktion und Problem

„Die Frage nach der Funktion macht die Analyse eines Gegenstandes abhängig von einem Bezugsproblem, zu dessen Lösung er beitragen kann."[1]

Die System/Umwelt-Differenz, die beobachtet werden kann, ist operativ gegeben. ‚Es gibt (soziale) Systeme' heißt also: Systeme unterscheiden sich im Vollzug ihrer autopoietischen Operationen von ihrer Umwelt, indem sie systemeigene Elemente an systemeigene Elemente anschließen. Dabei entstehen Systeme mit spezifischen Funktionen. Mit anderen Worten: Systeme sind Funktionen ihrer selbst, da ihre systemeigenen Operationen der Differenz von System und Umwelt bzw. der Differenzierung des jeweiligen Systems im Gegenüber zu anderen Systemen dienen.

Dieser Bezug eines Systems auf sich selbst muss von Anfang an klar gesehen werden, um den Funktionsbegriff von den üblichen Verdächtigungen frei zu halten. Diese waren von der grundlegenden Unterscheidung eines Ganzen und seiner Teile ausgegangen und haben dann den Teilen oder deren Unterteilen eine Funktion für das Ganze zugeschrieben. Für diesen Fall wurde allgemein von Funktionalismus oder Maschinenfunktionalismus gesprochen, der dann mit Hilfe der Metapher des kleinen Rädchens in der großen Maschine erläutert wurde. Das Rädchen einer Dosenfabrikationsmaschine, welches dafür sorgt, dass das Dosenblechband in geordneter Weise von seiner Rolle, in der es angeliefert wird, auf das Fabrikationsband umgelenkt wird, wurde im Sinne seiner spezifischen Funktion für das Ganze der Dosenfabrikationsmaschine gewürdigt. Außerhalb dieser spezifischen Funktion aber hatte das Rädchen keine Funktion. Es funktionierte für etwas anderes, es war ein funktionaler Teil der Maschine, das teleologisch vereinnahmt werden konnte.

Übertragen auf soziale Systeme konnten und mussten derart konstruierte Funktionen scheel und kritisch angesehen werden. Nicht nur deshalb, weil bereits die Tradition in Gestalt von Kant es abgelehnt hatte, etwa dem Menschen nur eine Funktion für anderes, sei es für die Gesellschaft, für die Wirtschaft oder für die Religion zuzuschreiben. Der Mensch sei stattdessen Zweck

---

[1] Luhmann, Niklas (1999): Zweckbegriff und Systemrationalität, S. 168.

seiner selbst, meinte Kant[2] – und von dort aus war der Weg zu Luhmanns Theorie selbstreferentieller, autopoietisch geschlossener Systeme nicht weit.

Die Gegenüberstellung der funktionalen Theorie Luhmanns und eines (Maschinen-) Funktionalismus lässt sich anhand der Gegenüberstellung von Luhmann und Parsons verfeinern. Parsons war von einem Funktionsbegriff ausgegangen, der sich auf Strukturen bezog. Seine Auffassung war, dass die jeweilige Funktion als abhängig von der gegebenen Systemstruktur anzusehen sei. Diese Position Parsons ist unter dem Terminus Strukturfunktionalismus in die Diskussion eingegangen.

Dagegen setzt Luhmann primär bei der Funktion und nicht bei der Struktur von Systemen an. Zuerst kommt die Funktion, dann die Struktur. Der Vorteil ist, dass die Funktion variabel gesetzt werden kann. Sie kann sowohl als Lösung als auch als Problem aufgefasst werden und es können jeweils funktionale Äquivalente angegeben werden. Luhmann baut den Parsonschen Funktionsbegriff von einem teleologischen zu einem heuristischen Begriff um. Mit anderen Worten: Luhmann stellt von Maschinen- oder Teleologie-Funktionen auf Problemstellungs- und Problemlösungs-Funktionen um. Dafür hat sich die Zuschreibung funktional-strukturelle Systemtheorie eingebürgert.[3]

Daraus lässt sich (erneut) folgern, dass Systeme im genauen Sinne als Funktionen ihrer selbst zu bezeichnen sind. Sie erzeugen die jeweilige Problemlage, für die sie eine spezifische Lösung darstellen, durch ihre Unterscheidungsoperationen gegenüber ihrer Umwelt selbst. Damit führt die funktionale Analyse zur Zirkularität von Problemstellung – Problemlösung – Problemstellung usw., deren operatives Fortschreiten zu Begriffen wie Selbstreferenz und Autopoiesis führt.

---

[2] Vgl. Kant, Immanuel (1968): Grundlegung zur Metaphysik der Sitten. Akademie-Ausgabe Kant Werke IV. Berlin, S. 429: „Handle so, daß du die Menschheit, sowohl in deiner Person, als in der Person eines jeden andern, jederzeit zugleich als Zweck, niemals bloß als Mittel brauchest."

[3] „Parsons geht in seinen Ausführungen von einem **Bestandsfunktionalismus** aus, im Gegensatz dazu spricht Niklas Luhmann von einem **Äquivalenzfunktionalismus**. Bestandsfunktionalismus bedeutet, dass Systeme ihre festen Strukturen und Merkmale besitzen, wodurch sie ihre Grundprobleme lösen können. Äquivalenzfunktionalismus geht von anderen Voraussetzungen aus." Nach http://luhmann.uni-trier.de/index.php?title=Gesellschaftstheorien_1:_Systemtheorie#Versuch_einer_allgemeinen_soziologischen_Systemtheorie (Zugriff am 16.06.2013). Siehe auch Luhmann, Niklas (2009): Soziologie als Theorie sozialer Systeme. In: Luhmann, Niklas (Hrsg.): Soziologische Aufklärung 1. Aufsätze zur Theorie sozialer Systeme. Wiesbaden, S. 143-172, dort S. 143.

Der Operator[1]

„Wenn du nicht bereit bist zu unterscheiden, passiert eben gar nichts. "[2]

Ein Jahr nach dem Erscheinen der „Laws of Form"[3] von George Spencer-Brown im Jahre 1969 kommt Luhmann in einem Gesprächszirkel mit Mathematikern in Kontakt damit. Er gesteht: „Mit seinem Buch konnte ich zuerst gar nichts anfangen. Aber dann, vielleicht durch Heinz von Foerster oder irgendwelche anderen Anregungen, habe ich das noch einmal angeguckt."[4]

Erst beim zweiten Anlauf entdeckt Luhmann die Möglichkeit, den in diesem Buch entwickelten Indikationenkalkül der Bezeichnung aufgrund einer Unterscheidung für soziologische Überlegungen zu übernehmen. Die Mathematik dahinter hat Luhmann offenbar nicht weiter verfolgt, aber das Prinzip der Unterscheidung hat seine Theorie mit einer Variante der Formalisierung ausgestattet, ohne die eine Reihe darauf folgender Präzisierungen kaum möglich gewesen wäre.

Außer einem halbstündigen Telefonat hat es keinen weiteren direkten Kontakt zwischen Luhmann und Spencer-Brown gegeben. Das mag auch daher rühren, dass Spencer-Brown bereits 1971 unter dem Pseudonym James Keys ein gegenüber den ‚Laws of Form' nahezu entgegengesetzt ausgerichtetes Buch „Only Two can play This Game"[5] publiziert hat. Darin schildert er in fiktiven Briefen, in Gedichten und philosophischen Erläuterungen seine missglückte Liebe zu einer Studentin. In einem Anhang mit Buchhinweisen stellt er allerdings im siebzehnten von zwanzig Tipps seine ‚Laws of Form' als lesenswert vor. Dabei erneuert er den bereits in den ‚Laws of Form' selbst formulier-

---

[1] Zum folgenden vgl. das Interview: Luhmann, Niklas (2005): Vorsicht vor zu raschem Verstehen, S. 49-77.

[2] Luhmann, Niklas; Baecker, Dirk (2006): Einführung in die Systemtheorie, S. 73.

[3] Spencer-Brown, George; Wolf, Thomas (1999): Laws of Form. Gesetze der Form. 2. Aufl. Lübeck.

[4] Spencer-Brown, George; Wolf, Thomas (1999): Laws of Form, S. 64-65. Die Besprechung der „Laws of Form" durch Heinz von Foerster liegt vor in: Laws of Form, Rezension von Laws of Form, G. Spencer-Brown, in: Whole Earth Catalog, Portola Institute; Palo Alto, California, Spring 1969, S. 14. Siehe u. a. Maresch, Rudolf, Süddeutsche Zeitung, Samstag/Sonntag 25./26. Juli 1998 (Ausgabe 169). Siehe auch die Einführung zu den ‚Laws of Form' von Schönwälder, Tatjana; Wille, Katrin; Hölscher, Thomas (Hrsg.) (2004): George Spencer-Brown. Eine Einführung in die „Laws of Form". 1. Aufl. Wiesbaden.

[5] In deutsch: Spencer-Brown, George; Baar, Andreas (1971 by James Keys, Cambridge): Dieses Spiel geht nur zu zweit. 2. Aufl. Leipzig, 2007.

ten Anspruch, mit seinem Indikationenkalkül die Boole´sche durch die Brown
´sche Algebra ersetzt zu haben.[6]

Nach dem Schritt Spencer-Browns in eine esoterisch-magische Welt, wie
sie in ‚Dieses Spiel geht nur zu zweit‘ und in „Löwenzähne“[7] dokumentiert ist,
haben wissenschaftlich Interessierte wie bspw. Luhmann den persönlichen
Kontakt zu ihm mehr oder weniger abgebrochen.[8]

Eine Zeit lang wurde das Buch ‚Laws of Form‘ für eine Phantasiequelle von
Luhmann gehalten, die er sich aufgrund der guten Passung in sein Theoriemo-
dell ausgedacht habe. Dass dies selbstverständlich nicht so ist, war mit dem
Erscheinen der deutschen Ausgabe ‚Gesetze der Form‘ 18 Jahre nach der Erst-
veröffentlichung offensichtlich geworden. Wären die ‚Laws of Form‘ tatsäch-

---

[6] Vgl. Spencer-Brown, George; Baar, Andreas (1971 by James Keys, Cambridge): Dieses Spiel geht
nur zu zweit, S. 92 Anm. 63. So bereits in Laws of Form, wo Spencer-Brown den Unterschied wie folgt
formuliert: „Nein, die Algebra ist nicht Boole´sche: sie ist Brown´sch. Der Unterschied ist der: Alle
mathematischen Systeme (einschließlich das von Boole) vor dem meinigen waren so geordnet, daß
jeder Operator exakt auf zwei Elemente wirkte, deren Reihenfolge der Darstellung für das Resultat
relevant ist. […] In einer Brown´schen Algebra und ihrer Arithmetik werden wir das erstemal in der
Geschichte von beiden dieser Beschränkungen befreit: Die Anzahl der Elemente, auf die operiert wird,
ist unbegrenzt und die Reihenfolge ihrer Darstellung irrelevant.“ Spencer-Brown, George; Wolf, Thomas (1999): Laws of Form, S. XV. Nebenbei sei notiert, dass im Jahr 1973 am Esalen Institut in Kali-
fornien eine transdisziplinäre Konferenz zu den Laws of Form durchgeführt wurde, vgl. Maresch,
Rudolf (1998): Ariadne hat sich umsonst erhängt. Spencer-Browns Kultbuch ‚Gesetze der Form‘ liegt
endlich auf deutsch vor. Online verfügbar unter www.heise.de/tp/r4/artikel/2/2311/1.html (Zugriff am
16.06.2013).

[7] Spencer-Brown, George (1995): Löwenzähne. Geschichten von „Einem, der so kam“. Lübeck.

[8] Biografische Details zu George Spencer-Brown (* 2. April 1923 in Grimsby, Lincolnshire, † 25. August 2016 in Market Lavington nahe Devizes, Wiltshire) bedürften einer eigenen Darstellung, die bislang noch aussteht. So ist man weiterhin auf Angaben von Herausgebern oder Online-Foren angewiesen. Dort ist u. a. zu erfahren, dass Spencer-Brown das London Hospital Medical College und die Universitäten von Oxford und Cambridge besucht hat. Mit R. D. Laing erforschte er zehn Jahre lang neue
Methoden der Kindererziehung und Therapie. Er war Gastprofessor an verschiedenen amerikanischen
und europäischen Universitäten, hielt zwei Weltrekorde als Segelflieger und war Erfinder des Tarati-
Spiels. Spencer-Brown war Schachmeister, Dichter, Songwriter sowie Gründer und Präsident des Sen-
tinel-Trust, einer Stiftung zur Erforschung und zur Förderung kreativer Erziehung und außerordentli-
cher Talente. Er hat zahlreiche wissenschaftliche Publikationen über Wahrscheinlichkeit und Logik
vorgelegt. Für seine vielfältigen Bücher hat er neben seinem verbürgten Namen die Pseudonyme Richard Leroy und James Keys benutzt. Spencer-Brown hat zuletzt in einem kleinen Haus, das ihm von
seinem Schüler Lord Bath auf dessen Anwesen Longleat bei Horningsham in der Nähe der Stadt War-
minster in Wiltshire zur Verfügung gestellt wurde, gelebt, vgl. dazu http://en.wikipedia.org/wiki/Alex-
ander_Thynn,_7th_Marquess_of_Bath sowie den Radiobeitrag von Markus Heidingsfelder vom
29.9.2013 unter www.br.de/radio/bayern2/sendungen/zuendfunk/kolumnen-sendungen/generator/geor-
ge-spencer-brown-104.html (Zugriff am 30.09.2013). Die Telefonnummer von Spencer-Brown lautete
nach eigenen Angaben 441716242358. Vgl. im Übrigen www.lawsofform.org/gsb/vita.html (Zugriff
am 01.05.2013).

lich eine Erfindung Luhmanns gewesen, müsste man die beinahe als noch bedeutsamer ansehen als die Erfindung des Kalküls durch Spencer-Brown.

Mathematisch gesehen leistet der Indikationenkalkül einen Beitrag zur Bearbeitung von Problemen der Selbstreferenz in der arithmetischen Algebra. Spencer-Brown hat diese Problematik auf den Begriff „selbstbezügliche[n] Paradoxa"[9] gebracht, die zu komplexen bzw. imaginären Werte führen.

George Spencer-Brown[10]

Das Herzstück Luhmannscher Erkenntnistheorie ist der Operator ⌐ oder der „mark"[11], den George Spencer-Brown seinen logisch-mathematischen Überlegungen in den ‚Laws of Form' zugrunde gelegt hat. Der Operator ist Zeichen und Unterscheidung zugleich. Seine Funktion besteht darin, zu unterscheiden und zu bezeichnen. Der Operator ist die Weisung ‚Draw a distinction', die mit einer ‚indication' gekoppelt ist. Der Knickwinkel des Operators ist als Zeit deutbar, die im Moment der Operation des Unterscheidens und Bezeichnens konstituiert wird.[12]

Mit dem Operator wird die eine Seite und nicht die andere bezeichnet, woraus sich ein marked state bzw. marked space und ein unmarked state bzw. unmarked space ergeben. Dabei ist der Begriff ‚state' zu bevorzugen, da der Be-

---

[9] Vgl. „Alles, was wir zu zeigen haben, ist, daß selbstbezügliche Paradoxa, die durch die Theorie der Typen ausgeschlossen werden, nicht schlimmer sind, als ähnliche selbstbezügliche Paradoxa, die in der gewöhnlichen Gleichungstheorie als recht akzeptabel gelten. Das berühmteste solche Paradoxon in der Logik ist die Aussage, ‚Diese Aussage ist falsch'." Spencer-Brown, George; Wolf, Thomas (1999): Laws of Form, S. XXI.

[10] Quelle: www.hyperkommunikation.ch/personen/spencer-brown.htm.

[11] Eine Parallele zum Indikationenkalkül von Spencer-Brown kann in den Entitative Graphs, einer Vorform der Existential Graphs, von Charles Sanders Peirce (1839–1914) gesehen werden, vgl. Peirce, Charles Sanders; Hartshorne, Charles; Weiss, Paul; Burks, Arthur W. (1998): Collected papers of Charles Sanders Peirce. Bristol.

[12] Vgl. Fuchs, Peter (2008): Der Sinn der Beobachtung. Begriffliche Untersuchungen. 3. Aufl. Weilerswist, S. 19: „Die Bezeichnung erfordert ein Motiv oder besser: ein *Movens*. Dies drückt sich in der ‚Knickstelle' der Spencer-Brownschen Häkchen aus. Die Bezeichnung ist, wenn man so will, das *treibende* Moment. Man muß die Unterscheidung – *treffen*, aber man trifft sie nicht an, außer: Man trifft sie."

griff ‚space‘ irreführende Konnotationen an räumliche Aufteilungen mit sich bringt.[13] Der Operator teilt nicht etwa einen (einheitlichen) Raum auf, sondern trifft eine sinnhafte Unterscheidung in der Zeit. Mit anderen Worten: Jede getroffene Unterscheidung konstituiert Zeit, in der weitere Unterscheidungen anschließen können. Wenn man nicht unterscheidet, passiert nichts, dann gibt es weder Zeit noch Raum.

Jede Unterscheidungsbezeichnung kann generalisiert verstanden werden, indem man das Bezeichnete als Bestimmtes und das nicht Bezeichnete als Unbestimmtes oder als alles Andere versteht. Die Unterscheidungsbezeichnung kann spezifiziert begriffen werden dadurch, dass das Bezeichnete sich genau von dem Nicht-Bezeichneten, dass sich das So von dem Nicht-So unterscheidet. Diese Art von Unterscheidung ist asymmetrisch gebaut, da auf der bezeichneten Seite eine bestimmte Komplexität und auf der unbezeichneten Seite eine unbestimmte Komplexität evoziert wird. Der Operator erzeugt einen binären Sinnaufbau im Kontext einer dreiwertigen Zweiseitenform.[14]

Beides zusammen genommen, die Unterscheidung (distinction) und die Bezeichnung (indication), bilden die Form der Operation, die sich als paradoxe Form erweist, da sie die Einheit einer Unterscheidung ist, die sich selbst enthält. Der Operator, der unterscheidet und bezeichnet, ist zugleich Bestandteil des Unterscheidens und Bezeichnens – und er ist es nicht. Er tritt in sich selbst wieder ein. Dieser Vorgang kann durch zwei ineinander verschachtelte Operatoren dargestellt werden. Beim Operator geht es also um die Form des Beobachtens, die in ihrer Einheit das paradoxe Zugleich von Unterscheidung und Bezeichnung sowie Nicht-Unterscheidung und Nicht-Bezeichnung darstellt. So begriffen adaptiert Luhmann den Operator Spencer-Browns im Sinne einer sich selbst invisibilisierenden Form, mit deren Hilfe Welt allererst visibilisiert werden kann. Der Operator ist das differenztheoretische Kalkül, mit dem Luhmann seine System/Umwelt-Theorie von Unterscheidung zu Unterscheidung prozessieren lassen kann ohne die Form ändern zu müssen. Dies ist

---

[13] Siehe zur Unterscheidung von ‚unmarked state‘ und ‚unmarked space‘ auch Luhmann, Niklas (2005): Die Kunst der Gesellschaft. 1. Aufl., [Nachdr.]. Frankfurt a. M., S. 52 Fußnote 63.
[14] Vgl. Baecker, Dirk (2008): Wozu Systeme? In: Baecker, Dirk (Hrsg.): Wozu Systeme? Berlin, S. 12 f.

der Schlüssel für die Paradoxiehaltigkeit der System/Umwelt-Theorie, wie sie im Aufsatz „Die Paradoxie der Form"[15] konzis dargestellt ist.

Die Einheit der Differenz – etwa von System und Umwelt – ist als Einheit nicht zu beobachten, es sei denn durch einen weiteren Operator bzw. durch eine weitere Operation. Der Operator wird also weder nur logisch noch nur analytisch, sondern real verwendet. Der Operator ist das Zeichen für die Unzugänglichkeit der Einheit der Realität, denn in der Unterscheidung ist die Realität immer schon unterschieden. Die Platzierung des Operators geschieht im unmarked space der Realität, die Welt wird durch das ‚mark' verletzt.[16] Daher gilt: Jede Unterscheidung, die sich als Kommunikation niederschlägt, teilt die Welt nicht mit, sondern sie teilt sie ein, und zwar so, wie die Kommunikation sie einteilt bzw. unterscheidet.[17]

Jedes Beobachten als Bezeichnen und Unterscheiden beginnt mit dem Operator und setzt sich im selben Moment selbst voraus, da schon unterschieden worden sein muss, bevor unterschieden werden kann. Dieses Procedere kann beliebig fortgesetzt werden. Es können weitere Unterscheidungen angeschlossen oder ausgeschlossen werden usw., aber jede anschließende oder ausschließende Unterscheidung ist selbst eine ‚erste', die eine zweite Unterscheidung nach sich ziehen und dadurch zur ersten Unterscheidung werden kann usw. Der Operator setzt Selbstreferenz in Gang und genau deshalb gibt es Systeme, die sich von ihrer Umwelt unterscheiden. Ein System ist der Unterschied, der bezeichnet, und zwar sich als System und nicht seine Umwelt. Man könnte daher durchaus von einer ‚Ontologie des Operators' sprechen, einer Ontologie insofern, als der Operator Systeme, deren Umwelt und die Zeit, in der sie in ihrer Selbstreferenz autopoietisch prozessieren, hervorbringt. Fuchs spricht in

---

[15] Luhmann, Niklas (2007): Die Paradoxie der Form, S. 243-261. Zuerst in: Luhmann, Niklas (1993): Die Paradoxie der Form. In: Baecker, Dirk (Hrsg.): Kalkül der Form. 1. Aufl. Frankfurt a. M., S. 197-212.

[16] Vgl. Luhmann, Niklas (1999): Die Soziologie des Wissens, S. 177.

[17] Vgl. Luhmann, Niklas (2001): Reden und Schweigen. In: Luhmann, Niklas; Fuchs, Peter (Hrsg.): Reden und Schweigen. 1. Aufl., [Nachdr.]. Frankfurt a. M., S. 7: „Eine Kommunikation teilt die Welt nicht mit, sie teilt sie ein. Wie jede Operation, wie auch eine solche des Lebensvollzugs oder des Denkens, bewirkt die Kommunikation eine Zäsur. Sie sagt, was sie sagt; sie sagt nicht, was sie nicht sagt."

diesem Falle von einer „Minimalontologie"[18], die durch die operative oder ereignishafte Zeitkonstitution von Systemen gegeben ist, aber stets nur, wenn unterschieden und bezeichnet wird.

Der Operator steht folglich für die Selbstreferenz von Systemen, die aus dem Wiedereintritt (re-entry) der Unterscheidung auf der Seite der Bezeichnung der Unterscheidung resultiert. Der re-entry ruft eine weitere als eine andere Unterscheidung hervor. Es sind mithin die (erste bzw. eine) Unterscheidung und die (zweite bzw. eine andere) in die Unterscheidung eintretende Unterscheidung zu unterscheiden, die zugleich dasselbe und etwas anderes bezeichnen. Luhmann führt an dieser Stelle die Unterscheidung von Differenz und Unterscheidung ein, um das zeitliche und paradoxe Verhältnis beider Unterscheidungen benennen zu können.[19] Faktisch bleibt es aber beim Paradox der Einheit der Unterscheidung der operativen Differenz und der beobachteten Unterscheidung. Daher ist weder eine erste noch eine letzte Unterscheidung vorstellbar. Unterscheidungen geschehen „mittenmang"[20] oder mit anderen Worten: in, mit und unter der Welt. Der Operator ist zugleich Anfangs- und Abschlussparadox und verunmöglicht ein Ausgreifen auf Anfangs- oder Abschlussgründe.[21]

Die Selbstreferenz, die der Operator in Gang setzt, besteht schließlich darin, dass sich das System in sich selbst von sich selbst unterscheidet. Die Selbstreferenz des Systems tritt als Oszillation zwischen der Selbstreferenz und der Fremdreferenz des Systems auf, wobei die Fremdreferenz als Fremdreferenz der Selbstreferenz aufzufassen ist.

In seiner vorletzten Vorlesung an der Universität Bielfeld unter dem Titel ‚Einführung in die Systemtheorie' zieht Luhmann seine differenztheoreti-

---

[18] Fuchs, Peter (2008): Der Sinn der Beobachtung, S. 13: „Das ist jedenfalls gemeint, wenn man von einer Minimalontologie der Systemtheorie spricht. Observatum est, ergo: Es gibt Systeme." Sinnvoll wäre auch eine Fassung als ‚operative Ontologie', insofern der Operator Operationen in Gang setzt und in Zeit prozessiert. Als ‚Letztelement' einer Philosophie Luhmanns wäre demnach das Ereignis, die Operation, die Unterscheidung, der Operator anzusehen.

[19] Vgl. Luhmann, Niklas (1995): Die Realität der Massenmedien, S. 24: „Wir müssen mithin Differenz und Unterscheidung – unterscheiden, und das erfordert die Festlegung einer Systemreferenz".

[20] „Der Beobachter [...] ist mittendrin, ‚mittenmang' könnte man sagen, wenn man sich im norddeutschen Raum zurechtfindet." Luhmann, Niklas; Baecker, Dirk (2006): Einführung in die Systemtheorie, S. 142.

[21] „Von Anfang und Ende kann dagegen nur ein Beobachter sprechen." Luhmann, Niklas (2008): Wie ist Bewußtsein an Kommunikation beteiligt? In: Luhmann, Niklas (Hrsg.): Soziologische Aufklärung 6. Die Soziologie und der Mensch. 3. Aufl. Wiesbaden, S. 41.

sche Sicht auf die konstituierende Form des Operators aus und visioniert eine noch stärker generalisierte Theorie der Form als es die System/Umwelt-Theorie bis dato schon darstellte.

„Ich vermute, dass mit diesem sehr allgemeinen Formbegriff, den wir auch von der spezifischen mathematischen Verwendung bei Spencer-Brown abkoppeln können, eine sehr allgemeine Theorie entwickelt werden könnte, die auch über die Systemtheorie noch einmal hinausgeht. Wir hätten es mit einer Theorie nur einseitig verwendbarer Zweiseitenformen zu tun. […] weil darin Möglichkeiten liegen […] ob man nicht eine darüber hinausgreifende allgemeine Theorie der Formen entwickeln könnte und diese dann auf den Zahlenbegriff, auf die Mathematik, die Semiotik, die Systemtheorie, auf die Medium-Form-Differenz zwischen loser und strikter Kopplung und anderes beziehen könnte. Aber ich belasse es bei dieser Bemerkung."[22]

So auch hier. In der Konsequenz führt der Operator Spencer-Browns in der Adaption von Luhmann zu einem operativen Konstruktivismus (siehe das Kapitel ‚De-Ontologisierung'). Von daher schließt sich, in Folge des differenztheoretischen Ansatzes der System/Umwelt-Theorie, die Frage an, ob es eine Rückkehr zu einer differenzlos gedachten Einheit geben könnte. Ist ein Weg hinter die paradoxe Einheit von Differenz möglich?

Gripp-Hagelstange geht dieser Frage zum Abschluss ihrer Luhmann-Einführung ausdrücklich nach und verweist auf das Modell des Satori im Zen-Buddhismus.[23] Demnach scheint es das Satori als eine innere Erfahrung einer differenzlosen und paradoxiefreien Einheit geben zu können. Es wird davon berichtet. Allerdings bleiben die Berichte, insofern sie Kommunikation sind, an Unterscheidungen und Bezeichnungen gebunden, reproduzieren dadurch die Selbstreferenz der Kommunikation und verbleiben mithin im Schema der paradoxen Einheit der Differenz oszillierender Selbstreferenz und Fremdreferenz der Kommunikation. Folglich gibt es keinen Weg zurück zu einer paradoxiefreien Einheit der Differenz.

Dies wird auch daran deutlich, dass die Zen-Meister nicht anders als paradox kommunizieren können, wie es bspw. die überlieferten Koans zeigen. Wenn die Erfahrung des Satori kommuniziert wird, dann paradox, sei es durch

---

[22] Luhmann, Niklas; Baecker, Dirk (2006): Einführung in die Systemtheorie, S. 76. Siehe auch Luhmann, Niklas (2007): Die Paradoxie der Form.

[23] Gripp-Hagelstange, Helga (1995): Niklas Luhmann, S. 139-142.

die als sinnwidrig erlebten Koans, die der Meister dem Schüler zur Verwirrung, Entleerung oder Blockade aufgibt, sei es durch Erlebnisberichte aus der Welt der Nicht-Unterscheidung. Mit anderen Worten: Die Übung zur Vermeidung von Unterscheidungen operiert in einem unmarked space, in dem unbestimmte Komplexität oder unbestimmte Einheit immer schon – aber zeitlos – vorhanden ist – und dort verbleibt.

Sowohl die kommunikative Hinführung des Schülers durch den Meister zum Satori als auch die expressive Kommunikation des Schülers (oder des Meisters) über erlebte Satori-Erfahrungen als Einheit ohne Differenz bleiben allemal inkommunikabel. Die innere Erleuchtung (als Einheit) ist als Einheit bzw. in der Form paradoxiefreier Einheit nicht kommunikabel und damit in der Kommunikation weder anschlussfähig noch als Einheit zu haben. Es mag Satori geben, aber niemand kann es sagen. Einheit, paradox hervorgerufen und als solche appräsentiert, kehrte bislang nicht als paradoxiefreie Einheit in die Kommunikation zurück.[24]

Selbstverständlich muss es weder um Kommunikation noch um Sinn gehen. Aber die System/Umwelt-Theorie Luhmanns befasst sich genau damit. So bleibt es für sinnkonstituierende Systeme beim unterscheidungstheoretischen Handwerk: Draw a distinction – „Triff eine Unterscheidung"[25].

Dadurch veranlasst stellt die System/Umwelt-Theorie von einer analogen auf eine digitale bzw. binäre Denkweise um. Der Operator leitet zunächst zur digitalen, zweiwertigen Beobachtung an, so wie ein Computer basal mit 1/0, mit an/aus, mit Spannung/Nicht-Spannung usw. arbeitet. Allerdings reicht die digitale Operation erster Ordnung nicht aus, um eine Beschreibung der Gesellschaft zu fundieren, denn immer geht es um die Beobachtung von Unterscheidungen und damit um das mitlaufende Problem der paradoxen Einheit des digitalen Codes in einem dritten Wert (was im Übrigen auch für die Einheit der digitalen Unterscheidung von 1/0 gilt). Daher kann man bei Luhmanns Übernahme des Operators von Spencer-Brown von einer dreiwertigen Zweiseitenlogik sprechen. Es gibt in jedem Fall eine Position, von der aus beobachtet, das heißt unterschieden und bezeichnet wird bzw. werden muss. Der Beobach-

---

[24] Vgl. Luhmann, Niklas; Fuchs, Peter (2001): Von der Beobachtung des Unbeobachtbaren: Ist Mystik ein Fall von Inkommunikabilität? In: Luhmann, Niklas; Fuchs, Peter (Hrsg.): Reden und Schweigen. 1. Aufl., [Nachdr.]. Frankfurt a. M., S. 70-100.
[25] Spencer-Brown, George; Wolf, Thomas (1999): Laws of Form. Gesetze der Form. 2. Aufl. Lübeck, S. 3.

ter, der immer nur als System begriffen werden kann, ist die dritte Stelle in der digitalen Unterscheidung und Bezeichnung und tritt dadurch, dass er etwas Bestimmtes beobachtet, in eine für ihn selbst unbeobachtbare Position. Bei jeder Beobachtung erster Ordnung invisibilisiert sich der Beobachter. Dieses Verschwinden des Beobachters aber ist notwendig, um überhaupt unterscheiden und bezeichnen zu können.

Anders formuliert: Erst der blinde Fleck ermöglicht das Sehen. Luhmann übernimmt den physiologischen Begriff des blinden Flecks als metaphorischen Begriff in seine Erkenntnistheorie. Erst der blinde Fleck des Unterscheidens ermöglicht das Unterscheiden und Bezeichnen der einen und nicht der anderen Seite der Unterscheidung. Ein Beobachter, sei es ein psychisches oder ein soziales System, kann nur deshalb unterscheiden und bezeichnen, weil er von seinem blinden Fleck aus operiert.

Ein anderer Beobachter aber kann den blinden Fleck des Beobachters beobachten, nämlich die Einheit seiner Unterscheidung bezeichnen und unterscheiden und diese (nun eigene) Unterscheidung von anderen Unterscheidungen unterscheiden, allerdings nur unter Verwendung einer weiteren Unterscheidung, die dieser zweite Beobachter selbst wiederum nicht beobachten, das heißt unterscheiden und bezeichnen kann. Damit ist die Form der Beobachtung zweiter Ordnung etabliert, die aus jeglichem Realitätsbezug nicht mehr wegzudenken ist, da dieser einzig und allein aus der Beobachtung von Beobachtern resultiert. Wenn von hier aus dann von Konstruktion oder Dekonstruktion die Rede ist, dann als Beobachtung zweiter Ordnung.[26] Und dies bedeutet nichts anderes, als dass permanent eine sowohl mögliche als auch tatsächlich vorgenommene Verschiebung des Beobachtens von einem blinden Fleck zum anderen stattfindet.[27] Dies entspricht jener sukzessiven Verschiebung von Sinnhorizonten, durch die Sinn überhaupt erst generiert wird.

---

[26] Vgl. Luhmann, Niklas (2007): Dekonstruktion als Beobachtung zweiter Ordnung.

[27] Vgl. Fuchs, der den Beobachter, insofern es sich um ein sinnkonstituierendes System handelt, als „eine *vollständig gleitende Perspektive*" bezeichnet: Fuchs, Peter (2000): Vom Unbeobachtbaren. In: Jahraus, Oliver; Ort, Nina; Schmidt, Benjamin Marius (Hrsg.): Beobachtungen des Unbeobachtbaren. Konzepte radikaler Theoriebildung in den Geisteswissenschaften. 1. Aufl. Weilerswist, S. 39.

Autopoiesis

„Ich denke, dass der Begriff der Autopoiesis und die Theorie autopoietischer Systeme mit diesem Begriff zugleich unterschätzt und überschätzt werden.“ [1]

Wenn es eine Abschlussformel in der System/Umwelt-Theorie Luhmanns geben sollte, dann wäre sie mit dem Begriff der Autopoiesis verbunden.[2] Das, was differenzlos gegeben ist, und in den drei differenzlos verwendeten Begriffen Welt, Realität und Sinn gefasst ist, ist, wie es ist. Da Beobachten auf Unterscheiden angewiesen ist, lassen sich weder Welt noch Realität noch Sinn so beobachten, wie sie sind. Wer die Welt beobachtet, beobachtet die Welt so, wie er sie beobachtet. Die Welt (die Realität, der Sinn) ist das, was man nicht beobachtet, wenn man sie beobachtet, oder: „Die Realität ist das, was man nicht erkennt, wenn man sie erkennt.“[3] Wenn Welt auf diese Weise beobachtet wird, beobachtet man Systeme mithilfe von Systemen, also autopoietisch und selbstreferentiell operierende Unterscheidungen mit autopoietisch operierenden Unterscheidungen. Die Definition von Autopoiesis ist schlicht:

„Als autopoietisch wollen wir Systeme bezeichnen, die die Elemente, aus denen sie bestehen, durch die Elemente, aus denen sie bestehen, selbst produzieren und reproduzieren.“[4]

Aufgrund dieser basalen Anlage birgt der Begriff der Autopoiesis allerdings die Gefahr in sich, sowohl zu viel als auch zu wenig zu sagen. Luhmann weist in seiner ‚Einführung in die Systemtheorie‘ ausdrücklich darauf hin (siehe das obige Eingangszitat). Unterschätzt wird der Begriff dann, wenn das mit dem Begriff der Autopoiesis verbundene Theorem der operativen Geschlossenheit selbstreferentieller Systeme nicht radikal genug aufgenommen wird. Denn:

---

[1] Luhmann, Niklas; Baecker, Dirk (2006): Einführung in die Systemtheorie, S. 114.

[2] Zur Begriffsableitung und -abgrenzung vgl. Luhmann, Niklas; Baecker, Dirk (2006): Einführung in die Systemtheorie, S. 109 ff. „Autopoiesis heißt in der Definition von Maturana, dass ein System seine eigenen Operationen nur durch das Netzwerk der eigenen Operationen erzeugen kann.“ Ebd. S. 109. Grundlegend: Luhmann, Niklas (2007): Autopoiesis als soziologischer Begriff. In: Luhmann, Niklas; Jahraus, Oliver (Hrsg.): Aufsätze und Reden. [Nachdr.]. Stuttgart, S. 137-158.

[3] Luhmann, Niklas (2009): Das Erkenntnisprogramm des Konstruktivismus und die unbekannt bleibende Realität. In: Luhmann, Niklas (Hrsg.): Soziologische Aufklärung 5. Konstruktivistische Perspektiven. 4. Aufl. Wiesbaden, S. 47.

[4] Luhmann, Niklas (2008): Die Autopoiesis des Bewusstseins, S. 56.

„Die These operativer Geschlossenheit impliziert eine radikale Veränderung in der Erkenntnistheorie, auch in der vorausgesetzten Ontologie. Wenn man das akzeptiert hat und den Begriff der Autopoiesis darauf bezieht, das heißt ihn als eine Ausformulierung der These operativer Geschlossenheit behandelt, dann ist klar, dass damit ein Bruch mit der Erkenntnistheorie der ontologischen Tradition verbunden ist, die annahm, dass etwas aus der Umwelt in den Erkennenden eindringt und die Umwelt innerhalb eines erkennenden Systems repräsentiert, gespiegelt, imitiert oder simuliert wird."[5]

Überschätzt wird der Begriff der Autopoiesis dann, wenn er als Antwort auf Warum-Fragen in Anspruch genommen werden soll. Dafür ist er zu schwach. „Eigentlich kann man mit Autopoiesis nichts erklären."[6] Stattdessen weist Autopoiesis auf einen ‚metatheoretischen' Ansatz hin, der – für die Luhmannsche System/Umwelt-Theorie merkwürdig genug – wiederum auf Was-Fragen zurückzuführen vermag. Denn die Antwort auf die Frage ‚Was ist?' kann dann lauten: Autopoiesis. Die auf diese Weise schlüssige Antwort auf Was-Fragen suspendiert zugleich jegliche Antworten auf Warum-Fragen. Der Autopoiesis-Begriff bleibt daher ambivalent oder strikter formuliert: er bleibt arbiträr. Daher können, im Zusammenhang einer biografischen Einführung, zwei erläuternde Hinweise zum Begriff der Autopoiesis von Interesse sein.

Zum einen lohnt es, sich über die vielfach beschworene autopoietische Wende im Aufbau der System/Umwelt-Theorie Luhmanns, die insbesondere mit der Publikation ‚Soziale Systeme' von 1984 datierbar sein soll, zu verständigen.[7] Zeitlich gesehen kann durchaus von einer autopoietischen Wende gesprochen werden, da der Begriff der Autopoiesis tatsächlich erst in ‚Soziale Systeme' theoriebezogen eingebaut wird. Dies lässt sich allerdings einfach dadurch erklären, dass der Begriff nicht vor 1975 von Maturana geprägt und in

---

[5] Luhmann, Niklas; Baecker, Dirk (2006): Einführung in die Systemtheorie, S. 114.

[6] Luhmann, Niklas; Baecker, Dirk (2006): Einführung in die Systemtheorie, S. 114.

[7] Luhmann beschreibt eine der grundlegenden Neuerungen in ‚Soziale Systeme' mit der Umstellung von Struktur (-aufbau) zu Operation und der damit verbundenen operativen Schließung von Systemen, vgl. Luhmann, Niklas (1984): Soziale Systeme, S. 60. Deutliche Vorsicht vor einer Reduktion der Innovation in ‚Soziale Systeme' auf eine autopoietische Wende hin übt u. a. Willke, wenn er stattdessen auf die dezidierte Einführung des Kalküls von Spencer-Brown in ‚Soziale Systeme' abstellt, mit der Luhmann offenbar zu einer strikt differenztheoretischen Fassung der Systemtheorie übergeht. Vgl. Willke, Helmut (2005): Komplexität als Formprinzip. Helmut Willke über Niklas Luhmann „Soziale Systeme. Grundriß einer allgemeinen Theorie" (1984). In: Baecker, Dirk (Hrsg.): Schlüsselwerke der Systemtheorie. 1. Aufl. Wiesbaden, S. 303-323, insbesondere S. 303 f.

die biologische Diskussion eingebracht wurde und Luhmann ihn folglich erst danach übernehmen konnte.[8] Sachlich gesehen kann dagegen gezeigt werden, dass die mit dem Begriff der Autopoiesis verbundene Theoriestelle bereits früh im Werk Luhmanns präsent ist.[9]

Die Identifizierung einer autopoietischen Wende in Luhmanns Schriften kann daher so verstanden werden, dass damit der Import eines in der Biologie eingeführten Begriffs in die Soziologie gemeint ist, der innerhalb der Soziologie eine eigenständige Funktion erhalten hat. Luhmann hat (als erster) eine soziologische Theorie autopoietischer, operativ geschlossener, selbstreferentieller Systeme entwickelt und in ihren Konsequenzen zu formulieren versucht. Die autopoietische Wende ist von daher am besten soziologie-intern bzw. soziologie-geschichtlich zu begreifen.[10]

Zum anderen ist neben der theoretischen Verwendung der Autopoiesis-Figur ein spezifisch autopoietisches Moment in Luhmanns Arbeitsweise bzw. Theorieaufbau sichtbar zu machen. Für die insgesamt (sachlich und biografisch gesehen) in ihrer Selbstreferentialität autopoietische Genese der Theorie Luhmanns steht exemplarisch der Zettelkasten. In seiner von Luhmann beschriebenen Auto-Komplexität entwickelt der Zettelkasten im genauen Sinne eine selbstreferentielle Autopoiesis.[11]

---

[8] Vgl. Maturana, Humberto R.; Varela, Francisco J. (1985): Autopoietische Systeme: eine Bestimmung der lebendigen Organisation. In: Maturana, Humberto R. (Hrsg.): Erkennen – die Organisation und Verkörperung von Wirklichkeit. Ausgewählte Arbeiten zur biologischen Epistemologie. Braunschweig, S. 170 ff.

[9] Vgl. Luhmann, Niklas (1999): Zweckbegriff und Systemrationalität, S. 171-179, insbesondere S. 174 f., im Sinne einer selbstreferentiellen, geschlossenen Autopoiesis von Systemen. Das Buch wurde 1968 veröffentlicht.

[10] Jean Clam schließt sich der üblichen Meinung einer autopoietischen Wende bzw. eines Übergangs vom Begriff der Komplexität zum Begriff der Autopoiesis an, sieht diese aber bereits im Frühwerk Luhmanns angelegt: „Die meisten Kommentatoren (Krause 1999, Kneer/Nassehi 1993, Reese-Schäfer 1992) periodisieren das Werk auf diese Weise. Diese Ansicht ist robust und es gibt keinen Grund, ihr nicht zu folgen. Eins muss nur unterstrichen werden, nämlich die beeindruckende Reichhaltigkeit der Anfänge, welche die reifsten Gedanken der späteren Ausarbeitungen der Theorie schon vorankündigen." Clam, Jean (2002): Was heißt, sich an Differenz statt an Identität orientieren?, S. 24, Anm. 18. Anstatt 1984 gibt Johannes F. K. Schmidt die dokumentierte Wende zum Begriff der Autopoiesis mit der Veröffentlichung des Aufsatzes: Luhmann, Niklas (1982): Autopoiesis, Handlung und kommunikative Verständigung. In: Zeitschrift für Soziologie, Jg. 11, S. 366-379, an, vgl. Schmidt, Johannes F. K. (2000): Die Differenz der Beobachtung. Einführende Bemerkungen zur Luhmann-Rezeption. In: Berg, Henk de; Schmidt, Johannes F. K.; Luhmann, Niklas (Hrsg.): Rezeption und Reflexion. Zur Resonanz der Systemtheorie Niklas Luhmanns außerhalb der Soziologie. 1. Aufl., Orig.-Ausg. Frankfurt a. M., S. 28.

[11] Siehe dazu das Kapitel ‚Zettelkasten‘.

Kybernetik zweiter Ordnung

„Die Kybernetik zweiter Ordnung, die Kybernetik des Beobachtens von Beobachtern führt zu einer tiefgreifenden Umstellung dieser Disposition. Sie begreift alles Beobachten als unterscheidungsabhängig, auch das eigene. " [1]

Der Zugang zur Realität [2] mit Hilfe der Vorstellung von Systemen wurde unter wissenschaftlichen Ansprüchen erstmals in den 1920-er Jahren des 20. Jahrhunderts formuliert. So hat der Biologe Ludwig von Bertalanffy (1901–1972) in seiner „General System Theory" [3], die im Jahre 1949 veröffentlicht wurde, einen Begriff der Systemtheorie formuliert, der sich auf organisierte Komplexität offener Systeme bezieht, die in einem dynamischen Austausch mit ihren Umwelten existieren. Ideengeschichtlich kann man den Systembegriff bis auf Johann Heinrich Lambert (1728–1777) und Johann Gottfried Herder (1744–1803) zurückführen.

In den zurückliegenden 100 Jahren entwickelte sich ein reiches Spektrum an Systembegriffen sowohl in naturwissenschaftlichen als auch in geisteswissenschaftlichen Ansätzen, die an dieser Stelle nur summarisch benannt werden können. Sie führten letztlich dazu, die Einteilung in einen naturwissenschaftlichen und einen geisteswissenschaftlichen Weltzugang zu überwinden. Jeweils in gleichzeitiger Aufnahme und differenter Weiterführung der Ideen Bertalanffys befassten sich Mathematiker, Physiker, Sozialwissenschaftler und Soziologen, Ökologen und Elektrotechniker, Politiker, Organisations- und Managementtheoretiker mit der Problematik von Systemen, Steuerung und Kopplungen.

Der Mathematiker Norbert Wiener (1894–1964) führte mit seiner Veröffentlichung „Cybernetics or Control and Communication in the Animal and the

---

[1] Luhmann, Niklas (2009): Ich sehe was, was Du nicht siehst. In: Luhmann, Niklas (Hrsg.): Soziologische Aufklärung 5. Konstruktivistische Perspektiven. 4. Aufl. Wiesbaden, S. 223.

[2] Zum Begriff der Realität siehe unser Kapitel ‚Wozu das alles? Welt – Realität – Sinn'.

[3] Vgl. Bertalanffy, Ludwig von (1951): General System Theory. A new Approach to Unity of Science. Baltimore, Md. Ein weitläufiges, systemtheoretisch-dynamisches Konzept unter dem Begriff der Tektologie hat Alexander Alexandrowitsch Bogdanow (* 1873 in Sokalko, † 1928 in Moskau) entwickelt.

Machine"[4] im Jahre 1948 zusätzlich zum Systembegriff den Begriff der Kybernetik ein, der die Diskussion seither maßgeblich geprägt hat. Entsprechend der Herkunft des Wortes aus dem altgriechischen κυβερνήτης (kybernétes) mit der Bedeutung ‚Steuermann' richtete sich sein Interesse auf die Möglichkeiten der Steuerung von Systemen. Der Begriff der Kybernetik bleibt bis heute von hohem Interesse, da sich anhand dessen die Unterscheidung einer Kybernetik erster und einer Kybernetik zweiter Ordnung entwickelt hat (s. u.). Zugleich damit gewann der Informationsbegriff eine entscheidende Rolle. Mit Wiener kann von einem Durchbruch systemtheoretischer Gedanken in der Scientific Community gesprochen werden. Seitdem ist weder die Terminologie noch der dadurch bezeichnete Realitätszugang von Systemtheorie und Kybernetik aus irgendeiner der Wissenschaften wegzudenken. Insofern konnte Luhmann mit seiner Generalisierung und Universalisierung der System/Umwelt-Theorie auf Vorarbeiten vieler anderer aufsetzen und die Begrifflichkeiten maßgeblich weiterführen.

Ein entscheidender Umschwung im Verständnis der bzw. einer Systemtheorie hat sich allerdings bereits mit Heinz von Foerster ergeben, auf den sich Niklas Luhmann an vielen Stellen beruft. Heinz von Foerster (1911–2002) war Mathematiker und Physiker und hat sich aufgrund seiner Studien zu kybernetischen Rückkopplungen unter anderem mit dem Aufbau systeminterner Strukturen bei der Informationsgewinnung und Erkenntnisverarbeitung befasst. In diesem Zusammenhang hat von Foerster die Unterscheidung einer Kybernetik erster Ordnung von einer Kybernetik zweiter Ordnung bzw. einer ‚second order cybernetics' oder einer ‚cybernetic of cybernetics' eingeführt.[5] Demnach geht die Kybernetik erster Ordnung von einem sich selbst nicht beobachtenden Beobachter aus, der sich in einer unabhängigen Position gegenüber seinem

---

[4] Wiener, Norbert (1948): Cybernetics or control and communication in the animal and the machine. New York. Dt.: Wiener, Norbert; Serr, E. H. (1948/1992): Kybernetik. Regelung und Nachrichtenübertragung im Lebewesen und in der Maschine. Düsseldorf. Vgl. auch William Ross Ashby (London 1903–1972) mit seiner Publikation: Principles of the Self-Organizing Dynamic System, Journal of General Psychology 37 (1947), 125-128. Hierin prägt er den Begriff „self-organizing", ebd. 127 f. Siehe auch Ashby, William Ross (1956): Introduction to Cybernetics. Dt.: Einführung in die Kybernetik. Frankfurt a. M. 1974; 2. Aufl. 1985.

[5] Vgl. Foerster, Heinz von (1981): Observing Systems. Siehe auch die Arbeiten des Philosophen Gotthard Günther, auf die Luhmann wiederholt Bezug nimmt, etwa: Günther, Gotthard (Hrsg.) (1976): Beiträge zur Grundlegung einer operationsfähigen Dialektik. Hamburg. Und: Günther, Gotthard; Goldammer, Eberhard von (2002): Das Bewußtsein der Maschinen. Eine Metaphysik der Kybernetik. 3., erw. Aufl. (Kybernetik und Information, Bd. 3). Baden-Baden.

Beobachtungsgegenstand zu befinden wähnt. In dieser Form der Kybernetik wurden die alten Fragen von Subjekt/Objekt-Beziehungen oder von objektiver Erkenntnis usw. mitgeführt.

Eine Kybernetik zweiter Ordnung setzt dagegen selbstbezüglich an und vermeidet die Selbstexemption des Beobachters.[6] Stattdessen beobachtet sich der Beobachter als beobachtendes System in seinen Beobachtungen (von Systemen) mit. Das bedeutet: Der Beobachter unterliegt sich selbst. Dieser Ansatz führt zu der Frage, ob es weiterhin sinnvoll ist, von Subjekt und Objekt oder von intern und extern als objektiv oder real gegebenen Unterschieden zu sprechen, oder ob nicht vielmehr Systeme stets selbstbezüglich bzw. autologisch operieren. Wenn dem aber so ist, dann ist das Subjekt/Objekt-Schema als überwunden anzusehen, insofern es aufgrund seiner impliziten Paradoxie genau die Unterscheidung trifft, die es nicht zu treffen vermag, da kein Subjekt als Subjekt auf extern gegebene Objekte als Objekte zugreifen kann, ohne auf sich selbst als Subjekt zuzugreifen.

Gegenüber einer Kybernetik erster Ordnung, die davon ausgegangen war, dass sie das, was sie beobachtet, genau so und als solches beobachtet, wie sie es beobachtet, stellt die Kybernetik zweiter Ordnung von Was-Beobachtungen auf Wie-Beobachtungen um.[7] Beobachtungen (das sind: Bezeichnungen aufgrund von Unterscheidungen) präfigurieren dadurch, wie sie beobachten, das, was sie beobachten. Damit steigert die Kybernetik zweiter Ordnung den Erkenntnisgewinn dahingehend, dass nun nicht mehr von einer vorgegebenen Realität, die in einer symbolischen Form – z. B. als Zeichen oder als Sprache – in der Erkenntnis abgebildet werden kann, sondern von einer Erkenntnis der Erkenntnis auszugehen ist, die sich permanent selbstbezüglich beeinflusst, ja mehr noch: die sich selbstbezüglich begründet und insofern selbst voraussetzt.

Das gängige Beispiel für die Umstellung von einer Kybernetik erster Ordnung auf eine Kybernetik zweiter Ordnung liefert die Funktion eines Heizungsthermostats.[8] Im Sinne der Kybernetik erster Ordnung kann die Funktion eines Thermostats so beschrieben werden, dass die beiden in unterschiedli-

---

[6] Vgl. Luhmann, Niklas (1998): Die Gesellschaft der Gesellschaft, S. 1118 und 1132.

[7] Vgl. Luhmann, Niklas (1998): Die Gesellschaft der Gesellschaft, S. 520 und 995: „Und das heißt, daß die Selbstbeschreibung der Gesellschaft von Was-Fragen auf Wie-Fragen umgestellt werden muß. Ihr Problem ist dann nicht mehr, was die Gesellschaft ist, sondern: wie, durch wen und mit Hilfe welcher Unterscheidungen sie beschrieben wird."

[8] Vgl. u. a. Luhmann, Niklas; Baecker, Dirk (2006): Einführung in die Systemtheorie, S. 53.

chem Maße temperaturempfindlichen Metallzungen eines Thermostats, die fest übereinander gelagert angebracht sind, die Raumtemperatur abtasten und durch eine Steigerung oder Minderung der Temperatur sich in unterschiedlicher Stärke krümmen und dadurch eine Nachregulierung der Wärmezufuhr des Heizkörpers verursachen. Die Rückkopplung resultiert aus der einfachen Differenz zwischen zwei Zuständen der Metallzungen. Dagegen erklärt eine Kybernetik zweiter Ordnung den Vorgang komplexer und insofern adäquater, als nicht nur die Differenz zweier Zustände der Metallzungen zu beachten ist, sondern die Differenz zweier Relationen. Die ‚Steuerung‘ der Raumtemperatur und der Temperatur des Heizkörpers laufen demnach simultan, d. h. die eine Differenz setzt die andere voraus und bezieht sich darauf. Ein Thermostat reguliert mithin die Differenz der kälter/wärmer-Differenz sowohl des Heizkörpers als auch der Raumtemperatur.[9] Mit der Kybernetik zweiter Ordnung findet auf diese Weise eine Umstellung der einfachen Beobachtung einer Differenz auf die Beobachtung einer Differenz von Differenzen statt. Dies bedeutet: Eine Kybernetik zweiter Ordnung befasst sich mit den Relationierungen von Relationen, die rekursiv aufeinander einwirken. Weder die eine noch die andere Relation ist autark gegeben, sondern beide sind Voraussetzung und Folge der anderen und damit ihrer selbst.

Niklas Luhmann nimmt mit derlei Überlegungen zu einer Kybernetik zweiter Ordnung Erkenntnisse auf, die Heinz von Foerster für den Bereich der Physik entwickelt hat.[10] Zugleich spezifiziert und generalisiert er die Kybernetik zweiter Ordnung für soziale Systeme. Bei der Rezeption der System/Umwelt-Theorie kann dies immer dann zu Problemen führen, wenn die Denkmodelle einer Kybernetik zweiter Ordnung im Sinne einer Kybernetik erster Ordnung ontologisierend missverstanden werden.

Eine System/Umwelt-Theorie im Stile der Kybernetik zweiter Ordnung führt stattdessen unweigerlich zu konstruktivistischen Überlegungen. Die Umstellung von alteuropäischer Ontologie auf operativen Konstruktivismus ist dabei tatsächlich als das Schibboleth der Luhmannschen Theorie anzusehen und führt zu einer operativen Ontologie bzw. zu einer De-Ontologisierung, wie sie im folgenden zu beschreiben sein wird.

---

[9] Vgl. exemplarisch Luhmann, Niklas (1995): Die Realität der Massenmedien, S. 122 f.
[10] Vgl. Foerster, Heinz von; Schmidt, Siegfried J. (Hrsg.) (1993): Wissen und Gewissen. Versuch einer Brücke. 1. Aufl. Frankfurt a. M.

De-Ontologisierung

„Etikettierte Theorien haben es leichter.“ [11]

Luhmann hielt wenig von Labeln und Schlagworten.[12] Auf den tausenden der von ihm verfassten Seiten tritt selten einmal eine selbst- oder fremdbezügliche Etikette zu Tage. Für seine eigene Theorie hat er nur einige wenige Positionierungen verwendet, unter anderem Zuschreibungen wie „Systemtheorie"[13], „Konstruktivismus" oder „Operativer Konstruktivismus"[14], „Funktionale Theorie" oder „Funktionalismus"[15] sowie, auf indirekte Weise, „De-Ontologi-

---

[11] Luhmann, Niklas (2009): Handlungstheorie und Systemtheorie, S. 58-76. Und ebd.: „Andere Theorien können dann abgefertigt werden mit der Feststellung, daß sie die für die jeweils eigene Theorie in Anspruch genommene Leistung nicht erbringen".

[12] Distanziert bis ablehnend verhält sich Luhmann u. a. gegenüber diversen Unterscheidungen, die bislang als brauchbare Etikettierungen funktioniert haben sollen: analytisch/deskriptiv, vgl. Luhmann, Niklas (1984): Soziale Systeme, S. 30; empirisch/normativ: vgl. Luhmann, Niklas (1999): Zweckbegriff und Systemrationalität, S. 343-349; kritisch/affirmativ, vgl. Luhmann, Niklas (1995): Die Realität der Massenmedien, S. 213, sowie Luhmann, Niklas (2009): Ich sehe was, was Du nicht siehst, S. 225; ebd. auch die Dekonstruktion der Unterscheidung objektiv/subjektiv; liberal/konservativ, vgl. (Luhmann, Niklas (1987): Biographie, Attitüden, Zettelkasten. In: Luhmann, Niklas; Baecker, Dirk (Hrsg.) (1987): Archimedes und wir. Interviews. Berlin, S. 125-155 S. 152: „[…], daß in der Frankfurter Schule ein Moralkonservatismus oder eine alteuropäische Konfiguration noch eine Rolle spielt. Aber im Grunde finde ich diese Frage nicht sehr bedeutsam. Wenn man wirklich konservativ ist, dann müßte man heute enorm viel ändern, um angesichts der vielfältigen Veränderungen etwas zu bewahren. Wie kann man in einer solchen Situation sinnvollerweise von ‚konservativ' reden?". Stattdessen präferiert Luhmann die mittlerweile weitläufig rezipierte Unterscheidung von kognitiv/normativ im Sinne der Unterscheidung von kognitiven versus normativen Erwartungen, vgl. Luhmann, Niklas (1984): Soziale Systeme, S. 436 ff., sowie Luhmann, Niklas (2008): Normen in soziologischer Perspektive. In: Luhmann, Niklas; Horster, Detlef (Hrsg.): Die Moral der Gesellschaft. Orig.-Ausg., 1. Aufl. Frankfurt a. M., S. 36 f.

[13] Siehe u. a. Luhmann, Niklas (1971): Moderne Systemtheorien als Form gesamtgesellschaftlicher Analyse. In: Habermas, Jürgen; Luhmann, Niklas (Hrsg.): Theorie der Gesellschaft oder Sozialtechnologie – was leistet die Systemforschung? 10. Aufl. Frankfurt a. M., S. 7-24, sowie: Luhmann, Niklas; Baecker, Dirk (2006): Einführung in die Systemtheorie.

[14] Luhmann, Niklas (1999): Die Behandlung von Irritationen: Abweichung oder Neuheit?, S. 92. Vgl. auch Luhmann, Niklas (2009): Das Erkenntnisprogramm des Konstruktivismus und die unbekannt bleibende Realität, S. 31-57. Dort die Abgrenzung von einem radikalen Konstruktivismus, ebd. S. 31.

[15] Siehe exemplarisch: „Funktionale Analyse ist eine Technik der Entdeckung schon gelöster Probleme. Sie rekonstruiert mit Hilfe systemtheoretischer Annahmen mit Vorliebe solche Probleme, die in der gesellschaftlichen Wirklichkeit schon keine mehr sind, die also gleichsam hinter den Zwecken, Gründen und Rechtfertigungen liegen." Luhmann, Niklas (1969): Legitimation durch Verfahren. 2. Aufl. Darmstadt, 1975, S. 6.

sierung"[16]. Seine vermutete Gegenfrage bei Verwendung von Theorieetiketten wäre wohl jedes Mal gewesen: ‚Wovon unterscheiden Sie diese Etikette?'

Eine Etikette vermag anzuzeigen, welche Effekte oder, wenn man so will, welche Ergebnisse vonseiten der durchgeführten Theorie zu erwarten sind bzw. sich tatsächlich einstellen. ‚Systemtheorie' kann daher weniger als Etikette, denn als Such- oder Problemformel verstanden werden.[17] In gewisser Weise beginnt die Theorie intentional damit, System und Umwelt zu unterscheiden, um diese Unterscheidung dann operativ durchzuführen. Ähnlich verhält es sich mit der Beschreibung ‚Operativer Konstruktivismus', die sich auf die theorieinterne Umstellung von der Vorstellung eines festen Strukturaufbaus zur Konstruktion von auf Operationen basierenden Systemen bezieht. Sowohl der Problemtitel ‚System' als auch die konstruierte Beschreibung von Systemen als ‚operativ basiert' markieren den wissenschaftlichen Paradigmenwechsel der Umstellung von Was-Fragen auf Wie-Fragen, mithin den theoretischen Aufbau und die theoretische Auswirkung einer Kybernetik zweiter Ordnung. In einer Kybernetik zweiter Ordnung ist der Effekt einer De-Ontologisierung angelegt. Die Etikette ‚De-Ontologie' bzw. ‚De-Ontologisierung' ist daher näher zu betrachten.

In dem damit aufgerufenen Kontext ist zum einen Luhmanns Diktum gegen die alteuropäische Tradition zum geflügelten Wort geworden, das sich insbesondere auf eine Abkehr von der ontologischen Überlieferung – inklusive der Abkehr von Letztbeständen einer Ontologie in den transzendentalen Entwürfen Kants und Husserls – bezieht. Allerdings bleibt dabei die Frage virulent, inwiefern Luhmanns Theorie sich dennoch transzendental verorten kann bzw. verorten muss, insofern sie von Bedingungen der Möglichkeit von Erkenntnis

---

[16] Dazu etwas ausführlicher: „Für die Theorie selbstreferentieller Systeme ist die Umwelt vielmehr Voraussetzung der Identität des Systems, weil Identität nur durch Differenz möglich ist. Für die Theorie temporalisierter autopoietischer Systeme ist die Umwelt deshalb nötig, weil die Systemereignisse in jedem Moment aufhören und weitere Ereignisse nur mit Hilfe der Differenz von System und Umwelt produziert werden können. Der Ausgangspunkt aller daran anschließenden systemtheoretischen Forschungen ist daher nicht eine Identität, sondern eine Differenz. Dies führt zu einer radikalen De-Ontologisierung der Perspektive auf Gegenstände schlechthin – ein Befund, der mit den Ergebnissen der Analyse von Komplexität, Sinn, Selektionszwang und doppelter Kontingenz korrespondiert. Es gibt hiernach keine eindeutige Lokalisierung von ‚items' welcher Art auch immer in der Welt und auch keine eindeutige Zuordnung im Verhältnis zueinander." Luhmann, Niklas (1984): Soziale Systeme, S. 243.

[17] Siehe das Stichwort „Problemtitel System" in Luhmann, Niklas (2007): Vorbemerkungen zu einer Theorie sozialer Systeme. In: Luhmann, Niklas; Jahraus, Oliver (Hrsg.): Aufsätze und Reden. [Nachdr.]. Stuttgart, S. 9.

handelt. Es scheint so zu sein, dass Luhmann sich mit seinem operativen Konstruktivismus zwischen die Stühle natur- und geisteswissenschaftlicher Gelehrtheit setzt, da er sich weder einen Rückzug auf Transzendentalismus noch auf Empirie oder Empirismus gestattet.[18] Einen wie auch immer gearteten transzendentalen Ansatz sieht er aufgrund einer darin verbleibenden gegenstandsbezogenen Ontologie, die in der Subjekt/Objekt-Unterscheidung mit ihrer Referenz auf ein einheitliches transzendentales Subjekt überwintert hat, als desavouiert an. Theorieentwürfe mit ausschließlich empirischem Bezug wiederum hält Luhmann ebenfalls für ontologiehaltig, da sie von einer fixiert vorliegenden, extern strukturierten Realität ausgehen (müssen), das transzendentale Subjekt also durch transzendentale Objekte ersetzen.[19]

Zum anderen bedeutet die Verabschiedung der alteuropäischen Ontologie, dass – aufgrund der Unterscheidung von System und Umwelt und der damit verbundenen Vorstellung einer operativen Geschlossenheit von Systemen gegenüber ihrer Umwelt – ein operativer Durchgriff eines Systems auf seine Umwelt ausgeschlossen ist. Mit anderen Worten: Weder Bewusstsein noch Kommunikation kommen an Realität heran. Sie berechnen in ihrer je eigenen Systemrationalität ‚die‘ Realität so, wie sie sie als Realität berechnen können: als Bewusstsein oder als Kommunikation. Weder sind Eintragungen von Realität in das Bewusstsein denkbar noch tritt der Berg, den man beschreibt, in die Kommunikation ein.

---

[18] Vgl. Luhmann, Niklas (2008): Paradigm Lost, S. 253-269, wo Luhmann zwischen einem empirischen und deshalb nicht ausreichenden Begriff von Moral und einem theoretischen Begriff von Ethik unterscheidet, wobei dies nicht bedeutet, dass er sich an anderer Stelle nicht dezidiert auf Empirie berufen würde – und dies auch tut, so z. B. mit einem ironischen Augenzwinkern, wenn er schreibt: „Das Folgende ist ein Stück empirischer Sozialforschung. Es betrifft mich und einen anderen: meinen Zettelkasten." Luhmann, Niklas (1992): Kommunikation mit Zettelkästen, S. 53. Zu Luhmanns Nichtbezug zum Positivismusstreit in der Soziologie der 1960-er Jahre vgl. Berger, Johannes (1999): Niklas Luhmann und die Zukunft der Soziologie. In: Bardmann, Theodor M.; Baecker, Dirk (Hrsg.): Gibt es eigentlich den Berliner Zoo noch? Erinnerungen an Niklas Luhmann. 1. Aufl. Konstanz, S. 169-173.

[19] Vgl. die notwendige Beobachtung von Subjekten als Objekte, wenn von einer Theorie der Intersubjektivität ausgegangen wird: Luhmann, Niklas (2008): Intersubjektivität oder Kommunikation. Unterschiedliche Ausgangspunkte soziologischer Theoriebildung. In: Luhmann, Niklas (Hrsg.): Soziologische Aufklärung 6. Die Soziologie und der Mensch. 3. Aufl. Wiesbaden, S. 165. Es ist der Gegensatz empirisch/normativ (s. o.) sowie Horster, Detlef; Luhmann, Niklas (1997): Niklas Luhmann, S. 18. Siehe auch den Hinweis auf die Notwendigkeit einer Systemreferenz für empirische Forschungen und den damit auftretenden Folgeproblemen: Luhmann, Niklas (1971): Sinn als Grundbegriff der Soziologie. In: Habermas, Jürgen; Luhmann, Niklas (Hrsg.): Theorie der Gesellschaft oder Sozialtechnologie – was leistet die Systemforschung? 10. Aufl. Frankfurt a. M., S. 29 f.

De-Ontologisierung lässt die Welt bzw. die Realität so, wie sie ist: Sie bleibt eine weder für Bewusstsein noch für Kommunikation zugängliche, unbestimmte Komplexität. De-Ontologisierung in diesem Sinne ist daher kein Konzept und kein Programm, sondern der unausweichliche Effekt einer tiefer gelegten Erkenntnistheorie, die sich aus dem tentativen Einsatz der System/ Umwelt-Unterscheidung ergibt. Diese führt schließlich zu einer operativen Ontologie bzw. zu einer Ontologie von Ereignis zu Ereignis oder zu einer „fungierende(n) Ontologie"[20], die schlechterdings nicht mehr als Ontologie begriffen werden kann, da sie weder von einer bestehenden Einheit von Sein und Erkenntnis noch von einem Sein/Nichtsein außerhalb von Bewusstsein oder Kommunikation ausgehen kann.

---

[20] Fuchs, Peter (2008): Der Sinn der Beobachtung, S. 11.

Wozu das alles? Welt – Realität – Sinn

„Ich möchte es Steigerung des Auflöse- und Rekombinationsvermögens nennen." [1]

Zum Abschluss unseres Gangs durch Luhmanns System/Umwelt-Theorie mag man sich die Frage stellen: Wozu das alles? Manche Kommentatoren haben darauf hingewiesen, dass die Systemtheorie allzu voraussetzungsreich und verschlungen, allzu umständlich und unverständlich sei. Am Ende komme man doch immer auf ‚dasselbe' zurück. Der Weg sei allzu gewagt und verworren, das Ergebnis zu kompliziert und zu abstrakt. [2] Spitzenformulierungen sprechen sogar von einer „grandiosen Tautologie" [3].

Die Antwort auf die Frage nach dem Wozu kann lauten: Der Sinn und Nutzen der System/Umwelt-Theorie ist allem anderen voran im Aufbau einer wissenschaftlich hinreichenden Komplexität in der Beschreibung sozialer Systeme zu sehen. Da ein Vergleich zwischen der unbestimmten Komplexität der Welt und der bestimmten Komplexität einer Theorie aus systemtheoretischen Gründen nicht möglich ist, handelt es sich bei dem Grad von ‚Komplexität' stets um ein Vergleichsverhältnis zwischen unterschiedlichen Theorien innerhalb der Wissenschaft. Dies bedeutet, dass die System/Umwelt-Theorie eine Steigerung der Theorie-Komplexität im Vergleich zu anderen Theorien anstrebt. Der Effekt der Komplexitätssteigerung kann dabei einerseits in einer rekursiven und das heißt dynamischen Stabilisierung der Theorie, andererseits

---

[1] Luhmann, Niklas (2009): Unverständliche Wissenschaft, S. 198.

[2] Zum kontraintuitiven versus alltagssprachlichen Verständnis der Unterscheidung von konkret/abstrakt vgl. die Erläuterung bei Fuchs, Peter (2008): Der Sinn der Beobachtung, S. 75. Fuchs bezieht den Begriff konkret auf die tatsächlichen Operationen eines Systems bzw. auf die Beobachtung erster Ordnung, den Begriff abstrakt dagegen auf die Beobachtung zweiter Ordnung. „Das bedeutet auch, daß kein Beobachter Konkretheit erreicht. Das Konkrete zeigt sich nicht, es wird ermittelt [...]", in: Fuchs, Peter (2008): Der Sinn der Beobachtung, S. 75. Diese Auffassung geht insofern mit dem Alltagsverständnis parallel, insofern sich dort der Begriff ‚konkret' auf eine Art unmittelbaren Weltzugang bezieht, der durch ‚abstrakte' Reflexionen mittelbar und damit geringwertiger gemacht wird. Insofern findet genau in der systemtheoretisch verwendeten Unterscheidung von konkret/abstrakt ein Wechsel von einer ontologischen zu einer de-ontologischen Fassung statt. Anders formuliert: konkret/abstrakt verhalten sich wie System/Umwelt zueinander und vice versa. Recht instruktiv bereits Hegel, Georg Wilhelm Friedrich (1970?): Wer denkt abstrakt? (1807). In: Hegel, Georg Wilhelm Friedrich; Moldenhauer, Eva (Hrsg.): Jenaer Schriften. 1801–1807. 1. Aufl., [Nachdr.]. Frankfurt a. M., S. 575-581.

[3] Scholz, Frithard (1982): Freiheit als Indifferenz. Alteuropäische Probleme mit der Systemtheorie Niklas Luhmanns. 1. Aufl. Frankfurt a. M., S. 178.

in der Steigerung der kommunikativen Anschlüsse gesehen werden. Zugleich steigern kommunikative Anschlüsse und Verstehensmodalitäten mögliche Sinnverweise. Diese wiederum fördern die Auflöse- und Rekombinationsmöglichkeiten der Theorie hinsichtlich ihrer sachlichen, zeitlichen und sozialen Sinndimensionen.

Komplexitätssteigerung an sich ist allerdings noch nicht als Vor- oder Nachteil anzusehen, denn sie kann eine kritische Masse erreichen, die sich gegenläufig d. h. komplexitätsmindernd auswirken kann. Daher ist das Ziel der Komplexitätssteigerung funktional zu begreifen, und zwar im Sinne von Sinnverweisen, die Welt konstituieren. Mit der Aufnahme des Sinnbegriffs von Husserl[4] übernimmt Luhmann hierfür insbesondere die Vorstellung eines Sinn- oder Welthorizontes. Sinn, Welt und Realität als differenzlose Begriffe arbeiten an einem Horizont, der weder erreichbar noch überschreitbar ist, und damit alle Operationen als diesseits des Horizonts gelegen bestimmt. Dies bedeutet: Weder Welt noch Realität noch Sinn sind negierbar. Sie sind, was sie sind.[5] Sie treten in unbestimmter Komplexität als Umwelt zum System der Gesellschaft, die sich durch alle füreinander erreichbaren Kommunikationen konstituiert, in Erscheinung. Die System/Umwelt-Theorie nach Niklas Luhmann mündet demzufolge sowohl durch ihre intendierte als auch durch ihre realisierte Steigerung des Auflöse- und Rekombinationsvermögens in eine Steigerung der Sinn-, Realitäts- und Weltverweise.

Über den wissenschaftlichen Ambitus der System/Umwelt-Theorie ist zum Abschluss auf eine von Luhmann formulierte Vision hinzuweisen, die sein gesamtes Œuvre nicht mehr allein im Sinne einer systemtheoretischen, sondern einer poetischen Begrifflichkeit kontingent zu setzen vermag. Mit anderen Worten: Auf der einen Seite hat Luhmann die wissenschaftliche Sprache der Begriffe bevorzugt und die Verwendung von Metaphern für die Philosophie und die Soziologie abgelehnt. Es sei zwar durchaus möglich, metapho-

---

[4] Vgl. u. a. Luhmann, Niklas (1971): Sinn als Grundbegriff der Soziologie, S. 30; Luhmann, Niklas; Baecker, Dirk (2006): Einführung in die Systemtheorie, S. 230 ff. Auch: Horster, Detlef; Luhmann, Niklas (1997): Niklas Luhmann, S. 34 und S. 80 ff.
[5] „Die Realität ist das, was man nicht erkennt, wenn man sie erkennt." Luhmann, Niklas (2009): Das Erkenntnisprogramm des Konstruktivismus und die unbekannt bleibende Realität, S. 47.

risch zu reden oder zu schreiben, aber mit jeder Metapher würde eine verdeckte Paradoxie mitgeführt, die wiederum über Metaphern nicht aufzulösen ist.[6]

Auf der anderen Seite aber wagt Luhmann dennoch einen paradigmatischen Ausblick auf eine andere als die von ihm präferierte begriffliche Ausdrucksweise für seine Theorie und schreibt:

„Zum Schluß noch eine Bemerkung: Ich denke manchmal, es fehlt uns nicht an gelehrter Prosa, sondern an gelehrter Poesie. […] Vielleicht sollte es statt dessen für anspruchsvolle Theorieleistungen eine Art Parallelpoesie geben, die alles noch einmal anders sagt und damit die Wissenschaftssprache in die Grenzen ihres Funktionssystems zurückweist."[7]

Diesem Vorhaben verleiht ein Gedicht von Michael Krüger folgenden Ausdruck:

„Rede nach dem Tod von Niklas Luhmann

Nachdem das zentrale System sich autopoietisch
ausgeschaltet hatte und im Referenzhorizont
untergegangen war wie alle Systeme vorher,
blieb eine Leerstelle in der System-Theorie,
die durch keine Lehrstelle ersetzt werden konnte.
Das Subjekt kehrte zurück, wickelte sich
in eine warme hermeneutische Decke
und träumte von einer Theorie als Passion."[8]

---

[6] Vgl. zum einen: „Letztlich ist alles metaphorisch." Luhmann, Niklas; Baecker, Dirk (2006): Einführung in die Systemtheorie, S. 114. Zum anderen: „Man kann auf die Frage: wie ist Erkennen möglich? antworten: durch Einführung einer Unterscheidung. Im Vergleich zur Tradition von Begriffen wie diaphérein oder discernement wird der Begriff der Unterscheidung radikalisiert. Während die Tradition das diaphérein durch ein metaphérein (zunächst also durch ein sozial verstandenes Übertragen) zu überbieten suchte und deshalb von der Diapher zur Metapher fortschreiten musste, kommt eine konstruktivistische Erkenntnistheorie über das Unterscheiden nicht hinaus. Schon wenn man Erkennen erkennen will, muß man es ja von anderem unterscheiden können." Luhmann, Niklas (2009): Das Erkenntnisprogramm des Konstruktivismus und die unbekannt bleibende Realität, S. 33.
[7] Luhmann, Niklas (2009): Unverständliche Wissenschaft, S. 200-201. Vgl. auch Luhmann, Niklas (2005): Vorsicht vor zu raschem Verstehen, S. 52 ff. Vgl. hierzu vor allem: Hohl, Friedrich Rudolf (2012): Poesie als Passion. Gedichte aus Luhmanns Welt. Hrsg. v. Clemens Luhmann. Paderborn.
[8] Krüger, Michael (2007): Unter freiem Himmel. Gedichte. 1. Aufl. Frankfurt a. M.

Habermas versus Luhmann und umgekehrt

„Wir hatten eine Art joking relationship vielleicht. Ich kann jetzt nicht für Habermas sprechen, aber ich kann sagen, daß es immer eine Art Respekt für Qualität gegeben hat." [1]

Die Anzahl der Gewährsleute, auf die Luhmann referiert, geht in die Tausende. In der Regel bezieht er sich durch die beiden Unterscheidungen Annahme/Ablehnung oder bekannt/unbekannt auf andere Theorien.

An der Schnittstelle von ‚Annahme/Ablehnung' und ‚bekannt/unbekannt' ist zweierlei festzuhalten. Einerseits bezieht sich Luhmann auf die Texte weithin bekannter Autoren, so etwa auf Aristoteles, Nikolaus von Kues, Thomas Hobbes, Immanuel Kant, Georg W. F. Hegel, Edmund Husserl, Humberto R. Maturana und viele andere mehr. Zugleich benutzt er aber auch Referenzen, die bis dahin weniger bekannt waren, so beispielsweise die Schriften von Alfred R. Radcliff-Browns, Bronislaw Malinowski, Gotthard Günther, Heinz von Foerster und Georg Spencer-Brown. Die instruktive Aufnahme des bis dato eher unbekannten Spencer-Brown wurde im Kapitel ‚Der Operator' exemplarisch beschrieben.

Andererseits löst Luhmann die Kopplung der beiden Unterscheidungen ‚Annahme/Ablehnung' und ‚bekannt/unbekannt' auf den Seiten ‚bekannt' und ‚Ablehnung' auf. Diese Option soll an dieser Stelle hinsichtlich der Auseinandersetzung mit Jürgen Habermas beschrieben werden.

Jürgen Habermas (* 1929) war von 1964 bis 1971 auf dem Lehrstuhl seines Vorgängers Max Horkheimer (1895–1973) Professor für Philosophie und Soziologie an der Universität Frankfurt. 1971 übernahm Habermas, gemeinsam mit Carl Friedrich von Weizsäcker (1912–2007), die Leitung des Max-Planck-Instituts zur Erforschung der Lebensbedingungen der wissenschaftlich-technischen Welt in Starnberg.

Über die für die (Dis-) Reputation Luhmanns wohl wichtigste öffentliche Debatte, die zwischen ihm und Habermas im Jahr 1971 stattgefunden hat, ist bereits viel geschrieben worden. Der Fokus der folgenden Darstellung liegt

---

[1] Horster, Detlef; Luhmann, Niklas (1997): Niklas Luhmann, S. 40.

daher ausschließlich auf dem zentralen Aspekt der diametral gegensätzlichen Theorieintentionen beider Kontrahenten.[2]

Am Anfang steht dabei die Frage nach der Relevanz der vor mittlerweile vierzig Jahren ausgetragenen Debatte zwischen Habermas und Luhmann (oder: Luhmann und Habermas). Die Antwort kann offenbar nach allem, was auch in dieser Einführung zum Leben, zum Werk und zur Wirkung Luhmanns gesagt wurde, nur lauten: Die Debatte ist unvermindert weiterzuführen, da die Grundkoordinaten nach wie vor strittig sind. Aus der Perspektive Luhmanns verwundert dies nicht, denn es geht um die universelle und nachhaltige Umstellung von einer Kybernetik erster Ordnung auf eine Kybernetik zweiter Ordnung.[3] Neben dieser Umstellung fokussiert die hier vorgenommene Diskussion der Diskussion zwischen Habermas und Luhmann zudem auf die strittigen Fragen des vorauszusetzenden Sinnhorizontes und der Schwierigkeiten mit Abschluss- und/oder Kontingenzformeln.

Auf dem bundesdeutschen Soziologentag 1968 in Frankfurt am Main[4] hielt Luhmann den Vortrag „Systemtheorie als Gesellschaftstheorie"[5], woraufhin Habermas von den Studierenden gebeten wurde, er möge sowohl zu Parsons als auch zu Luhmann Stellung nehmen.

„Daraus ist ein Seminar entstanden, zu dem Habermas mich eingeladen hatte. Wir hatten Studentenpapiere gesammelt und eigene Beiträge formuliert, mit der Absicht einer Publikation. Aber dann wurde das immer dicker, und dann hat Habermas die Studentenpapiere wieder rausgelassen und hat selbst immer längere Sachen dazu geschrieben. Dann habe ich den Sinn-Aufsatz produziert. Daraus ist dann die Publikation *Theorie der Gesellschaft oder Sozialtechnologie* von 1971 entstanden."[6]

---

[2] Vgl. dazu Luhmann, Niklas (2007): Vorbemerkungen zu einer Theorie sozialer Systeme, insbesondere S. 7-9.

[3] Siehe das Kapitel ‚System/Umwelt'.

[4] Der Deutsche Soziologentag 1968 in Frankfurt am Main stand unter dem Thema „Spätkapitalismus oder Industriegesellschaft?" und war in erster Linie durch den Widerstreit von Herbert Marcuse (1898–1979) und Ralf Dahrendorf (1929–2009) geprägt, vgl. www.soziologie.de/index.php?id=14 (Zugriff am 26.01.2013).

[5] Publiziert als Luhmann, Niklas (1971): Moderne Systemtheorien als Form gesamtgesellschaftlicher Analyse, S. 7-24.

[6] Horster, Detlef; Luhmann, Niklas (1997): Niklas Luhmann, 39 f. Im Ergebnis entstand der Band: Habermas, Jürgen; Luhmann, Niklas (1971): Theorie der Gesellschaft oder Sozialtechnologie – was leistet die Systemforschung? 10. Aufl. Frankfurt a. M., 1990.

Damit war Luhmann unversehens in der öffentlichen Diskussion angekommen. Mit dem Beginn der Debatte war diese allerdings auch schon wieder beendet, jedenfalls unter dem Aspekt des von Habermas eingeforderten gesellschaftlichen Diskurses. Zwar begegneten sich Habermas und Luhmann in der Folgezeit achtungsvoll und unterstellten dem anderen stets eine gute Qualität der Arbeit, aber eine inhaltliche Weiterentwicklung der Diskussion blieb aus. Vielmehr entwickelten beide ihre je eigene Position stringent weiter.

Von der begleitenden Imagebildung her gesehen war die Debatte ebenfalls mit ihrem Aufkommen bereits beendet, da sich die Beobachter Luhmanns auf das von Habermas benutzte Schema von kritisch/konservativ zurückzogen und Luhmann auf die konservative Seite platzierten. Dem hielt Luhmann wiederum die Einschätzung seines Kontrahenten als „ideenkonservativ"[7] entgegen.

Vermutlich ist die Diskussion der beiden Großdenker vor allem deshalb nicht wirklich und nachhaltig zustande gekommen, weil jeder für sich eine andere Sprache, eine andere Stilistik, eine andere Intentionalität, kurz: eine andere Begrifflichkeit verwendet und damit einen anderen Sinnhorizont vorausgesetzt hat. Von daher wäre es einerseits sicherlich zu einfach, den Gegensatz von Luhmann und Habermas in einer Gegenüberstellung von Begriffen wie Kognition versus Norm, Dissens vs. Konsens, System vs. Vernunft, Differenz vs. Einheit, Kommunikation vs. Bewusstsein oder Sinnhorizonte vs. Abschlusswerte zu fixieren. Andererseits führt dieser dualistische Zugriff zu der für beide Seiten erkennbaren Notwendigkeit, die Gegensätze als Gegensätze zu bearbeiten und von dorther einen Beobachter zweiter Ordnung einzuführen. Dieser Notwendigkeit hat aber ausschließlich Luhmann Genüge geleistet und damit die Diskussion für sich entschieden. Denn: Mit Hilfe der Luhmannschen Begrifflichkeit lässt sich der Vergleich beider Theorien besser und präziser fassen als mit Habermasschen Formulierungen. Mit anderen Worten: Der Ansatz von Habermas vermag den Zugriff Luhmanns weder adäquat zu beschreiben noch zu erklären; umgekehrt lässt sich aber sowohl der Zugriff von Habermas als auch der von Luhmann unter Verwendung Luhmannscher Terminologie erläutern und verständlich machen. Der Unterschied beider ist auf den Unterschied zwischen einer Beobachtung erster und einer Beobachtung zweiter Ordnung zurückzuführen.

---

[7] Zitat bei Horster, Detlef; Luhmann, Niklas (1997): Niklas Luhmann, S. 17.

Offenbar geht Habermas, nach Luhmannscher Diktion, von einem Letzthorizont aus, der nicht weiter verschiebbar ist, und in beider Begrifflichkeiten als Norm auftaucht. Luhmann dagegen operiert mit einer flexiblen Verschiebbarkeit von Sinnhorizonten, und zwar in der Form, dass sich jede einmal getroffene Unterscheidung von anderen, neu getroffenen Unterscheidungen im Sinne der Unterscheidung von Aktualität/Potentialität unterscheiden lässt und sich dadurch insgesamt eine Umstellung von einer Kybernetik erster Ordnung zu einer Kybernetik zweiter Ordnung ergibt.[8] Habermas kommt nach seiner Denkschleife zurück zum Beobachterposten erster Ordnung, Luhmann dagegen nimmt die Rolle eines Beobachters zweiter Ordnung ein.

Die systemtheoretisch fundierte Kybernetik zweiter Ordnung greift somit bereits 1971 und ermöglicht von hier aus eine Beobachtung der beiden differenten Positionen. Dies bedeutet: Eine sinnvolle Beschreibung des Verhältnisses der Kybernetik erster und zweiter Ordnung kann offenbar nur im Rahmen einer Kybernetik zweiter Ordnung erfolgen. Denn: Geschieht dies allein als operative Abschlussbeobachtung erster Ordnung, so begibt sich der Beobachter dorthin, wo Habermas verblieben ist: Er beharrt – unabhängig von der Systemreferenz – auf der Gültigkeit definitiver Unterscheidungen einschließlich jener, die der Beobachter selbst darstellt. Damit unterliegt Habermas dem erkenntnistheoretischen Kardinalfehler der Selbstexemption und gerät damit in die unbeobachtbare Position eines invisibilisierten, letzten Beobachters. Luhmann dagegen verbietet sich den Trick der Selbstexemption und fokussiert stattdessen auf eine selbstimplikative Theorie. Dadurch bleiben sowohl der Beobachter als auch das Beobachtete beobachtbar. So formuliert er in seiner letzten Vorlesung an der Universität Bielfeld im Wintersemester 1992/1993:

„[...] eine eigentümliche Selbstimplikation der Theorie. Die Theorie nimmt ständig auf sich selber Bezug und spielt jeweils mit ihren eigenen Teilen, verweist von einem Teil auf einen anderen, zirkuliert aber immer im eigenen Gehäuse. Das ist auch ein Stil, der den üblichen Erklärungsvorstellungen eines Wissenschaftlers widersprechen würde. Zirkel erklären zunächst einmal gar nichts, sondern man möchte ja wissen, was geschieht, wenn etwas anderes geschieht. Man fragt zum Beispiel, was kausal wovon abhängt."[9]

---

[8] Vgl. Luhmann, Niklas; Baecker, Dirk (2006): Einführung in die Systemtheorie, S. 233 sowie Luhmann, Niklas (1984): Soziale Systeme, S. 100 f.
[9] Luhmann, Niklas (2005): Einführung in die Theorie der Gesellschaft, S. 331.

Als Fazit ist festzuhalten, dass sich die Debatte zwischen Habermas und Luhmann (oder: Luhmann und Habermas) bis heute um die Frage einer Kybernetik erster und/oder zweiter Ordnung dreht. Sie kann vereinfachend anhand der Frage zusammengefasst werden, ob und inwieweit es Abschlussformeln geben oder nicht geben kann. Die Antwort darauf hat u. a. der Philosoph Robert Spaemann (* 1927) in seiner Laudatio bei der Verleihung des Hegel-Preises der Stadt Stuttgart 1988 an Luhmann gegeben, indem er feststellte, dass Luhmann Abschlussgedanken methodisch vermieden zu haben schien.[10]

Von dorther ist nochmals zu formulieren: Habermas verbleibt in einer Kybernetik erster Ordnung, die das sieht, was sie sieht, und die zugrunde gelegte Beobachtung (als Bezeichnung aufgrund einer Unterscheidung) als letzte oder letztmögliche behauptet. Luhmann dagegen nimmt Abstand von Anfangs- und Endbegriffen und damit von wie auch immer gearteten Abschlussformeln. Sein differenztheoretischer Ansatz vermeidet Einheitsbegriffe und repetiert unaufhörlich Differenzformeln, die als Einheiten ausschließlich auf paradoxe Weise zugänglich bleiben.[11]

In diesem Sinne stellt Luhmann in seinem Aufsatz „Vorbemerkungen zu einer Theorie sozialer Systeme"[12] Perfektionstheorien und Problemstellungstheorien einander gegenüber und ordnet seine eigene Theorie dem zweiten Modell zu. Zugleich baut er die semantischen und gesellschaftsstrukturellen Bemühungen in Richtung auf Perfektion (oder von einer mythischen Perfektion herkommend) anhand des Begriffes einer kontingent zu setzenden Perfektibilität mit ein.[13]

Habermas, so wäre aus Sicht Luhmanns zu sagen, tendiert mithin zu Perfektionsvorstellungen, zu theoretischen und/oder praktischen Abschlussformeln,

---

[10] Vgl. die Laudatio Spaemann, Robert (1990): Niklas Luhmanns Herausforderung der Philosophie. In: Luhmann, Niklas; Spaemann, Robert (Hrsg.): Paradigm lost. Über die ethische Reflexion der Moral. 1. Aufl. Frankfurt a. M. Habermas erhielt den Hegel-Preis der Stadt Stuttgart 15 Jahre (1973) vor Luhmann verliehen.

[11] Vgl. etwa: „Ich halte es zum Beispiel für fruchtbarer, Theorien nicht mit Einheit anzufangen, sondern mit Differenz, und auch nicht bei Einheit (im Sinne von Versöhnung) enden zu lassen, sondern bei einer, wie soll ich es sagen, besseren Differenz." Luhmann, Niklas (1987): Biographie, Attitüden, Zettelkasten. In: Luhmann, Niklas; Baecker, Dirk (Hrsg.) (1987): Archimedes und wir. Interviews. Berlin, S. 125-155, dort S. 127.

[12] Luhmann, Niklas (2007): Vorbemerkungen zu einer Theorie sozialer Systeme, S. 7-30.

[13] Vgl. Luhmann, Niklas (2007): Vorbemerkungen zu einer Theorie sozialer Systeme, S. 10 ff.

zu Letzthorizonten, zu Gründen.[14] Luhmann dagegen stellt auf Kontingenzformeln um[15] und verbindet diese Umstellung mit zwei Überlegungen. Zum
einen geht er davon aus, dass eine generalisierte Abschlussformel für die Einheit der Gesellschaft nicht mehr möglich ist, da sich die Gesellschaft in wechselseitig nicht substituierbare Einzelsysteme (oder: Funktionssysteme) ausdif-
ferenziert hat. Zum anderen lassen sich auch für die Einzelsysteme keine je
spezifischen Abschlussformeln mehr etablieren, da dies zu einer nicht mehr
funktional differenzierten Gesellschaft zurückführen würde. Denn es müsste
dann von einer irgendwie gearteten Vorordnung eines Funktionssystems gegenüber den anderen ausgegangen werden, sodass dadurch eine Abschlussformel für ‚das Ganze‘ zustande käme. Dies entspräche aber der Vorstellung
einer primär stratifizierten Differenzierung der Gesellschaft, die Luhmann be-
kanntermaßen für überwunden hält.

So bleibt die Notwendigkeit, von einer spezifischen Kontingenzformel für
jedes der gesellschaftlichen Funktionssysteme auszugehen, die die paradoxe
Einheit des jeweiligen Systems anzugeben vermag, nämlich die Paradoxie,
dass das entsprechende Funktionssystem als weder notwendig noch unmöglich
anzusehen ist.

„Wir wollen diese Zuspitzung, die eine engere Fassung des Problems für seine Lösung hält,
eine Kontingenzformel nennen. [...] Wir hatten dafür bereits die paradoxe Formulierung
gewählt: das Problem trete als seine Lösung auf, das Differente sei Dasselbe.“[16]

Die Formulierung verweist auf die Funktion von Kontingenzformeln. Es muss
sie nicht geben, aber es gibt sie, damit es überhaupt etwas gibt und die Operationen eines Systems, wie z. B. des wissenschaftlichen Systems, nicht in einen
unendlichen Regress und damit leer laufen.

---

[14] Die Rückführung auf Diskurse, die sich um Gründe kümmern, ist ja eines der herausragenden Momente in der Philosophie von Habermas. Vgl. Habermas, Jürgen (1971): Vorbereitende Bemerkungen
zu einer Theorie der kommunikativen Kompetenz. In: Habermas, Jürgen; Luhmann, Niklas (Hrsg.):
Theorie der Gesellschaft oder Sozialtechnologie – was leistet die Systemforschung? 10. Aufl. Frankfurt
a. M., S. 115. Vgl. weiterführend Schmid, Hans Bernhard (2000): Subjekt, System, Diskurs. Edmund
Husserls Begriff transzendentaler Subjektivität in sozialtheoretischen Bezügen. Dordrecht, S. 124 ff.
[15] Prägnant hierzu Luhmann, Niklas (2008): Soziologie der Moral, S. 63 f.
[16] Luhmann, Niklas; Kieserling, André (2002): Die Religion der Gesellschaft, S. 147.

Es ist festzuhalten, dass die Debatte zwischen Habermas und Luhmann (oder: Luhmann und Habermas) keine Scheindebatte war bzw. ist.[17] Beide Seiten haben sehr wohl verstanden, was der andere geschrieben hat. Und wenn vielleicht beide aneinander vorbeigeredet haben, dann haben sie gewusst, dass sie dies getan haben. Also mit guten Gründen. Und dennoch war die Debatte asymmetrisch, da sich Luhmanns Theorie nicht in der von Habermas wiederfinden konnte, umgekehrt aber die Theorie von Habermas innerhalb der Systemtheorie Luhmanns darstellbar war und ist – und dies zum Teil sogar treffender als im Habermasschen Theoriestil. Luhmann schreibt dazu später:

„Wir hatten schon notiert, daß der Universalitätsanspruch keine Exklusivität impliziert. Statt Exklusivität zu behaupten, verfahren Supertheorien *totalisierend*. [...] Totalisierende Theorien [...] suchen beides zu realisieren: Einheit und Verschiedenheit. Das kann geschehen, wenn es gelingt, für den Gegner einen berechtigten Platz im eigenen theoretischen Rahmen zu finden. Die Theorie behandelt dabei ihre eigene Negation nicht nur widerlegend, nicht nur diskursiv, sondern in der Weise, daß sie sich selbst und ihren Gegensatz selbst erklärt. Sie entscheidet damit nicht den Streit der Wahrheitsansprüche wie ein parteiischer Richter. Ihr genügt, daß ihr diese Konstruktion gelingt."[18]

Sowie:

„Totalisierungsstrategien rekonstruieren also mit eigenen Begriffen sogar ihren Gegner und machen verständlich, weshalb er opponiert."[19]

Das Hauptproblem der Habermasschen Diskurstheorie liegt laut Luhmann darin, dass der Diskurs auf Wahrheit bzw. auf Konsens angelegt ist bzw. sein muss. Um einen Konsens erreichen zu können, muss der Diskurs solange dauern, bis ein Konsens erreicht ist. Wenn aber ein Konsens nicht erreichbar ist, werden die Teilnehmer den Diskurs früher oder später abbrechen. Diese Teilnehmer müssen dann als nicht diskursfähig deklariert und aus dem Diskurs

---

[17] In diesem Punkt ist von den Aussagen von Norbert Bolz abzurücken, der von einer Phantomdebatte – zugunsten Luhmanns – spricht, vgl. Bolz, Norbert (1999) in: Luhmann, Niklas; Fuchs, Peter (2000): Niklas Luhmann – Beobachtungen der Moderne. Freiburger Reden – Denker auf der Bühne. Heidelberg.

[18] Luhmann, Niklas (2008): Soziologie der Moral, S. 67-68.

[19] Luhmann, Niklas (2008): Soziologie der Moral, S. 68. Zugleich unterstellt Luhmann auch dem Diskurs-Konzept Habermas' eine Totalisierungstendenz, wohlwissend, dass Habermas dies nicht so gesehen hat, vgl. a. a. O., S. 71.

ausgeschlossen werden. In der Folge davon muss die Diskurstheorie eine Erklärung für die (auf der einen oder anderen Seite liegende) Diskursverweigerung angeben können, kann diese aber ausschließlich in moralisch konnotierten Kategorien wie zum Beispiel in dem gegen Luhmann gerichteten Vorwurf eines „monologischen Sinnbegriffs"[20] finden. Denn: Ein Diskurs über den Diskursabbruch ist ja nicht mehr möglich, weil der Diskurs abgebrochen ist.

Die Habermassche Diskurstheorie würde an dieser Stelle, so wie jede andere Theorie auch, ein Konzept für ihren Bezug auf den jeweiligen Gegner benötigen, kann aber genau dies nicht vorweisen. Sie kann den Gegner weder theorieintern thematisieren noch in den Diskurs einspannen, womit sie sich im Effekt als Diskurstheorie selbst widerspricht.

---

[20] Habermas, Jürgen (1971): Theorie der Gesellschaft oder Sozialtechnologie? Eine Auseinandersetzung mit Niklas Luhmann. In: Habermas, Jürgen; Luhmann, Niklas (Hrsg.): Theorie der Gesellschaft oder Sozialtechnologie – was leistet die Systemforschung? 10. Aufl. Frankfurt a. M., S. 188.

WIRKUNG

„Für mich ist falscher Beifall schwerer zu ertragen als gar keiner. Also wenn ich sofort gleichsam vermarktet werde in der Bestätigung von Gedanken, die da schon vorher gedacht waren, ist es mir immer eher unangenehm. Und insofern provoziere ich vielleicht auch manchmal Ablehnung [...] Das geschieht vielleicht auch manchmal ganz unnötig, aus Lust an der Provokation oder Lust am Unsinn oder wie immer." [1]

Bis in die Rezeption seiner Theorie hinein hat Luhmann eine Vorsicht walten lassen, die bereits in der Theorie selbst angelegt ist. Er hat keine schnellen, überschwänglichen oder selbstgewissen Positionierungen geübt, sondern eine permanente Suche nach Möglichkeiten sinnvoller und das heißt ertragreicher De-Positionierungen praktiziert. So hat er sich offenbar auch die Rezeption der Systemtheorie vorgestellt: langsam, nachdenklich, skeptisch und dadurch förderlich für den, der sich damit befasst.

Nach seinem Tod am 6. November 1998 erschienen einige Nachrufe in den überregionalen Zeitungen der Bundesrepublik Deutschland.[2] Im Radio und im Fernsehen wurden vereinzelt biografische oder thematische Reportagen gesendet.

Einen Monat später, zu seinem von ihm nicht mehr erlebten 71. Geburtstag am 8. Dezember 1998, fand an der Universität Bielefeld ein Gedenk-Kolloquium statt, dessen Reden unter dem Titel „Niklas Luhmann – Wirkungen eines Theoretikers" veröffentlicht wurden.[3] Später wurden posthum fast fertiggestellte Manuskripte aus seinem Nachlass in Buchform herausgegeben, u. a. „Die Religion der Gesellschaft"[4], „Das Erziehungssystem der Gesellschaft"[5] sowie die „Politische Soziologie"[6].

---

[1] Stanitzek, Georg; Luhmann, Niklas (1987): Schwierigkeiten mit dem Aufhören, S. 93.

[2] Vgl. Baecker, Dirk (1998): Guter Geist ist trocken – und Systeme sind unzuverlässig.

[3] Vgl. Stichweh, Rudolf; Luhmann, Niklas (Hrsg.) (1999): Niklas Luhmann – Wirkungen eines Theoretikers.

[4] Luhmann, Niklas; Kieserling, André (2002): Die Religion der Gesellschaft.

[5] Luhmann, Niklas; Lenzen, Dieter (2003): Das Erziehungssystem der Gesellschaft. 1. Aufl. Frankfurt a. M.

[6] Luhmann, Niklas; Kieserling, André (2010): Politische Soziologie. 1. Aufl. Frankfurt a. M. Laut Schmidt, Johannes F. K. (2013/2014): Der Nachlass Niklas Luhmanns, sind weitere Publikationen aus dem Nachlass zu erwarten.

Wenn von einer Rezeption der Luhmannschen Theorie gesprochen werden soll, ist differenziert anzugeben, was genau damit gemeint ist. So kann die Rezeption nach wissenschaftlichen Disziplinen, nach einer Rezeption des Universitätsprofessors Luhmann in Bezug auf Studierende, Promovierende oder Soziologiekollegen, nach interaktiver oder buchförmiger bzw. medialer Rezeption usw. unterschieden werden. Welche Unterscheidung trägt hier am meisten aus?

Bekanntlich waren die Vorlesungen und Seminare Luhmanns in der Regel mit etwa zehn bis 30 Teilnehmern besetzt, darunter eine kleine Anzahl dauerhafter Interessenten.[7] Dies änderte sich zum Ende seiner Lehrtätigkeit nur marginal. Allerdings wurden seine letzten beiden Vorlesungen zur ‚Einführung in die Systemtheorie‘ und zur ‚Einführung in die Theorie der Gesellschaft‘ sowie seine Abschiedsvorlesung mit dem Titel „‚Was ist der Fall?‘ und ‚Was steckt dahinter‘“[8] im nahezu vollbesetzten Auditorium Maximum der Bielefelder Universität gehalten.

Nach seinem Tod flaute die Rezeption, gemessen an den unmittelbar auf die Systemtheorie bezogenen Publikationen, merklich ab. Für den theologischen Bereich hat Hans-Ulrich Dallmann festgestellt, dass sich insbesondere wissenschaftliche Qualifikationsarbeiten mit den Impulsen Luhmanns auseinander gesetzt haben, die Aufnahme oder Weiterführung in davon unabhängigen Veröffentlichungen aber nur vereinzelt geschehen ist.[9]

Demgegenüber ist insgesamt in nahezu allen wissenschaftlichen Disziplinen ein punktueller Bezug zum begrifflichen Instrumentarium und zum Denkstil Luhmanns unübersehbar. Kaum eine Publikation im soziologischen, sozialwissenschaftlichen, sozialpsychologischen, rechts- oder erziehungswissenschaftlichen sowie im theologischen Diskurs lässt explizite oder fußnotenwis-

---

[7] Vgl. Stichweh, Rudolf (1999): Niklas Luhmann Theoretiker und Soziologe, S. 62 f.

[8] Luhmann, Niklas (1993): „Was ist der Fall?“ und „Was steckt dahinter?“.

[9] Vgl. Dallmann, Hans-Ulrich (2000): Von Wortübernahmen, produktiven Mißverständnissen und Reflexionsgewinnen. Niklas Luhmanns Systemtheorie in der theologischen Diskussion. In: Berg, Henk de; Schmidt, Johannes F. K.; Luhmann, Niklas (Hrsg.): Rezeption und Reflexion. Zur Resonanz der Systemtheorie Niklas Luhmanns außerhalb der Soziologie. 1. Aufl., Orig.-Ausg. Frankfurt a. M., S. 228 f.

senschaftliche Bezüge zu Luhmann vermissen. Allein in den Wirtschaftswissenschaften scheint die Rezeption bislang am geringsten ausgeprägt zu sein.[10]

Zum gegenwärtigen Zeitpunkt scheint sich die Rezeption in dreifacher Weise aufgefächert zu haben. Zum einen sind rund ein Dutzend Theoretiker dabei, die soziologische Systemtheorie in je spezifizierten Richtungen dezidiert auszubauen, zum anderen läuft die Rezeption in formalisierten Bahnen reputationsnotwendiger Zitationen systemtheoretischer Begriffsbezüge. Eine dritte Variante der Rezeption kann in der Aufnahme theoretischer Module der Systemtheorie in den Anwendungswissenschaften bzw. in wissenschaftlichen Anwendungen gesehen werden.[11] Dies ist frühzeitig und vornehmlich im Bereich psychologischer, psychotherapeutischer, psychoanalytischer oder sozialpsychologischer sowie organisationssoziologischer Anwendungen geschehen.[12] Hier ragt im Übrigen, neben verstreuten Bemerkungen Luhmanns zu psychotherapeutischen und psychoanalytischen Entwürfen, ein Aufsatz von Fuchs zur Schemarevision heraus, der sich mit der von Sigmund Freud bevorzugten Unterscheidung von bewusst/unbewusst auseinandersetzt.[13]

Eine gesellschaftsweite Rezeption der System/Umwelt-Theorie Luhmanns, vergleichbar der Aufnahme der Diskurstheorie von Habermas, hat sich bislang nicht herausgebildet. Dies wird unter anderem daran deutlich, dass zum 80. Geburtstag Luhmanns im Jahre 2007 weder eine soziologische noch eine interdisziplinäre Publikation erschienen ist, die dem Jubilar gewidmet worden wäre. Auch der Suhrkamp Verlag schwieg. Dies war zum 60. und 70. Geburts-

---

[10] Vgl. Kaube, Jürgen (2000): Wechselwirkungslosigkeit. Anmerkungen zum Verhältnis von Systemtheorie und Wirtschaftswissenschaft. In: Berg, Henk de; Schmidt, Johannes F. K.; Luhmann, Niklas (Hrsg.): Rezeption und Reflexion. Zur Resonanz der Systemtheorie Niklas Luhmanns außerhalb der Soziologie. 1. Aufl., Orig.-Ausg. Frankfurt a. M.

[11] Vgl. dazu exemplarisch Luhmann, Niklas; Fuchs, Peter (2001): Kommunikationssperren in der Unternehmensberatung. In: Luhmann, Niklas; Fuchs, Peter (Hrsg.): Reden und Schweigen. 1. Aufl., [Nachdr.]. Frankfurt a. M., S. 209-227.

[12] Vgl. beispielhaft für viele andere Simon, Fritz B. (2007): Einführung in die systemische Organisationstheorie. 1. Aufl. Heidelberg, sowie Blanke, Eberhard; Uhlhorn, Frank (2011): Wie ist Beratung möglich? Vom Dirigieren der Selbstbeobachtung. 1. Aufl. Heidelberg.

[13] Vgl. Fuchs, Peter (2001): Blindheit und Sicht: Vorüberlegungen zu einer Schemarevision. In: Luhmann, Niklas; Fuchs, Peter (Hrsg.): Reden und Schweigen. 1. Aufl., [Nachdr.]. Frankfurt a. M,, S. 178-208.

tag noch anders.[14] Allerdings ist nun aktuell ein erstes „Luhmann Handbuch"[15] erschienen, in dem die Trias von Leben, Werk und Wirkung in lexikalisch knapp gehaltenen Beiträgen thematisiert wird.

Es scheint daher nur eine Frage der Zeit zu sein, bis sich eine adäquate postmortale Rezeption der System/Umwelt-Theorie Luhmanns im Stil und Umfang einer Rezeption der Werke von Immanuel Kant, Georg W. F. Hegel, Karl Marx oder Sigmund Freud einstellen wird.

Dabei dürfte es dann zu systembezogenen Annahmen oder Ablehnungen der Systemtheorie kommen, so wie alle Kommunikationsofferten dieser Bifurkation unterliegen. Darüber hinaus wird selbstverständlich eine neutrale Zurkenntnisnahme möglich sein. Angesichts des supertheoretischen Anspruchs, den Luhmann für seine Systemtheorie formuliert hat, sind allerdings die drei Zugänge – Annahme, Ablehnung und Neutralität – vermutlich hinfällig, da sie sich immer erst nachträglich als auf diese Weise einteilbar darstellen lassen. Unter dem universellen Anspruch der Systemtheorie werden vielmehr die üblicherweise gezogenen Grenzen allererst konstituiert.

Die Rezeption bzw. die Wirkungen des Luhmannschen Werkes ließen sich unter zwei Aspekten konkreter darstellen, und zwar in erster Linie im Hinblick auf die soziologischen und die außersoziologischen Anschlüsse, und in zweiter Linie unterschieden nach inländischen und internationalen Anschlüssen. Von Rezeption sollte dann gesprochen werden, wenn sich die Anschlussliteratur ausdrücklich auf die Texte Luhmanns bezieht. Demgegenüber sollte von Wirkungen die Rede sein, wenn vielfältige und diffuse Aufnahmen seiner Begriffs- und Argumentationsmuster vorliegen.

Zwei äußerliche Wirkungen des Lebens und des Werkes Luhmanns sind die Benennung einer Schule und einer Straße. Im Jahre 2000 wurde das ehemals Städtische Gymnasium in Oerlinghausen, wo Luhmann 21 Jahre lang gewohnt

---

[14] Zum 60. Geburtstag Luhmanns erschien der Sammelband Baecker, Dirk; Markowitz, Jürgen; Luhmann, Niklas (Hrsg.) (1987): Theorie als Passion. Niklas Luhmann zum 60. Geburtstag. 1. Aufl. Frankfurt a. M. Zum 70. Geburtstag vgl. Stichweh, Rudolf (18. Dezember 1997): Der Theoretiker der Gesellschaft. Zum 70. Geburtstag von Niklas Luhmann. In: Bielefelder Universitätszeitung, Jg. 26, H. 191, S. 20-21.

[15] Jahraus, Oliver; Luhmann, Niklas (Hrsg.) (2012): Luhmann Handbuch. Leben – Werk – Wirkung. Stuttgart. Neben den basalen biographischen Angaben werden die thematischen Grundlagen der Systemtheorie und die entsprechenden Theoriestränge dargestellt. Darauf folgen Beiträge zu 30 herausgehobenen Begriffen der Theorie sowie zu 24 Werken und Werkgruppen. In weiteren Teilen werden namentliche Bezüge zu 16 Philosophen und Soziologen beschrieben, die Rezeption in 16 angrenzenden Wissenschaften exploriert sowie fünf Diskussionslinien nachgezeichnet.

hat, in Niklas-Luhmann-Gymnasium umbenannt.[16] Die Stadt Lüneburg wiederum hat eine Straße im Neubaugebiet Brockwinkler Weg im Nordwesten der Stadt 2008 zur Niklas-Luhmann-Straße erklärt.[17]

---

[16] Vgl. die Angaben zu Luhmann auf der Internetseite des Gymnasiums unter http://control.niklas-luhmann-gymnasium.de/moodle/course/view.php?id=131 (Zugriff am 07.06.2013).

[17] Zugleich mit der Niklas-Luhmann-Straße wurden die Charlotte-Huhn-Straße (* 15.9.1865 in Lüneburg, † 15.6.1925 in Hamburg), Opern- und Kammersängerin, und die Jean-Leppien-Straße (* 8.4.1910 in Lüneburg; † 1991 in Courbevoie bei Paris), Maler, bestimmt, vgl. www.stadt.lueneburg.de/bi/vo020.asp?VOLFDNR=2815 (Zugriff am 10.04.2013). In einem Gespräch mit Prof. Dr. Klaus Dammann am 31.3.2010 wurde dem Verfasser mitgeteilt, dass im Rat der Stadt vor einiger Zeit eine Straßenbenennung nach Luhmann in Bielefeld gescheitert war und daher längerfristig nicht mit einem erneuten Anlauf zu rechnen ist. Die Diskussionen um eine Umbenennung der Universität Bielefeld in Niklas Luhmann-Universität seien dagegen noch im Gange, würden aber sicherlich noch etliche Jahre in Anspruch nehmen.

Wirkungen innerhalb der Soziologie

„Vor allem gibt zu denken, daß die bisher publizierte Kritik das Niveau der Theorie nicht erreicht hat und auf der Ebene der Theorieintention, das heißt auf der Ebene der Problemstellung, keine Alternativen erkennen läßt. Das spricht stark für latente Motive des Ablehnens oder Ausweichens." [1]

Innerhalb der soziologischen Wissenschaften ist die Rezeption der System/ Umwelt-TheorieLuhmanns allem Anschein nach am geringsten ausgebildet. Schenkt man dem Sammelband „Rezeption und Reflexion" [2] Glauben, dann haben sich andere wissenschaftliche Disziplinen stärker mit Luhmann beschäftigt als gerade die Soziologie, die Luhmann stets als diejenige Wissenschaft bezeichnet hat, innerhalb derer er seine Theorie platziert wissen wollte.

Während seiner Lehrzeit wurde Luhmann innerhalb der deutschsprachigen Soziologie zwar beachtet und geachtet, nicht aber im Detail diskutiert. Dies gilt auch für die anfangs starke Impulse setzende Debatte mit Habermas im Jahre 1971. Aus heutiger Sicht scheinen die Missverständnisse zwischen den Kontrahenten gegenüber einer plausibilisierbaren Verständigungsbasis zu überwiegen. An der soziologischen Fakultät der Bielefelder Universität lehrten neben Luhmann Vertreter der empirischen und philosophischen Soziologie sowie der kritischen Theorie. Offenbar brachte man im besten Falle ein wechselseitiges Desinteresse füreinander auf.

Als einer der schärfsten Kritiker mag der Bamberger Soziologe Richard Münch (* 1945) gelten. Nach seinen Worten lässt sich die Systemtheorie Luhmanns …

„… weder als […] Beschreibung der Realität moderner Gesellschaften noch als ein Ausgangspunkt zur Lösung ihrer Probleme gebrauchen. Dem [Ganzen; EB] liegt eine […] vom Meister selbst, seinen Interpreten und Kritikern nicht bemerkte […] Verwechslung von analytischer Konstruktion und empirischer Realität zugrund. Man kann analytisch konstruieren, wie Ökonomie, Politik, Recht und Wissenschaft autopoietisch funktionieren würden.

---

[1] Luhmann, Niklas (1993): Wie ist soziale Ordnung möglich?, S. 265. Das Zitat bezieht sich auf Kritiken gegen die Theorie von Talcott Parsons, ist aber ohne weiteres auf Luhmann anwendbar.
[2] Berg, Henk de; Schmidt, Johannes F. K.; Luhmann, Niklas (Hrsg.) (2000): Rezeption und Reflexion. Zur Resonanz der Systemtheorie Niklas Luhmanns außerhalb der Soziologie. 1. Aufl., Orig.-Ausg. Frankfurt a. M.

Das konkrete gesellschaftliche Handeln ist jedoch immer ein Geflecht von Ökonomie, Politik, Recht und Wissenschaft zugleich. […] Gerade in der modernen Gesellschaft sind die empirischen Systeme (oder besser: Handlungsfelder) von Wirtschaft, Politik, Recht und Wissenschaft […] Interpenetrationszonen von Systemen, die allein analytisch voneinander zu trennen sind, empirisch jedoch stets […] zusammenwirken".[3]

Allerdings bekundet Münch mit dieser von ihm vorgebrachten Kritik nur, dass er mit der Unterscheidung von analytisch/empirisch einen differenztheoretischen Ansatz anwendet – und ihn zugleich indirekt bestätigt –, ohne zu fragen, ob und wie weit die von ihm gewählte Unterscheidung tragfähig ist. Damit verbleibt seine Argumentation in einer Grauzone ungeklärter Distinktionen. Zudem bleibt der Erklärungswert seines eigenen Theorems, dass alles Soziale irgendwie miteinander zusammenhängt, als erläuterungsbedürftig einzuschätzen.

Ein deutlich erkennbares Gefälle ergibt sich im Vergleich der inländischen und ausländischen soziologischen Rezeptionen Luhmanns. Insbesondere in den USA, in China und Japan sowie nicht zuletzt in Italien war und ist eine umfangreiche Aufnahme der System/Umwelt-Theorie zu verzeichnen. Für Italien hat Luhmann die Bedingungen der Rezeption selbst als ideal eingeschätzt. Übersetzungen seiner Werke sind bislang in englischer, spanischer, französischer, chinesischer, italienischer, japanischer, portugiesischer, russischer, serbokroatischer sowie slowenischer Sprache erschienen.[4]

Aktuell sind es ehemalige Studierende oder Promovenden Luhmanns, die die System/Umwelt-Theorie mit je spezifischen Pointierungen weiter entwickeln. Einige Namen seien hier alphabetisch benannt.

Dirk Baecker (* 1955), der sich in einer Reihe von Texten vor allem zum Form- und zum Kommunikationsbegriff der Luhmannschen System/Umwelt-Theorie geäußert hat, hat daneben Publikationen zu Themen der Wirtschafts- und Organisationssoziologe sowie der Planungs-, Entscheidungs- und Managementtheorie vorgelegt. Heute lehrt Baecker Kulturtheorie und Management an der Fakultät für Kulturreflexion der Universität Witten/Herdecke.

Elena Esposito (* 1960) ist seit ihren Studienzeiten bis heute eine kongeniale Vertreterin Luhmanns in Italien. In ihrer Professur für Kommunikationsso-

---

3 Münch, Richard (1992): Dialektik der Kommunikationsgesellschaft. 2. Aufl. Frankfurt a. M., S. 172 f.
4 Vgl. Horster, Detlef; Luhmann, Niklas (1997): Niklas Luhmann, S. 193.

ziologie an der Università di Modena e Reggio Emilia hat sie sich unter Verwendung der System/Umwelt-Theorie Luhmanns auf die Forschungsschwerpunkte Medientheorie, Gedächtnisforschung und Theorie der Mode spezialisiert. Esposito ist, so wie auch Baecker, Mitherausgeberin der Zeitschrift ‚Soziale Systeme'.

Peter Fuchs (* 1949), emeritierter Professur für Allgemeine Soziologie und Soziologie der Behinderung an der Hochschule Neubrandenburg, führt die System/Umwelt-Theorie eigenständig weiter, indem er die Denkfiguren Luhmanns einerseits stringent aufnimmt, andererseits mit weiteren Unterscheidungen anreichert. Bei Fuchs überwiegen, neben Verfeinerungen in den Grundbegriffen wie Beobachtung, Form, Kommunikation und System, Theoreme zur De-Ontologisierung sowie der Fokus auf „Das System SELBST"[5]. Ihm gelingt es, die Begriffs- und Theorieanlage Luhmanns zu steigern und durch eigene Begriffe wie z. B. „Unjekt"[6] in Abgrenzung zu einer Subjekt/Objekt-Unterscheidung zu vertiefen.

André Kieserling (* 1962), zweiter Nachfolger auf Luhmanns Lehrstuhl in Bielefeld (seit 2006), interessiert sich insbesondere für die Fortführung der systemtheoretischen Perspektive auf Interaktionssysteme.[7]

Armin Nassehi (* 1960), derzeit Professor am Institut für Soziologie der Sozialwissenschaftlichen Fakultät der Ludwig-Maximilians-Universität München, fokussiert auf die Reintegration eines Handlungsbegriffs in die System/Umwelt-Theorie. Seine Habilitation hat das bei Luhmann zentrale Problem der Zeit thematisiert.[8]

Uwe Schimank (* 1955) hat sich zur gesellschaftlichen Differenzierung geäußert[9] und Urs Stäheli (* 1966) fokussiert auf die Sinnfrage im Kontext sozialer Systeme sowie auf Aspekte des Dekonstruktivismus.[10]

---

[5] Fuchs, Peter (2010): Das System SELBST. Eine Studie zur Frage: Wer liebt wen, wenn jemand sagt: Ich liebe Dich!? 1. Auflage. Weilerswist.

[6] Vgl. exemplarisch Fuchs, Peter (2001): Die Metapher des Systems, S. 13.

[7] Vg. Kieserling, André (1999): Kommunikation unter Anwesenden. Studien über Interaktionssysteme. 1. Aufl. Frankfurt a. M.

[8] Nassehi, Armin (2008): Die Zeit der Gesellschaft. Auf dem Weg zu einer soziologischen Theorie der Zeit. Neuauflage mit einem Beitrag „Gegenwarten". Siehe auch www.systemagazin.de/beitraege/luhmann/nassehi_luhmann.php (Zugriff am 02.06.2013).

[9] Schimank, Uwe (2007): Theorien gesellschaftlicher Differenzierung. 3. Aufl. Wiesbaden.

[10] Stäheli, Urs (Hrsg.) (2000): Sinnzusammenbrüche. Eine dekonstruktive Lektüre von Niklas Luhmanns Systemtheorie. Weilerswist.

Rudolf Stichweh (* 1951) arbeitet im Sinne der System/Umwelt-Theorie insbesondere hinsichtlich der Fragen einer Weltgesellschaft[11] sowie der damit verbundenen Problematik von Inklusion/Exklusion[12] weiter.

Tilmann Sutter (* 1957), Mediensoziologe an der Universität Bielefeld, nimmt Luhmanns Theorie vor allem unter dem Blickwinkel einer konstruktivistischen Hermeneutik auf.[13]

Um die Frage der Steuerung sozialer Systeme im Nachgang zur Gesellschaftstheorie Luhmanns kreisen die Publikationen von Helmut Willke (* 1945), Professor für Global Governance an der Zeppelin University (ZU) in Friedrichshafen.[14]

---

[11] Vgl. Stichweh, Rudolf (2003): Die Weltgesellschaft. Soziologische Analysen. 1. Aufl., [Nachdr.]. Frankfurt a. M.

[12] Vgl. Stichweh, Rudolf (2005): Inklusion und Exklusion. Studien zur Gesellschaftstheorie. Bielefeld.

[13] Sutter, Tilmann (Hrsg.) (1997): Beobachtung verstehen, Verstehen beobachten. Perspektiven einer konstruktivistischen Hermeneutik. Opladen.

[14] Willke, Helmut (2001): Steuerungstheorie. Grundzüge einer Theorie der Steuerung komplexer Sozialsysteme. 3., bearb. Aufl. Stuttgart.

Wirkungen außerhalb der Soziologie

„ Verstehen ist praktisch immer ein Mißverstehen ohne Verstehen des Miß. " [1]

Einer der Sammelbände zur Rezeption der System/Umwelt-Theorie Luhmanns erschien 1987 unter dem Titel „Sinn, Kommunikation und soziale Differenzierung"[2]. Die darin versammelten Aufsätze gehen auf eine Tagung der Sektion Soziologische Theorie der Deutschen Gesellschaft für Soziologie zurück, die am 7. und 8. Februar 1986 in Augsburg stattgefunden hat. Die einzelnen Beiträge setzen teils kritisch an, teils konstruieren die Herausgeber eine übermäßige Zurückhaltung, wenn nicht Devotion gegenüber der quantitativ und qualitativ herausfordernden System/Umwelt-Theorie. Die Herausforderung wird vor allem im Tempo der Publikationen Luhmanns gesehen, bei dem kaum ein Rezipient zeitgleich hinterher kam.

„Alle Versuche, das Luhmannsche Theoriewerk mit aktuellen Kommentaren und Kritiken zu begleiten, enden im Hoffnungslosen."[3]

Vor allem der interdisziplinäre Fachdiskurs vermochte es nicht, mit der Entwicklung der Systemtheorie Luhmanns Schritt zu halten, geschweige denn diese einzuholen.

Der bereits genannte Sammelband „Rezeption und Reflexion"[4] enthält Texte aus den Wissenschaftsgebieten Kunst, Literatur, Pädagogik, Recht, Religion, Wirtschaft usw., die einen Überblick zur gegenwärtigen Aufnahme der Theorie Luhmanns geben. Das theoretische Konstrukt der Herausgeber entspricht der im Titel umrissenen Intention. Demnach entsteht aus jeder Aufnahme der soziologischen System/Umwelt-Theorie ein komplexes Gemisch aus Interferenzen und Interdependenzen. Es werden drei voneinander zu unter-

---

[1] Luhmann, Niklas (1995): Die Realität der Massenmedien, S. 173.

[2] Haferkamp, Hans; Schmid, Michael (Hrsg.) (1987): Sinn, Kommunikation und soziale Differenzierung. Beiträge zu Luhmanns Theorie sozialer Systeme. 1. Aufl., Frankfurt a. M.

[3] Schmid, Michael; Haferkamp, Hans (1987): Einleitung. In: Haferkamp, Hans; Schmid, Michael (Hrsg.): Sinn, Kommunikation und soziale Differenzierung. Beiträge zu Luhmanns Theorie sozialer Systeme. 1. Aufl. Frankfurt a. M.

[4] Berg, Henk de; Schmidt, Johannes F. K.; Luhmann, Niklas (Hrsg.) (2000): Rezeption und Reflexion. Die darin mitgeteilte Sekundärliteratur führt in die weit verzweigten Gebiete einer außer-soziologischen Rezeption und Reflexion der System/Umwelt-Theorie Luhmanns.

scheidende Relationen benannt. Demnach findet die Rezeption und Reflexion der System/Umwelt-Theorie in den Reflexionstheorien der unterschiedlichen Funktionssysteme der Gesellschaft anhand der Differenzen von (1) Soziologie und je funktionssystemspezifischer Reflexionstheorie, (2) Soziologie und Wissenschaft sowie (3) Wissenschaft und je funktionssystemspezifischer Reflexionstheorie statt. Daher ist bei jeder Rezeption die entsprechende Systemreferenz anzugeben, um unangebrachte Konfusionen vermeiden zu können.

In diesem Sinne sind zwei spezifische Rezeptionen kurz zu erläutern. Zum einen ist ein Beitrag des Philosophen Jean Clam zu nennen, der sich mit der Fragestellung einer mit der System/Umwelt-Theorie Luhmanns gegebenen De-Ontologisierung befasst.[5] Clam nimmt das soziologisch erarbeitete De-Ontologisierungsprogramm Luhmanns begrifflich auf und gerät vor die Frage, inwieweit es noch der Philosophie bedarf bzw. was dem Luhmannschen Programm von Seiten der Philosophie ergänzend oder korrigierend hinzugefügt werden kann. Clam hält das bisherige Alleinstellungsmerkmal der Philosophie, basale Weltdeutungsmodelle anzubieten, als von der System/Umwelt-Theorie her für unterlaufen an. Als einzigen Ausweg sieht er sich auf eine – mit Heidegger – de-ontologisierende Philosophie zurückgeworfen, die in ihrem Weltzugang als noch tiefer gelegt verstanden werden kann als Luhmanns Differenztheorie. Clam rekurriert auf eine Weltgrenzproblematik des Bewusstseins, die affekthaft und daher vorkommunikativ auftritt.

„Das Bewusstsein [...] kann seine Sinnbildung stärker aus den Schichten der Selbst- und Weltaffiziertheit nähren. Es kann an die Welt-Grenze kommen, die Sphäre der Kommunikation unterschreiten und sich der Urerschlossenheit der Welt in der Affektbefindlichkeit hingeben. [...] An der Welterschliessung ist nicht nur Bewusstsein mit seinen Sinnsynthesen beteiligt, sondern vornehmlich die unkristallisierte Affektivität des Weltempfindens.“[6]

Zum anderen ist auf die theologische Rezeption der System/Umwelt-Theorie hinzuweisen, die insgesamt ein beachtliches Ausmaß angenommen hat. Es ist

---

[5] Clam, Jean (2002): Was heißt, sich an Differenz statt an Identität orientieren? Sowie: Clam, Jean (2000): Unbegegnete Theorie. Zur Luhmann-Rezeption in der Philosophie. In: Henk de Berg, Johannes F. K. Schmidt und Niklas Luhmann (Hrsg.): Rezeption und Reflexion. Zur Resonanz der Systemtheorie Niklas Luhmanns außerhalb der Soziologie. 1. Aufl., Orig.-Ausg. Frankfurt a. M., S. 296-321.

[6] Clam, Jean (2002): Was heißt, sich an Differenz statt an Identität orientieren?, S. 98.

davon auszugehen, dass – verglichen mit anderen wissenschaftlichen Bereichen – die theologische Rezeption die bis dato umfangreichste zu sein scheint.

Inhaltlich sieht sich ‚die' Theologie einer vergleichbaren Problematik ausgesetzt wie ‚die' Philosophie. Wie ist eine Theologie nach der Supertheorie Luhmanns (noch) möglich? Wie geht die Theologie mit den de-ontologisierenden Aspekten der System/Umwelt-Theorie um? Einzelne theologische Monographien und Aufsätze haben sich dazu geäußert.[7]

Als weiterführender Hinweis sind Parallelen in der Rezeption Luhmanns zur Rezeption Jean Baudrillards (1929–2007), dessen Theorie mittlerweile als durch die (Alltags-) Realität bestätigt angesehen werden kann, zu nennen.[8]

---

[7] Vgl. exemplarisch: Scholz, Frithard (1982): Freiheit als Indifferenz. Pollack, Detlef (1988): Religiöse Chiffrierung und soziologische Aufklärung. Die Religionstheorie Niklas Luhmanns im Rahmen ihrer systemtheoretischen Voraussetzungen. Frankfurt a. M., Bern, New York, Paris. Dallmann, Hans-Ulrich (1994): Die Systemtheorie Niklas Luhmanns und ihre theologische Rezeption. Stuttgart. Woiwode, Matthias (1997): Heillose Religion? Eine fundamentaltheologische Untersuchung zur funktionalen Religionstheorie Niklas Luhmanns. Münster. Blanke, Eberhard (2012): Theologie systemtheoretisch – Wer ist der Beobachter? In: Blanke, Eberhard (Hrsg.): Systemtheoretische Beobachtungen der Theologie. Marburg, S. 25-62; Blanke, Eberhard (2014): Systemtheoretische Einführung in die Theologie. 1. Aufl. Marburg.

[8] Vgl. Horster, Detlef; Luhmann, Niklas (1997): Niklas Luhmann, S. 193; dort der Hinweis auf Blask, F. (1995): Baudrillard zur Einführung. Hamburg, S. 128.

ANHANG

Lebensdaten

Der Großvater von Niklas Luhmann war einer von zwei regierenden Senatoren in Lüneburg.[1]

8. Dezember 1927 Niklas Luhmann wird dem Ehepaar Wilhelm und Dora, geb. Gurtner (schweizerischer Herkunft), Luhmann in Lüneburg als erster von drei Söhnen an einem Donnerstag geboren. Der Vater führt die Braunbier-Brauerei seiner Familie. Der mittlere Bruder soll die Brauerei übernehmen. Der jüngste Bruder wird Exportkaufmann. Luhmann wird evangelisch getauft.

1933/1934 Einschulung in die Grundschule; Luhmann überspringt eine Klasse.

1937 Wechsel auf das Gymnasium Johanneum Lüneburg.

1. April 1943 Mit 15 Jahren als Flakhelfer zur Luftwaffe eingezogen, daher Abbruch der Schulzeit, die nach NS-Politik auf acht Jahre verkürzt worden war.

1945 In amerikanischer Kriegsgefangenschaft.

1946 Abitur nach einem Übergangskurs von Oktober 1945 bis Ostern 1946.

1946–1949 Studium der Rechtswissenschaften in Freiburg im Breisgau; Abschluss mit dem ersten juristischen Staatsexamen; Rückkehr nach Lüneburg.

1949–1953 Ausbildung zum Rechtsreferendar in einer Lüneburger Anwaltskanzlei; Abschluss mit dem zweiten juristischen Staatsexamen.

ab 1951 Aufbau des Zettelkastens. Beschäftigung mit historischer, philosophischer und soziologischer Literatur.

---

[1] Horster, Detlef; Luhmann, Niklas (1997): Niklas Luhmann, S. 25.

1953–1956 Verwaltungsbeamter am Oberverwaltungsgericht in Lüneburg. Assistent des Präsidenten.[2] Arbeitet am Aufbau eines Referenzsystems nichtöffentlicher Entscheidungen von Oberverwaltungsgerichten. Tätigkeit in mehreren Senaten.

1956–1962 Landtagsreferent im niedersächsischen Kultusministerium Hannover. Beschäftigung mit Wiedergutmachungsfällen aus der Zeit des Nationalsozialismus. Position zuletzt: Oberregierungsrat. Lektüre von Descartes, Husserl, Funktionalismus.

1960 Heirat mit Ursula von Walter († 1977), gebürtig aus einer schweizerischen Hoteliersfamilie.

1960–1961 Einjährige Beurlaubung zum Studium der Soziologie an der Harvard University in Cambridge, Massachusetts, finanziert über ein Stipendium.[3] Er hört bei Talcott Parsons (1902–1979).

1961 Luhmann sitzt ein Jahr lang in Bibliotheken, um Material für ein Buch über Organisation zu sammeln, siehe auch 1964.

1961 Geburt der Tochter Veronika.

1962 Verwaltungsjurist in der öffentlichen Verwaltung von Niedersachsen.

1962–1965 Tätigkeit als Referent an der Deutschen Hochschule für Verwaltungswissenschaften in Speyer (DHV), vgl. www.hfv-speyer.de.

1963 Geburt des Sohnes Jörg.

1963 Veröffentlichung seines ersten Buchs, gemeinsam mit Franz Becker.[4]

---

[2] Horster, Detlef; Luhmann, Niklas (1997): Niklas Luhmann, S. 201.

[3] „Dann bin ich nach Amerika gegangen, um zu sehen, ob es befriedigend sein würde, nur zu lesen und Notizen zu machen." Horster, Detlef; Luhmann, Niklas (1997): Niklas Luhmann, S. 32.

[4] Becker, Franz; Luhmann, Niklas (1963): Verwaltungsfehler und Vertrauensschutz.

1964 Veröffentlichung des Buchs „Funktionen und Folgen formaler Organisation"[5], das 1966 als Dissertation angenommen wird.

1965 Geburt des Sohnes Clemens.

1965 Studiert ein Semester Soziologie in Münster.

1965–1969 Abteilungsleiter an der Sozialforschungsstelle der Universität Münster in Dortmund, vermittelt durch Helmut Schelsky (1912–1984), Leiter der Sozialforschungsstelle. Luhmann war dafür von Heinz Hartmann entdeckt worden. Luhmann wohnt in Harthausen bei Speyer.[6]

1966 Erstes Zusammentreffen mit Otthein Rammstedt.

Februar 1966 Promotion zum Doktor der Sozialwissenschaften (Dr. rer. soc.) mit ‚Funktionen und Folgen formaler Organisation' (1964) in Münster. Die Mentoren sind Dieter Claessens (1921–1997) und Helmut Schelsky (1912–1984).

Juli 1966 Habilitation für Soziologie bei Dieter Claessens und Helmut Schelsky mit der Schrift „Recht und Automation in der öffentlichen Verwaltung"[7].

25. Januar 1967 Antrittsvorlesung an der Rechts- und Staatswissenschaftlichen Fakultät der Westfälischen Wilhelms-Universität in Münster mit dem Titel „Soziologische Aufklärung"[8].

1968 16. Deutscher Soziologentag in Frankfurt. Der Präsident des Soziologentags, Theodor W. Adorno (1903–1969), spricht wenige Minuten mit Luhmann.

---

[5] Luhmann, Niklas (1999): Funktionen und Folgen formaler Organisation. Mit einem Epilog 1994. 5. Aufl. (Schriftenreihe der Hochschule Speyer, 20). Berlin.
[6] Vgl. Rammstedt, Otthein (1999): In Memoriam: Niklas Luhmann, S. 16.
[7] Luhmann, Niklas (1966/1997): Recht und Automation in der öffentlichen Verwaltung. Eine verwaltungswissenschaftliche Untersuchung. 2., unveränd. Aufl. (Schriftenreihe der Hochschule Speyer, 29). Berlin.
[8] Abgedruckt in: Luhmann, Niklas (2009): Soziologische Aufklärung. Ausarbeitung der Antrittsvorlesung.

Luhmann referiert erstmals vor diesem Forum, allerdings vor nur wenigen Zuhörern aus Dortmund und Münster.[9]

1. Oktober 1968 – 9. Februar 1993 Ordentlicher Professor der Soziologie an der 1970 neugegründeten Reform-Universität Bielefeld.

Wintersemester 1968/1969 Vertretung für den Lehrstuhl von Theodor W. Adorno an der Goethe Universität Frankfurt am Main. Jürgen Habermas (* 1929) und Theodor W. Adorno waren von den Studierenden ausgesperrt, das Institut für Soziologie geschlossen. Die vierzehntägig Montag abends angebotene Vorlesung trägt den Titel ‚Liebe‘ und hat rund 20 Hörer im großen Vorlesungssaal in der 2. Etage des Hauptgebäudes der Universität auf dem Campus Bockenheim. Luhmann pendelt zwischen Harthausen bei Speyer und Frankfurt.

Jahreswechsel 1968/1969 – 1977 Familie Luhmann lebt in Bielefeld, Lessingstraße 25. Fahrten zu Lehrverpflichtungen nach Münster und Dortmund.

1970 Beginn des Lehrbetriebs in Bielefeld.

1971 Debatte mit Jürgen Habermas, daraus die gemeinsame Veröffentlichung „Theorie der Gesellschaft oder Sozialtechnologie?“[10]

Ab 1974 Mitglied der Rheinisch-Westfälischen Akademie der Wissenschaften.

7.–18. April 1975 Amsterdam Festival of Social Sciences, dort Vortrag „Systemtheorie, Evolutionstheorie und Kommunikationstheorie“[11].

1975–1976 Theodor-Heuss-Professur an der New School for Social Research in New York.

---

[9] Das Referat ist abgedruckt in: Luhmann, Niklas (1971): Moderne Systemtheorien als Form gesamtgesellschaftlicher Analyse, S. 7-24. Vgl. Vgl Rammstedt, Otthein (1999): In Memoriam: Niklas Luhmann, S. 17.

[10] Habermas, Jürgen; Luhmann, Niklas (1971): Theorie der Gesellschaft oder Sozialtechnologie – was leistet die Systemforschung?

[11] Abgedruckt in: Luhmann, Niklas (2009): Systemtheorie, Evolutionstheorie und Kommunikationstheorie. In: Luhmann, Niklas (Hrsg.): Soziologische Aufklärung 2. Aufsätze zur Theorie der Gesellschaft. 6. Aufl. Wiesbaden, S. 241-254.

1977–1980 Mitherausgeber der ‚Zeitschrift für Soziologie' beim Verlag Lucius
& Lucius in Stuttgart.

1977 Tod seiner Frau Ursula; sie wird auf dem städtischen Friedhof Oerlinghausen-Lipperreihe beigesetzt.

1977 Umzug nach Oerlinghausen in die Marianne-Weber-Strasse 13. Alleinerziehender Vater von drei Kindern.
Luhmann erhält Stellenangebote aus dem Ausland, verzichtet aber der Kinder
wegen auf einen Wechsel.

1979 Tagung mit Jürgen Habermas, Wolfgang Schluchter sowie Psychologen
in Heidelberg; während der Tagung verstirbt Talcott Parsons.[12]

1984 ‚Soziale Systeme', die seiner Aussage nach „erste richtige
Publikation"[13], erscheint.

1987 Festschrift zum 60. Geburtstag von Luhmann: „Theorie als Passion"[14].

1988 Hegel-Preis der Stadt Stuttgart.[15] Luhmann spricht zu „Paradigm Lost:
Über die ethische Reflexion der Moral"[16]. Die Laudatio hält der Philosoph
Robert Spaemann (* 1927).

Ab 1989 Diverse Gastprofessuren, u. a. in Chicago, New York, Virginia.

Juni 1991 Während des Unabhängigkeitsplebiszits besucht Luhmann Sloweni-
en und Kroatien (internationale Anerkennung der Unabhängigkeit am 26. Juni
1991).

---

[12] Vgl. Luhmann, Niklas (2005): Vorsicht vor zu raschem Verstehen, S. 63. Parsons starb am 8. Mai
1979 in München während einer Deutschlandreise anlässlich des 50. Jahrestages seiner Promotion in
Heidelberg.
[13] Luhmann, Niklas (1984): Soziale Systeme, S. 25.
[14] Baecker, Dirk; Markowitz, Jürgen; Luhmann, Niklas (Hrsg.) (1987): Theorie als Passion.
[15] Der Stuttgarter Hegel-Preis wurde 1967 von der Baden-Württembergischen Landeshauptstadt gestif-
tet und wird seit 1970 alle drei Jahre gemeinsam von ihr und der Internationalen Hegel-Vereinigung an
Philosophen oder Geisteswissenschaftler verliehen. Jürgen Habermas erhielt den Preis 1973.
[16] Abgedruckt in: Luhmann, Niklas; Spaemann, Robert (Hrsg.) (1990): Paradigm lost.

1992 Dedikations-Publikation zum 65. Geburtstag.[17]

9. Februar 1993 Emeritierung mit einer akademischen Feier im Auditorium Maximum der Bielefelder Universität. Luhmann hält den Vortrag „‚Was ist der Fall?' und ‚Was steckt dahinter?'"[18]

1994 Luhmanns letztes Interview.[19] Zuvor hält er einen Vortrag an der Ludwig-Maximilians-Universität München.

1997 Die letzte Buchpublikation zu Lebzeiten erscheint: „Die Gesellschaft der Gesellschaft"[20].

1997 Verleihung des Premio Amalfi, des Europäischen Amalfi-Preises für Soziologie und Sozialwissenschaften (seit 1987) für ‚Die Gesellschaft der Gesellschaft', zugleich mit Martin Albrow für „The Global Age"[21].

6. November 1998 Niklas Luhmann stirbt an einem Freitag in seinem Haus in Oerlinghausen. Als Ursache wird gemeinhin ein leukämie-ähnlicher Blutzellenkrebs angegeben. Andere geben eine Pilzerkrankung an.[22]

Luhmann wird im Grab, in dem seine Frau 1977 bestattet worden war, auf dem städtischen Friedhof Oerlinghausen-Lipperreihe beigesetzt.

Posthum

8. Dezember 1998 Gedenk-Kolloquium der Universität Bielefeld zum 71. Geburtstag Luhmanns. Daraus entsteht die Publikation „Niklas Luhmann – Wirkungen eines Theoretikers"[23].

---

[17] Dammann, Klaus; Grunow, Dieter; Japp, Klaus P. (Hrsg.) (1994): Die Verwaltung des politischen Systems. Neuere systemtheoretische Zugriffe auf ein altes Thema. Opladen.

[18] Luhmann, Niklas (1993): „Was ist der Fall?" und „Was steckt dahinter?".

[19] Otteneder, Andreas; Schubert, Hermann (1994): Interview mit Niklas Luhmann. Online verfügbar unter www.fifoost.org/user/luhmann_5.html (Zugriff am 10.06.2013).

[20] Luhmann, Niklas (1998): Die Gesellschaft der Gesellschaft.

[21] Albrow, Martin (1997): The global age. State and society beyond modernity. Stanford, Calif.

22 Vgl. http://de.wikibooks.org/wiki/Soziologische_Klassiker/_Luhmann,_Niklas (Zugriff am 10.06.2013).

[23] Stichweh, Rudolf; Luhmann, Niklas (Hrsg.) (1999): Niklas Luhmann – Wirkungen eines Theoretikers.

6. – 8. November 2007 Tagung zum 80. Geburtstag von Luhmann in Luzern.

2000 wird das ‚Städtische Gymnasium Oerlinghausen' in ‚Niklas-Luhmann-Gymnasium' (NLG) umbenannt.

2008 Die Stadt Lüneburg benennt eine Straße im Neubaugebiet Brockwinkler Weg im Nordwesten der Stadt ‚Niklas-Luhmann-Straße'.

Literatur

Primärliteratur

Eine umfassende Bibliografie Niklas Luhmanns hat Detlef Krause vorgelegt: Krause, Detlef (2005): Luhmann-Lexikon. Eine Einführung in das Gesamtwerk von Niklas Luhmann. Mit 32 Abbildung und über 600 Lexikoneinträgen einschließlich detaillierter Quellenangaben. 4., neu bearb. und erw. Aufl. Stuttgart, S. 265-287. Krause beziffert das Gesamtwerk auf 547 Titel.

Eine weitere Bibliografie mit 70 Monografien inklusive Aufsatzsammlungen und 382 Aufsätzen hat Peter Fuchs zusammengestellt, siehe www.unjekt.com/Texte/Schriftverz.Luhmann.pdf.

Zudem liegt seit 2012 vor: Jahraus, Oliver; Nassehi, Armin u. a. (Hrsg.) (2012): Luhmann-Handbuch. Leben – Werk – Wirkung. Stuttgart, Weimar. Darin ist ab S. 443 eine ausführliche Bibliographie enthalten.

Einen Überblick zu den englischsprachigen Ausgaben der Werke Luhmanns bietet zudem http://mgterp.freeyellow.com/academic/books.html (Stand: 15.11.2016).

Eine chronologische Aufstellung der wichtigsten Monografien und Aufsatzsammlungen ergibt folgende Übersicht:
1963 Verwaltungsfehler und Vertrauensschutz – Möglichkeiten gesetzlicher Regelung der Rücknehmbarkeit von Verwaltungsakten
1964 Funktionen und Folgen formaler Organisation
1965 Öffentlich-rechtliche Entschädigung rechtspolitisch betrachtet
1965 Grundrechte als Institution – Ein Beitrag zur politischen Soziologie
1966 Recht und Automation in der öffentlichen Verwaltung – Eine verwaltungswissenschaftliche Untersuchung
1966 Theorie der Verwaltungswissenschaft – Bestandsaufnahme und Entwurf
1968 Vertrauen – Ein Mechanismus der Reduktion sozialer Komplexität,
1968 Zweckbegriff und Systemrationalität – Über die Funktion von Zwecken in sozialen Systemen,

160

1969 Legitimation durch Verfahren
1970 Soziologische Aufklärung 1: Aufsätze zur Theorie sozialer Systeme
1971 Theorie der Gesellschaft oder Sozialtechnologie –
     Was leistet die Systemforschung?
1971 Politische Planung. Aufsätze zur Soziologie von Politik und Verwaltung
1972 Rechtssoziologie (2 Bände)
1973 Personal im öffentlichen Dienst – Eintritt und Karrieren
1974 Rechtssystem und Rechtsdogmatik
1975 Macht
1975 Soziologische Aufklärung 2: Aufsätze zur Theorie der Gesellschaft
1977 Funktion der Religion
1978 Organisation und Entscheidung
1979 Reflexionsprobleme im Erziehungssystem
1980 Gesellschaftsstruktur und Semantik – Studien zur Wissenssoziologie der
     modernen Gesellschaft
1981 Politische Theorie im Wohlfahrtsstaat
1981 Ausdifferenzierung des Rechts – Beiträge zur Rechtssoziologie und
     Rechtstheorie
1981 Soziologische Aufklärung 3: Soziales System, Gesellschaft, Organisation
1982 The Differentation of Society
1982 Liebe als Passion – Zur Codierung von Intimität
1982 Zwischen Technologie und Selbstreferenz – Fragen an die Pädagogik
1984 Soziale Systeme – Grundriß einer allgemeinen Theorie
1986 Die soziologische Beobachtung des Rechts
1986 Zwischen Intransparenz und Verstehen. Fragen an die Pädagogik
1986 Ökologische Kommunikation. Kann die moderne Gesellschaft sich auf
     ökologische Gefährdungen einstellen?
1987 Soziologische Aufklärung 4: Beiträge zur funktionalen Differenzierung
     der Gesellschaft
1988 Die Wirtschaft der Gesellschaft
1988 Erkenntnis als Konstruktion
1989 Reden und Schweigen
1990 Risiko und Gefahr
1990 Paradigm Lost – Über die ethische Reflexion der Moral
1990 Soziologische Aufklärung 5: Konstruktivistische Perspektiven
1990 Die Wissenschaft der Gesellschaft

1991 Soziologie des Risikos
1992 Beobachtungen der Moderne
1992 Universität als Milieu
1993 Gibt es in unserer Gesellschaft noch unverzichtbare Normen?
1993 Das Recht der Gesellschaft
1994 Die Ausdifferenzierung des Kunstsystems
1995 Die Realität der Massenmedien
1995 Soziologische Aufklärung 6: Die Soziologie und der Mensch
1995 Die Kunst der Gesellschaft
1996 Zwischen System und Umwelt – Fragen an die Pädagogik
1996 Die neuzeitlichen Wissenschaften und die Phänomenologie
1997 Die Gesellschaft der Gesellschaft

Posthum
2000 Organisation und Entscheidung
2000 Die Politik der Gesellschaft
2000 Die Religion der Gesellschaft
2002 Das Erziehungssystem der Gesellschaft
2002 Einführung in die Systemtheorie
2008 Ideenevolution. Beiträge zur Wissenssoziologie
2008 Liebe. Eine Übung
2008 Schriften zu Kunst und Literatur
2010 Politische Soziologie
2013 Macht im System

Sekundärliteratur

Albrow, Martin (1997): The global age. State and society beyond modernity. Stanford, California.

Andrini, Simona (1997): Gesamtverzeichnis der Veröffentlichungen Niklas Luhmanns. 1958–1992 ; mit einem Stichwortregister. 2. erg. Aufl. Bielefeld.

Ashby, W. Ross (1979): An introduction to cybernetics. London.

Ashby, William Ross; Bauer, Wilhelm L. (1985): Einführung in die Kybernetik. 2. Aufl. Frankfurt a. M.

Baecker, Dirk (1998): Guter Geist ist trocken – und Systeme sind unzuverlässig. Nachruf auf Niklas Luhmann (8.12.1927 - 6.11.1998). Online verfügbar unter www.spacetime-publishing.de/luhmann/baecker.htm (Stand: 08.09.2013).

Baecker, Dirk; Markowitz, Jürgen; Luhmann, Niklas (Hrsg.) (1987): Theorie als Passion. Niklas Luhmann zum 60. Geburtstag. 1. Aufl. Frankfurt a. M.

Baecker, Dirk (2008): Wozu Systeme? In: Baecker, Dirk (Hrsg.): Wozu Systeme? Berlin, S. 7–20.

Baecker, Dirk (2008): Die Theorieform des Systems. In: Baecker, Dirk (Hrsg.): Wozu Systeme? Berlin, S. 83–110.

Bardmann, Theodor M.; Baecker, Dirk (Hrsg.) (1999): Gibt es eigentlich den Berliner Zoo noch? Erinnerungen an Niklas Luhmann. 1. Aufl. Konstanz.

Becker, Frank; Reinhardt-Becker, Elke (2001): Systemtheorie. Eine Einführung für die Geschichts- und Kulturwissenschaften. Frankfurt am Main.

Becker, Franz; Luhmann, Niklas (1963): Verwaltungsfehler und Vertrauensschutz. Möglichkeiten gesetzlicher Regelung der Rücknehmbarkeit von Verwaltungsakten. Berlin.

Berg, Henk de; Schmidt, Johannes F. K.; Luhmann, Niklas (Hrsg.) (2000): Rezeption und Reflexion. Zur Resonanz der Systemtheorie Niklas Luhmanns außerhalb der Soziologie. 1. Aufl., Orig.-Ausg. Frankfurt a. M.

Berger, Johannes (1999): Niklas Luhmann und die Zukunft der Soziologie. In: Bardmann, Theodor M.; Baecker, Dirk (Hrsg.): Gibt es eigentlich den Berliner Zoo noch? Erinnerungen an Niklas Luhmann. 1. Aufl. Konstanz, S. 169-173.

Berghaus, Margot; Luhmann, Niklas (2004): Luhmann leicht gemacht. Eine Einführung in die Systemtheorie. 2., überarb. und erg. Aufl. Köln.

Bertalanffy, Ludwig von (1951): General System Theory: A new approach to unity of science. Baltimore, Md.

Blanke, Eberhard; Uhlhorn, Frank (2011): Wie ist Beratung möglich? Vom Dirigieren der Selbstbeobachtung. 1. Aufl. Heidelberg.

Blanke, Eberhard (Hrsg.) (2012): Systemtheoretische Beobachtungen der Theologie. Marburg.

Blanke, Eberhard (2012): Theologie systemtheoretisch – Wer ist der Beobachter? In: Blanke, Eberhard (Hrsg.): Systemtheoretische Beobachtungen der Theologie. Marburg, S. 25-62.

Blask, F. (1995): Baudrillard zur Einführung. Hamburg.

Bolz, Norbert (2012): Ratten im Labyrinth. Niklas Luhmann und die Grenzen der Aufklärung. München.

Bunsen, Frederick D. (1999): Der Künstler in Niklas Luhmann. In: Bardmann, Theodor M.; Baecker, Dirk (Hrsg.): Gibt es eigentlich den Berliner Zoo noch? Erinnerungen an Niklas Luhmann. 1. Aufl. Konstanz, S. 32-36.

Burke, Kenneth (1935): Permanence and change. An anatomy of purpose. New York.

Clam, Jean (2000): Unbegegnete Theorie. Zur Luhmann-Rezeption in der Philosophie. In: Berg, Henk de; Schmidt, Johannes F. K.; Luhmann, Niklas (Hrsg.): Rezeption und Reflexion. Zur Resonanz der Systemtheorie Niklas Luhmanns außerhalb der Soziologie. 1. Aufl., Orig.-Ausg. Frankfurt a. M., S. 296-321.

Clam, Jean (2002): Was heißt, sich an Differenz statt an Identität orientieren? Zur De-Ontologisierung in Philosophie und Sozialwissenschaft. Konstanz.

Corsi, Giancarlo (1999): Ein Symbol für eine unbekannte Zukunft. In: Bardmann, Theodor M.; Baecker, Dirk (Hrsg.): Gibt es eigentlich den Berliner Zoo noch? Erinnerungen an Niklas Luhmann. 1. Aufl. Konstanz, S. 104-107.

Dallmann, Hans-Ulrich (1994): Die Systemtheorie Niklas Luhmanns und ihre theologische Rezeption. Stuttgart.

Dallmann, Hans-Ulrich (2000): Immanenz, Transzendenz, Kontingenz. Luhmann und die Theologie. In: Gripp-Hagelstange, Helga; Luhmann, Niklas (Hrsg.): Niklas Luhmanns Denken. Interdisziplinäre Einflüsse und Wirkungen. Konstanz, S. 105-137.

Dallmann, Hans-Ulrich (2000): Von Wortübernahmen, produktiven Mißverständnissen und Reflexionsgewinnen. Niklas Luhmanns Systemtheorie in der theologischen Diskussion. In: Berg, Henk de; Schmidt, Johannes F. K.; Luhmann, Niklas (Hrsg.): Rezeption und Reflexion. Zur Resonanz der Systemtheorie Niklas Luhmanns außerhalb der Soziologie. 1. Aufl., Orig.-Ausg. Frankfurt a. M., S. 222-253.

Dammann, Klaus (1999): Luhmann sehen und hören. Eine Audio- und Videographie. In: Bardmann, Theodor M.; Baecker, Dirk (Hrsg.): Gibt es eigentlich den Berliner Zoo noch? Erinnerungen an Niklas Luhmann. 1. Aufl. Konstanz, S. 179-182.

Dammann, Klaus; Grunow, Dieter; Japp, Klaus P. (Hrsg.) (1994): Die Verwaltung des politischen Systems. Neuere systemtheoretische Zugriffe auf ein altes Thema. Niklas Luhmann zum 65. Geburtstag. Mit einem Gesamtverzeichnis der Veröffentlichungen Luhmanns 1958–1992. Opladen.

Di Giorgi, Raffaele (1999): Niklas Luhmann – Die Zukunft des Gedächtnisses. In: Stichweh, Rudolf; Luhmann, Niklas (Hrsg.): Niklas Luhmann – Wirkungen eines Theoretikers. Gedenkcolloquium der Universität Bielefeld am 8. Dezember 1998. Veranstalter: Zentrum für interdisziplinäre Forschung der Universität Bielefeld. Bielefeld, S. 27-33.

Faulstich-Wieland, Hannelore (2000): Individuum und Gesellschaft. Sozialisationstheorien und Sozialisationsforschung. München.

Foerster, Heinz von (1981): Observing Systems. Seaside/California.

Foerster, Heinz von (Hrsg.) (1985): Sicht und Einsicht. Versuche zu einer operativen Erkenntnistheorie. Braunschweig.

Foerster, Heinz von (2002): Prinzipien der Selbstorganisation im sozialen und betriebswirtschaftlichen Bereich. In: Foerster, Heinz von; Schmidt, Siegfried J.; Köck, Wolfram Karl (Hrsg.): Wissen und Gewissen. Versuch einer Brücke. 7. Auflage. Frankfurt a. M., S. 233-268.

Foerster, Heinz von; Schmidt, Siegfried J.; Köck, Wolfram Karl (Hrsg.) (2002): Wissen und Gewissen. Versuch einer Brücke. 7. Auflage. Frankfurt a. M.

Frank, Andrea (1999): Weder Naserümpfen noch Augenaufschlag. In: Bardmann, Theodor M.; Baecker, Dirk (Hrsg.): Gibt es eigentlich den Berliner Zoo noch? Erinnerungen an Niklas Luhmann. 1. Aufl. Konstanz, S. 67-71.

Fuchs, Peter: Realität der Virtualität. Aufklärungen zur Mystik des Internet. Online verfügbar unter www.maroki.de/pub/other/pf_rdv.html (Stand: 06.11.2016).

Fuchs, Peter (1992): Niklas Luhmann – beobachtet. 3., aktualisierte Aufl. Wiesbaden, 2004.

Fuchs, Peter (1999): Niklas Luhmann – erzählt. In: Bardmann, Theodor M.; Baecker, Dirk (Hrsg.): Gibt es eigentlich den Berliner Zoo noch? Erinnerungen an Niklas Luhmann. 1. Aufl. Konstanz, S. 74-80.

Fuchs, Peter (2000): Das Fehlen einer Ab-Sicht. In: Jahraus, Oliver; Ort, Nina; Schmidt, Benjamin Marius (Hrsg.): Beobachtungen des Unbeobachtbaren. Konzepte radikaler Theoriebildung in den Geisteswissenschaften. 1. Aufl. Weilerswist, S. 9-13.

Fuchs, Peter (2000): Die Skepsis der Systeme. Zur Unterscheidung von Theorie und Praxis. In: Helga Gripp-Hagelstange und Niklas Luhmann (Hrsg.): Niklas Luhmanns Denken. Interdisziplinäre Einflüsse und Wirkungen. Konstanz, S. 53-74.

Fuchs, Peter (2000): Vom Unbeobachtbaren. In: Jahraus, Oliver; Ort, Nina; Schmidt, Benjamin Marius (Hrsg.): Beobachtungen des Unbeobachtbaren. Konzepte radikaler Theoriebildung in den Geisteswissenschaften. 1. Aufl. Weilerswist, S. 39-71.

Fuchs, Peter (2001): Blindheit und Sicht: Vorüberlegungen zu einer Schemarevision. In: Luhmann, Niklas; Fuchs, Peter (Hrsg.): Reden und Schweigen. 1. Aufl., [Nachdr.]. Frankfurt a. M,, S. 178-208.

Fuchs, Peter (2001): Die Metapher des Systems. Studien zu der allgemein leitenden Frage, wie sich der Tänzer vom Tanz unterscheiden lasse. 1. Aufl. Weilerswist.

Fuchs, Peter; Fuchs, Marie-Christin (Hrsg.) (2004): Theorie als Lehrgedicht. Unter Mitarbeit von Marie-Christin Fuchs, Sozialtheorie, 1. Bielefeld.

Fuchs, Peter (2008): Der Sinn der Beobachtung. Begriffliche Untersuchungen. 3. Aufl. Weilerswist.

Fuchs, Peter (2010): Das System SELBST. Eine Studie zur Frage: Wer liebt wen, wenn jemand sagt: Ich liebe Dich!? 1. Auflage. Weilerswist.

Gente, Peter; Paris Heidi; Weinmann, Martin, et al. (Hrsg.) (2000): Niklas Luhmann – Short Cuts. Orig.-Ausg., 4. Aufl. Frankfurt a. M.: Zweitausendeins, 2002 (Short Cuts, 1).

Glanville, Ranulph (1999): Scenes. In: Bardmann, Theodor M.; Baecker, Dirk (Hrsg.): Gibt es eigentlich den Berliner Zoo noch? Erinnerungen an Niklas Luhmann. 1. Aufl. Konstanz, S. 72-73.

Glombik, Gerhard (2006): Niklas Luhmann. 1927-1998. Sozialwissenschaftler. In: Glombik, Gerhard (2006): Prominente Ehemalige Johanniter. Lüneburg, S. 61-69.

Göbel, Andreas (2000): Theoriegenese als Problemgenese. Eine problemgeschichtliche Rekonstruktion der soziologischen Systemtheorie. Konstanz.

*Gripp-Hagelstange, Helga (*1995): Niklas Luhmann. Eine erkenntnistheoretische Einführung. 2., verb. Aufl. München, 1997.

Günther, Gotthard (Hrsg.) (1979): Beiträge zur Grundlegung einer operationsfähigen Dialektik. Zweiter Band: Wirklichkeit als Poly-Kontexturalität. Reflexion – Logische Paradoxie – Mehrwertige Logik – Denken – Wollen – Proemielle Relation – Kenogrammatik – Dialektik der natürlichen Zahl – Dialektischer Materialismus (2). Hamburg.

Günther, Gotthard; Goldammer, Eberhard von (1957): Das Bewußtsein der Maschinen. Eine Metaphysik der Kybernetik. 3., erw. Aufl. Baden-Baden, 2002.

166

Habermas, Jürgen (1971): Theorie der Gesellschaft oder Sozialtechnologie? Eine Auseinandersetzung mit Niklas Luhmann. In: Habermas, Jürgen; Luhmann, Niklas (Hrsg.): Theorie der Gesellschaft oder Sozialtechnologie – was leistet die Systemforschung? 10. Aufl. Frankfurt a. M., S. 142-290.

Habermas, Jürgen (1971): Vorbereitende Bemerkungen zu einer Theorie der kommunikativen Kompetenz. In: Habermas, Jürgen; Luhmann, Niklas (Hrsg.): Theorie der Gesellschaft oder Sozialtechnologie – was leistet die Systemforschung? 10. Aufl. Frankfurt a. M., S. 101-141.

Habermas, Jürgen (2001): Der philosophische Diskurs der Moderne. Zwölf Vorlesungen. [8. Aufl.]. Frankfurt a. M.

Habermas, Jürgen; Luhmann, Niklas (Hrsg.) (1971): Theorie der Gesellschaft oder Sozialtechnologie – was leistet die Systemforschung? 10. Aufl. Frankfurt am Main: Suhrkamp, 1990 (Theorie-Diskussion).

Haferkamp, Hans; Schmid, Michael (Hrsg.) (1987): Sinn, Kommunikation und soziale Differenzierung. Beiträge zu Luhmanns Theorie sozialer Systeme. 1. Aufl., Frankfurt am Main.

Hagen, Wolfgang (2005): Vorwort. In: Hagen, Wolfgang; Baecker, Dirk; Luhmann, Niklas (Hrsg.): Warum haben Sie keinen Fernseher, Herr Luhmann? Letzte Gespräche mit Niklas Luhmann. 2. Aufl. Berlin, S. 7-11.

Hagen, Wolfgang; Baecker, Dirk; Luhmann, Niklas (Hrsg.) (2005): Warum haben Sie keinen Fernseher, Herr Luhmann? Letzte Gespräche mit Niklas Luhmann. 2. Aufl. Berlin.

Hagen, Wolfgang; Luhmann, Niklas; Baecker, Dirk (Hrsg.) (2009): Was tun, Herr Luhmann? Vorletzte Gespräche mit Niklas Luhmann. Berlin.

Hegel, Georg Wilhelm Friedrich (1970 ?): Wer denkt abstrakt? (1807). In: Hegel, Georg Wilhelm Friedrich; Moldenhauer, Eva (Hrsg.): Jenaer Schriften. 1801–1807. 1. Aufl., [Nachdr.]. Frankfurt a. M., S. 575-581.

Hegel, Georg Wilhelm Friedrich; Moldenhauer, Eva (Hrsg.) (2006): Jenaer Schriften. 1801–1807. 1. Aufl., [Nachdr.]. Frankfurt a. M.

Heider, Fritz (1926): Ding und Medium. Unter Mitarbeit von Hrsg. von Dirk Baecker. Berlin, 2005.

Heidingsfelder, Markus (2013): Ein Anruf bei George Spencer-Brown. Radiobeitrag in der Reihe Zündfunk Generator, Bayern 2, 29.09.2013, 22:05 Uhr. Online zugänglich unter www.br.de/radio/bayern2/sendungen/zuendfunk/kolumnen-sendungen/generator/george-spencer-brown-104.html (Stand: 02.10.2013).

Hohl, Friedrich Rudolf (2012): Poesie als Passion. Gedichte aus Luhmanns Welt. Hrsg. v. Clemens Luhmann. Paderborn.

Horster, Detlef; Luhmann, Niklas (1997): Niklas Luhmann. Orig.-Ausg., 2., überarb. Aufl. München, 2005.

Jahraus, Oliver; Ort, Nina; Schmidt, Benjamin Marius (Hrsg.) (2000): Beobachtungen des Unbeobachtbaren. Konzepte radikaler Theoriebildung in den Geisteswissenschaften. 1. Aufl. Weilerswist.

Jahraus, Oliver; Nassehi, Armin u. a. (Hrsg.) (2012): Luhmann-Handbuch. Leben – Werk – Wirkung. Stuttgart, Weimar.

Japp, Klaus P. (1999): Nervöser Respekt – gleichmütige Aufmerksamkeit. In: Bardmann, Theodor M.; Baecker, Dirk (Hrsg.): Gibt es eigentlich den Berliner Zoo noch? Erinnerungen an Niklas Luhmann. 1. Aufl. Konstanz, S. 21-23.

Kant, Immanuel (1968): Grundlegung zur Metaphysik der Sitten. Akademie-Ausgabe Kant Werke IV. Berlin.

Kaube, Jürgen (2000): Wechselwirkungslosigkeit. Anmerkungen zum Verhältnis von Systemtheorie und Wirtschaftswissenschaft. In: Berg, Henk de; Schmidt, Johannes F. K.; Luhmann, Niklas (Hrsg.): Rezeption und Reflexion. Zur Resonanz der Systemtheorie Niklas Luhmanns außerhalb der Soziologie. 1. Aufl., Orig.-Ausg. Frankfurt a. M., S. 254-266.

Kaufmann, Franz-Xaver (1999): Ein Wittgenstein'sches Schweigen. In: Stichweh, Rudolf; Luhmann, Niklas (Hrsg.): Niklas Luhmann – Wirkungen eines Theoretikers. Gedenkcolloquium der Universität Bielefeld am 8. Dezember 1998. Veranstalter: Zentrum für interdisziplinäre Forschung der Universität Bielefeld. Bielefeld, S. 9-17.

Kieserling, André (1999): Kommunikation unter Anwesenden. Studien über Interaktionssysteme. 1. Aufl. Frankfurt a. M.

Kieserling, André (1999): Wer kennt Niklas Luhmann? In: Bardmann, Theodor M.; Baecker, Dirk (Hrsg.): Gibt es eigentlich den Berliner Zoo noch? Erinnerungen an Niklas Luhmann. 1. Aufl. Konstanz, S. 56-60.

Kittler, Friedrich A. (1999): Ein Herr namens Luhmann. In: Bardmann, Theodor M.; Baecker, Dirk (Hrsg.): Gibt es eigentlich den Berliner Zoo noch? Erinnerungen an Niklas Luhmann. 1. Aufl. Konstanz, S. 183-186.

Kneer, Georg; Nassehi, Armin; Kneer-Nassehi (Hrsg.) (1994): Niklas Luhmanns Theorie sozialer Systeme. Eine Einführung. 2. unveränd. Aufl. München.

Krajewski, Markus (2002): Zettelwirtschaft. Die Geburt der Kartei aus dem Geiste der Bibliothek. Berlin.

Krause, Detlef (2005): Luhmann-Lexikon. Eine Einführung in das Gesamtwerk von Niklas Luhmann. Mit 32 Abbildungen und über 600 Lexikoneinträgen einschließlich detaillierter Quellenangaben. 4., neu bearb. und erw. Aufl. Stuttgart.

Kroemer, Roland (2007): Ein Pfad durch Luhmanns Labyrinth. Rezension zu Walter Reese-Schäfer „Niklas Luhmann zur Einführung". Online verfügbar unter www.amazon.de/gp/cdp/member-reviews/A2JR1O2AR54NZ6 (Stand: 08.11.2016).

Krüger, Michael (2007): Unter freiem Himmel. Gedichte. 1. Aufl. Frankfurt a. M.

Krumm, Thomas: Hermeneutische Zugänge zu Leben und Werk Niklas Luhmanns. Online verfügbar unter www.staff.uni-marburg.de/~krumm/Zug%E4nge%20Luhmann.pdf (Stand: 08.11.2016).

Luhmann, Niklas (1958): Der Funktionsbegriff in der Verwaltungswissenschaft. In: Verwaltungsarchiv, Jg. 49, S. 97-105.

Luhmann, Niklas (1962): Funktion und Kausalität. In: Kölner Zeitschrift für Soziologie und Sozialpsychologie, Jg. 14, S. 617-644.

Luhmann, Niklas (1965): Öffentlich-rechtliche Entschädigung rechtspolitisch betrachtet. Berlin.

Luhmann, Niklas (1969): Legitimation durch Verfahren. 2. Aufl. Darmstadt, 1975.

Luhmann, Niklas (1971): Moderne Systemtheorien als Form gesamtgesellschaftlicher Analyse. In: Habermas, Jürgen; Luhmann, Niklas (Hrsg.): Theorie der Gesellschaft oder Sozialtechnologie – was leistet die Systemforschung? 10. Aufl. Frankfurt a. M., S. 7-24.

Luhmann, Niklas (1971): Sinn als Grundbegriff der Soziologie. In: Habermas, Jürgen; Luhmann, Niklas (Hrsg.): Theorie der Gesellschaft oder Sozialtechnologie – was leistet die Systemforschung? 10. Aufl. Frankfurt a. M., S. 25-100.

Luhmann, Niklas (1971): Systemtheoretische Argumentationen. Eine Entgegnung auf Jürgen Habermas. In: Habermas, Jürgen; Luhmann, Niklas (Hrsg.): Theorie der Gesellschaft oder Sozialtechnologie – was leistet die Systemforschung? 10. Aufl. Frankfurt a. M., S. 291-403.

Luhmann, Niklas (1982): Autopoiesis, Handlung und kommunikative Verständigung. In: Zeitschrift für Soziologie, Jg. 11, S. 366-379.

Luhmann, Niklas (1987): Autopoiesis als soziologischer Begriff. In: Haferkamp, Hans; Schmid, Michael (Hrsg.): Sinn, Kommunikation und soziale Differenzierung. Beiträge zu Luhmanns Theorie sozialer Systeme. 1. Aufl. Frankfurt a. M., S. 307-324.

Luhmann, Niklas (1987): Biographie, Attitüden, Zettelkasten. In: Luhmann, Niklas; Baecker, Dirk (Hrsg.): Archimedes und wir. Interviews. Berlin, S. 125-155.

Luhmann, Niklas (1991): „Ich denke primär historisch". Religionssoziologische Perspektiven. Ein Gespräch mit Fragen von Detlef Pollack. In: Deutsche Zeitschrift für Philosophie, Jg. 39, H. 9, S. 937-956.

Luhmann, Niklas (1992): Erfahrungen mit Universitäten. Ein Interview. In: Luhmann, Niklas (Hrsg.): Universität als Milieu. Bielefeld, S. 100-125.

Luhmann, Niklas (1992): Kommunikation mit Zettelkästen. Ein Erfahrungsbericht. In: Luhmann, Niklas (Hrsg.): Universität als Milieu. Bielefeld, S. 53-61.

Luhmann, Niklas (Hrsg.) (1992): Universität als Milieu (Kleine Schriften). Bielefeld.

Luhmann, Niklas (1993): Ethik als Reflexionstheorie der Moral. In: Luhmann, Niklas (Hrsg.): Gesellschaftsstruktur und Semantik. Studien zur Wissenssoziologie der modernen Gesellschaft. Band 3. 1. Aufl., [Nachdr.]. Frankfurt a. M., S. 358-447.

Luhmann, Niklas (1993): Selbstreferenz und Teleologie in gesellschaftstheoretischer Perspektive. In: Luhmann, Niklas (Hrsg.): Gesellschaftsstruktur und Semantik. Studien zur Wissenssoziologie der modernen Gesellschaft. Band 2. Frankfurt a. M., S. 9-44.

Luhmann, Niklas (1993): „Was ist der Fall?" und „Was steckt dahinter?". Die zwei Soziologien und die Gesellschaftstheorie. Unter Mitarbeit von Gerhard Trott. Bielefeld.

Luhmann, Niklas (1993): Wie ist soziale Ordnung möglich? In: Luhmann, Niklas (Hrsg.): Gesellschaftsstruktur und Semantik. Studien zur Wissenssoziologie der modernen Gesellschaft. Band 2. Frankfurt a. M., S. 195-285.

Luhmann, Niklas (1993): Zeichen als Form. In: Baecker, Dirk (Hrsg.): Probleme der Form. 1. Aufl. Frankfurt a. M., S. 45-69.

Luhmann, Niklas (1966): Recht und Automation in der öffentlichen Verwaltung. Eine verwaltungswissenschaftliche Untersuchung. 2., unveränd. Aufl. Berlin, 1997.

Luhmann, Niklas (1997): Selbstorganisation und Mikrodiversität. Zur Wissenssoziologie des neuzeitlichen Individualismus. In: Soziale Systeme, Jg. 3, H. 1, S. 23-32.

Luhmann, Niklas (1998): Die Gesellschaft der Gesellschaft. 2 Bände. Frankfurt a. M.

Luhmann, Niklas (1999): Die Behandlung von Irritationen: Abweichung oder Neuheit? In: Luhmann, Niklas (Hrsg.): Gesellschaftsstruktur und Semantik. Studien zur Wissenssoziologie der modernen Gesellschaft. Band 4. 1. Aufl. Frankfurt a. M., S. 55-100.

Luhmann, Niklas (1999): Die Soziologie des Wissens: Probleme ihrer theoretischen Konstruktion. In: Luhmann, Niklas (Hrsg.): Gesellschaftsstruktur und Semantik. Studien zur Wissenssoziologie der modernen Gesellschaft. Band 4. 1. Aufl. Frankfurt a. M., S. 151-180.

Luhmann, Niklas (1964): Funktionen und Folgen formaler Organisation. Mit einem Epilog 1994. 5. Aufl. Berlin, 1999.

Luhmann, Niklas (1999): Zweckbegriff und Systemrationalität. Über die Funktion von Zwecken in sozialen Systemen. 6. Aufl. Frankfurt a. M.

Luhmann, Niklas (2000): Lesen lernen. In: Gente, Peter; Paris Heidi; Weinmann, Martin; Luhmann, Niklas (Hrsg.): Niklas Luhmann – Short Cuts. Orig.-Ausg., 4. Aufl. Frankfurt a. M., S. 150-157.

Luhmann, Niklas (2001): Reden und Schweigen. In: Luhmann, Niklas; Fuchs, Peter (Hrsg.): Reden und Schweigen. 1. Aufl., [Nachdr.]. Frankfurt a. M., S. 7-20.

Luhmann, Niklas (2002): Das Recht der Gesellschaft. 1. Aufl. [Nachdr.]. Frankfurt a. M.

Luhmann, Niklas (1995): Die Realität der Massenmedien. Wiesbaden, 2004.

Luhmann, Niklas (1977): Funktion der Religion. Frankfurt a. M., 2004.

Luhmann, Niklas (2005): Die Realität der Massenmedien. Niklas Luhmann im Radiogespräch mit Wolfgang Hagen. In: Hagen, Wolfgang; Baecker, Dirk; Luhmann, Niklas (Hrsg.): Warum haben Sie keinen Fernseher, Herr Luhmann? Letzte Gespräche mit Niklas Luhmann. 2. Aufl. Berlin, S. 79-107.

Luhmann, Niklas (2005): Die Wissenschaft der Gesellschaft. 1. Aufl., [Nachdr.]. Frankfurt a. M.

Luhmann, Niklas (2005): Einführung in die Theorie der Gesellschaft. 1. Aufl. Heidelberg.

Luhmann, Niklas (2005): Es gibt keine Biografie. Niklas Luhmann im Radiogespräch mit Wolfgang Hagen. In: Hagen, Wolfgang; Baecker, Dirk; Luhmann, Niklas (Hrsg.): Warum haben Sie keinen Fernseher, Herr Luhmann? Letzte Gespräche mit Niklas Luhmann. 2. Aufl. Berlin, S. 13-47.

Luhmann, Niklas (2005): Vorsicht vor zu raschem Verstehen. Niklas Luhmann im Fernsehgespräch mit Alexander Kluge. In: Hagen, Wolfgang; Baecker, Dirk; Luhmann, Niklas (Hrsg.): Warum haben Sie keinen Fernseher, Herr Luhmann? Letzte Gespräche mit Niklas Luhmann. 2. Aufl. Berlin, S. 49-77.

Luhmann, Niklas (Hrsg.) (1992): Beobachtungen der Moderne. 2. Aufl. Wiesbaden, 2006.

Luhmann, Niklas (1992/2006): Kontingenz als Eigenwert der modernen Gesellschaft. In: Luhmann, Niklas (Hrsg.): Beobachtungen der Moderne. 2. Aufl. Wiesbaden, S. 93-128.

Luhmann, Niklas (1984): Soziale Systeme. Grundriß einer allgemeinen Theorie. 1. Aufl., [Nachdr.]. Frankfurt a. M., 2006.

Luhmann, Niklas (2007): Autopoiesis als soziologischer Begriff. In: Luhmann, Niklas; Jahraus, Oliver (Hrsg.): Aufsätze und Reden. [Nachdr.]. Stuttgart, S. 137-158.

Luhmann, Niklas (2007): Dekonstruktion als Beobachtung zweiter Ordnung. In: Luhmann, Niklas; Jahraus, Oliver (Hrsg.): Aufsätze und Reden. [Nachdr.]. Stuttgart, S. 262-296.

Luhmann, Niklas (2007): Die Paradoxie der Form. In: Luhmann, Niklas; Jahraus, Oliver (Hrsg.): Aufsätze und Reden. [Nachdr.]. Stuttgart, S. 243-261.

Luhmann, Niklas (2007): Erkenntnis als Konstruktion. In: Luhmann, Niklas; Jahraus, Oliver (Hrsg.): Aufsätze und Reden. [Nachdr.]. Stuttgart, S. 218-242.

Luhmann, Niklas (2007): Vorbemerkungen zu einer Theorie sozialer Systeme. In: Luhmann, Niklas; Jahraus, Oliver (Hrsg.): Aufsätze und Reden. [Nachdr.]. Stuttgart, S. 7-30.

Luhmann, Niklas (2007): Was ist Kommunikation? In: Luhmann, Niklas; Jahraus, Oliver (Hrsg.): Aufsätze und Reden. Stuttgart, S. 94-110.

Luhmann, Niklas (2008): Das Kind als Medium der Erziehung. In: Luhmann, Niklas (Hrsg.): Soziologische Aufklärung 6. Die Soziologie und der Mensch. 3. Aufl. Wiesbaden, S. 194-217.

Luhmann, Niklas (2008): Die Autopoiesis des Bewusstseins. In: Luhmann, Niklas (Hrsg.): Soziologische Aufklärung 6. Die Soziologie und der Mensch. 3. Aufl. Wiesbaden, S. 55-108.

Luhmann, Niklas (2008): Die gesellschaftliche Differenzierung und das Individuum. In: Luhmann, Niklas (Hrsg.): Soziologische Aufklärung 6. Die Soziologie und der Mensch. 3. Aufl. Wiesbaden, S. 121-136.

Luhmann, Niklas (2008): Die operative Geschlossenheit psychischer und sozialer Systeme. In: Luhmann, Niklas (Hrsg.): Soziologische Aufklärung 6. Die Soziologie und der Mensch. 3. Aufl. Wiesbaden, S. 26-37.

Luhmann, Niklas (2008): Die Tücke des Subjekts und die Frage nach den Menschen. In: Luhmann, Niklas (Hrsg.): Soziologische Aufklärung 6. Die Soziologie und der Mensch. 3. Aufl. Wiesbaden, S. 149-161.

Luhmann, Niklas (2008): Intersubjektivität oder Kommunikation. Unterschiedliche Ausgangspunkte soziologischer Theoriebildung. In: Luhmann, Niklas (Hrsg.): Soziologische Aufklärung 6. Die Soziologie und der Mensch. 3. Aufl. Wiesbaden, S. 162-179.

Luhmann, Niklas (2008): Normen in soziologischer Perspektive. In: Luhmann, Niklas; Horster, Detlef (Hrsg.): Die Moral der Gesellschaft. Orig.-Ausg., 1. Aufl. Frankfurt a. M., S. 25-55.

Luhmann, Niklas (2008): Paradigm Lost: Über die ethische Reflexion der Moral. In: Luhmann, Niklas; Horster, Detlef (Hrsg.): Die Moral der Gesellschaft. Orig.-Ausg., 1. Aufl. Frankfurt a. M., S. 253-269.

Luhmann, Niklas (2008): Soziologie der Moral. In: Luhmann, Niklas; Horster, Detlef (Hrsg.): Die Moral der Gesellschaft. Orig.-Ausg., 1. Aufl. Frankfurt a. M., S. 56-162.

Luhmann, Niklas (Hrsg.) (2008): Soziologische Aufklärung 6. Die Soziologie und der Mensch. 3. Aufl. (Soziologische Aufklärung, 6). Wiesbaden.

Luhmann, Niklas (2008): Wie ist Bewußtsein an Kommunikation beteiligt? In: Luhmann, Niklas (Hrsg.): Soziologische Aufklärung 6. Die Soziologie und der Mensch. 3. Aufl. Wiesbaden, S. 38-54.

Luhmann, Niklas (2009): Das Erkenntnisprogramm des Konstruktivismus und die unbekannt bleibende Realität. In: Luhmann, Niklas (Hrsg.): Soziologische Aufklärung 5. Konstruktivistische Perspektiven. 4. Aufl. Wiesbaden, S. 31-57.

Luhmann, Niklas (2009): Gibt es Kunst außerhalb der Kunst? Niklas Luhmann im Gespräch mit Hans-Dieter Huber. In: Hagen, Wolfgang; Luhmann, Niklas; Baecker, Dirk (Hrsg.): Was tun, Herr Luhmann? Vorletzte Gespräche mit Niklas Luhmann. Berlin, S. 80-98.

Luhmann, Niklas (2009): Handlungstheorie und Systemtheorie. In: Luhmann, Niklas (Hrsg.): Soziologische Aufklärung 3. Soziales System, Gesellschaft, Organisation. 5. Aufl. Wiesbaden, S. 58-76.

Luhmann, Niklas (2009): Ich sehe was, was Du nicht siehst. In: Luhmann, Niklas (Hrsg.): Soziologische Aufklärung 5. Konstruktivistische Perspektiven. 4. Aufl. Wiesbaden, S. 220-226.

Luhmann, Niklas (2009): Interaktion, Organisation, Gesellschaft. Anwendungen der Systemtheorie. In: Luhmann, Niklas (Hrsg.): Soziologische Aufklärung 2. Aufsätze zur Theorie der Gesellschaft. 6. Aufl. Wiesbaden, S. 9-24.

Luhmann, Niklas (2009): Interpenetration – Zum Verhältnis personaler und sozialer Systeme. In: Luhmann, Niklas (Hrsg.): Soziologische Aufklärung 3. Soziales System, Gesellschaft, Organisation. 5. Aufl. Wiesbaden, S. 172-192.

Luhmann, Niklas (2009): Sozialsystem Familie. In: Luhmann, Niklas (Hrsg.): Soziologische Aufklärung 5. Konstruktivistische Perspektiven. 4. Aufl. Wiesbaden, S. 189-209.

Luhmann, Niklas (2009): Soziologische Aufklärung. In: Luhmann, Niklas (Hrsg.): Soziologische Aufklärung 1. Aufsätze zur Theorie sozialer Systeme. 8. Aufl. Wiesbaden, S. 83-115.

Luhmann, Niklas (Hrsg.) (2009): Soziologische Aufklärung 1. Aufsätze zur Theorie sozialer Systeme. 8. Aufl. Wiesbaden.

Luhmann, Niklas (Hrsg.) (2009): Soziologische Aufklärung 2. Aufsätze zur Theorie der Gesellschaft. 6. Aufl. Wiesbaden.

Luhmann, Niklas (Hrsg.) (2009): Soziologische Aufklärung 3. Soziales System, Gesellschaft, Organisation. 5. Aufl. Wiesbaden.

Luhmann, Niklas (Hrsg.) (2009): Soziologische Aufklärung 5. Konstruktivistische Perspektiven. 4. Aufl. Wiesbaden.

Luhmann, Niklas (2009): Systemtheorie, Evolutionstheorie und Kommunikationstheorie. In: Luhmann, Niklas (Hrsg.): Soziologische Aufklärung 2. Aufsätze zur Theorie der Gesellschaft. 6. Aufl. Wiesbaden, S. 241-254.

Luhmann, Niklas (2009): „That's not my problem". Niklas Luhmann im Interview mit Klaus Taschwer. In: Hagen, Wolfgang; Luhmann, Niklas; Baecker, Dirk (Hrsg.): Was tun, Herr Luhmann? Vorletzte Gespräche mit Niklas Luhmann. Berlin, S. 17-33.

Luhmann, Niklas (2009): „Unsere Zukunft hängt von Entscheidungen ab". Niklas Luhmann im Interview mit Rudolf Maresch. In: Hagen, Wolfgang; Luhmann, Niklas; Baecker, Dirk (Hrsg.): Was tun, Herr Luhmann? Vorletzte Gespräche mit Niklas Luhmann. Berlin, S. 34-69.

Luhmann, Niklas (2009): Unverständliche Wissenschaft: Probleme einer theorieeigenen Sprache. In: Luhmann, Niklas (Hrsg.): Soziologische Aufklärung 3. Soziales System, Gesellschaft, Organisation. 5. Aufl. Wiesbaden, S. 193-201.

Luhmann, Niklas; Baecker, Dirk (Hrsg.) (1987): Archimedes und wir. Interviews (Internationaler Merve-Diskurs, 143). Berlin.

Luhmann, Niklas; Baecker, Dirk (2006): Einführung in die Systemtheorie. 3. Aufl. Heidelberg.

Luhmann, Niklas; Bunsen, Frederick D.; Baecker, Dirk (Hrsg.) (1990): Unbeobachtbare Welt. Über Kunst und Architektur. Bielefeld.

Luhmann, Niklas; Fuchs, Peter (2000): Niklas Luhmann – Beobachtungen der Moderne. Freiburger Reden – Denker auf der Bühne. Heidelberg: Carl-Auer-Systeme-Verl.

Luhmann, Niklas; Fuchs, Peter (2001): Kommunikationssperren in der Unternehmensberatung. In: Luhmann, Niklas; Fuchs, Peter (Hrsg.): Reden und Schweigen. 1. Aufl., [Nachdr.]. Frankfurt a. M,, S. 209-227.

Luhmann, Niklas; Fuchs, Peter (Hrsg.) (2001): Reden und Schweigen. 1. Aufl., [Nachdr.]. Frankfurt a. M.

Luhmann, Niklas; Fuchs, Peter (2001): Von der Beobachtung des Unbeobachtbaren: Ist Mystik ein Fall von Inkommunikabilität? In: Luhmann, Niklas; Fuchs, Peter (Hrsg.): Reden und Schweigen. 1. Aufl., [Nachdr.]. Frankfurt a. M., S. 70-100.

Luhmann, Niklas; Horster, Detlef (Hrsg.) (2008): Die Moral der Gesellschaft. Orig.-Ausg., 1. Aufl. Frankfurt a. M.

Luhmann, Niklas; Jahraus, Oliver (Hrsg.) (2007): Aufsätze und Reden. [Nachdr.]. Stuttgart.

Luhmann, Niklas; Kieserling, André (2002): Die Religion der Gesellschaft. 1. Aufl. Frankfurt a. M.

Luhmann, Niklas; Kieserling, André (2010): Politische Soziologie. 1. Aufl. Frankfurt a. M.

Luhmann, Niklas; Kieserling, André (Hrsg.) (2013): Macht im System. 1. Aufl. Berlin.

Luhmann, Niklas; Lenzen, Dieter (2003): Das Erziehungssystem der Gesellschaft. 1. Aufl. Frankfurt a. M.

Luhmann, Niklas; Maturana, Humberto R.; Redder, M., et al. (Hrsg.) (1990): Beobachter. Konvergenz der Erkenntnistheorien? 3. Aufl. München: Fink, 2003.

Luhmann, Niklas; Spaemann, Robert (Hrsg.) (1990): Paradigm lost. Über die ethische Reflexion der Moral. 1. Aufl. Frankfurt a. M.

Maresch, Rudolf (1998): Ariadne hat sich umsonst erhängt. Spencer-Browns Kultbuch „Gesetze der Form" liegt endlich auf deutsch vor. Online verfügbar unter www.heise.de/tp/r4/artikel/2/2311/1.html (Stand: 06.09.2013).

Maturana, Humberto R. (Hrsg.) (1985): Erkennen – die Organisation und Verkörperung von Wirklichkeit. Ausgewählte Arbeiten zur biologischen Epistemologie. Braunschweig.

Maturana, Humberto R. (1990): The Biological Foundations of Self Consciousness and the Physical Domain of Existence. In: Luhmann, Niklas; Maturana, Humberto R.; Redder, M.; Varela, Francisco J. (Hrsg.): Beobachter. Konvergenz der Erkenntnistheorien? 3. Aufl. München, S. 47-117.

Maturana, Humberto R.; Varela, Francisco J. (1985): Autopoietische Systeme: eine Bestimmung der lebendigen Organisation. In: Maturana, Humberto R. (Hrsg.): Erkennen – die Organisation und Verkörperung von Wirklichkeit. Ausgewählte Arbeiten zur biologischen Epistemologie. Braunschweig, S. 170ff.

Münch, Richard (1992): Dialektik der Kommunikationsgesellschaft. 2. Aufl. Frankfurt a. M.

Nassehi, Armin (2008): Die Zeit der Gesellschaft. Auf dem Weg zu einer soziologischen Theorie der Zeit. Neuauflage mit einem Beitrag „Gegenwarten". Online verfügbar unter http://dx.doi.org/10.1007/978-3-531-91099-4 oder www.springerlink.com/content/x78578/ (Stand: 06.09.2013).

Nassehi, Armin (2008): Wie weiter mit Niklas Luhmann? Hamburg.

Peirce, Charles Sanders; Hartshorne, Charles; Weiss, Paul; Burks, Arthur W. (1998): Collected papers of Charles Sanders Peirce. Bristol.

Pollack, Detlef (1988): Religiöse Chiffrierung und soziologische Aufklärung. Die Religionstheorie Niklas Luhmanns im Rahmen ihrer systemtheoretischen Voraussetzungen. Frankfurt a. M., Bern, New York, Paris.

Pollack, Detlef (1999): Luhmann in der DDR. In: Bardmann, Theodor M.; Baecker, Dirk (Hrsg.): Gibt es eigentlich den Berliner Zoo noch? Erinnerungen an Niklas Luhmann. 1. Aufl. Konstanz, S. 122-129.

Rammstedt, Otthein (1999): In Memoriam: Niklas Luhmann. In: Bardmann, Theodor M.; Baecker, Dirk (Hrsg.): Gibt es eigentlich den Berliner Zoo noch? Erinnerungen an Niklas Luhmann. 1. Aufl. Konstanz, S. 16-20.

Reese-Schäfer, Walter (1992): Niklas Luhmann zur Einführung. 5., erg. Aufl. Hamburg, 2005.

Renk, Heidi; Bruns, Marco; Luhmann, Niklas (1987): Ein trojanisches Pferd. In: Luhmann, Niklas; Baecker, Dirk (Hrsg.): Archimedes und wir. Interviews. Berlin, S. 108-124.

Roberts, David (1999): Wissenschaft und Kunst. Gedanken zur soziologischen Imagination bei Niklas Luhmann. In: Bardmann, Theodor M.; Baecker, Dirk (Hrsg.): Gibt es eigentlich den Berliner Zoo noch? Erinnerungen an Niklas Luhmann. 1. Aufl. Konstanz, S. 29-31.

Rodriguez, Dario (1999): Niklas Luhmann, eine Erinnerung. In: Bardmann, Theodor M.; Baecker, Dirk (Hrsg.): Gibt es eigentlich den Berliner Zoo noch? Erinnerungen an Niklas Luhmann. 1. Aufl. Konstanz, S. 130-133.

Schimank, Uwe (1999): Ein widerspenstiger Lehrer. In: Bardmann, Theodor M.; Baecker, Dirk (Hrsg.): Gibt es eigentlich den Berliner Zoo noch? Erinnerungen an Niklas Luhmann. 1. Aufl. Konstanz, S. 137-142.

Schmid, Hans Bernhard (2000): Subjekt, System, Diskurs. Edmund Husserls Begriff transzendentaler Subjektivität in sozialtheoretischen Bezügen. Dordrecht.

Schmidt, Johannes F. K. (2000): Die Differenz der Beobachtung. Einführende Bemerkungen zur Luhmann-Rezeption. In: Berg, Henk de; Schmidt, Johannes F. K.; Luhmann, Niklas (Hrsg.): Rezeption und Reflexion. Zur Resonanz der Systemtheorie Niklas Luhmanns außerhalb der Soziologie. 1. Aufl., Orig.-Ausg. Frankfurt a. M., S. 8-37.

Schmidt, Johannes F. K. (2013/2014): Der Nachlass Niklas Luhmanns – eine erste Sichtung: Zettelkaten und Manuskripte. In: Soziale Systeme 19, Heft 1, S. 167-183.

Scholz, Frithard (1982): Freiheit als Indifferenz. Alteuropäische Probleme mit der Systemtheorie Niklas Luhmanns. 1. Aufl. Frankfurt a. M.

Schönwälder, Tatjana; Wille, Katrin; Hölscher, Thomas (Hrsg.) (2004): George Spencer Brown. Eine Einführung in die „Laws of Form". 1. Aufl. Wiesbaden.

Schwanitz, Dietrich (1999): Niklas Luhmann artifex mundi. In: Stichweh, Rudolf; Luhmann, Niklas (Hrsg.): Niklas Luhmann – Wirkungen eines Theoretikers. Gedenkcolloquium der Universität Bielefeld am 8. Dezember 1998. Veranstalter: Zentrum für interdisziplinäre Forschung der Universität Bielefeld. Bielefeld, S. 49-59.

Simon, Fritz B. (2007): Einführung in die systemische Organisationstheorie. 1. Aufl. Heidelberg.

Spaemann, Robert (1990): Niklas Luhmanns Herausforderung der Philosophie. In: Luhmann, Niklas; Spaemann, Robert (Hrsg.): Paradigm lost. Über die ethische Reflexion der Moral. 1. Aufl. Frankfurt a. M.

Spencer-Brown, George (1995): Löwenzähne. Geschichten von „Einem, der so kam". Lübeck.

*Spencer-Brown, George; Baar, Andreas (*1971 by James Keys, Cambridge): Dieses Spiel geht nur zu zweit. 2. Aufl. Leipzig, 2007.

*Spencer-Brown, George; Wolf, Thomas (*1999): Laws of Form. Gesetze der Form. 2. Aufl. Lübeck.

Stanitzek, Georg; Luhmann, Niklas (1987): Schwierigkeiten mit dem Aufhören. In: Luhmann, Niklas; Baecker, Dirk (Hrsg.): Archimedes und wir. Interviews. Berlin, S. 74-98.

Stichweh, Rudolf (1999): Niklas Luhmann Theoretiker und Soziologe. In: Stichweh, Rudolf; Luhmann, Niklas (Hrsg.): Niklas Luhmann – Wirkungen eines Theoretikers. Gedenkcolloquium der Universität Bielefeld am 8. Dezember 1998. Veranstalter: Zentrum für interdisziplinäre Forschung der Universität Bielefeld. Bielefeld, S. 61-69.

Stichweh, Rudolf (2003): Die Weltgesellschaft. Soziologische Analysen. 1. Aufl., [Nachdr.]. Frankfurt a. M.

Stichweh, Rudolf (2005): Inklusion und Exklusion. Studien zur Gesellschaftstheorie. Bielefeld.

Stichweh, Rudolf; Luhmann, Niklas (Hrsg.) (1999): Niklas Luhmann – Wirkungen eines Theoretikers. Gedenkcolloquium der Universität Bielefeld am 8. Dezember 1998. Veranstalter: Zentrum für interdisziplinäre Forschung der Universität Bielefeld. Bielefeld.

van Rossum, Walter; Luhmann, Niklas (1987): Ich nehme mal Marx. Interview: Walter van Rossum. In: Luhmann, Niklas; Baecker, Dirk (Hrsg.): Archimedes und wir. Interviews. Berlin, S. 14-37.

Wiener, Norbert (1948): Cybernetics or control and communication in the animal and the machine. New York.

*Wiener, Norbert; Serr, E. H. (*1948): Kybernetik. Regelung und Nachrichtenübertragung im Lebewesen und in der Maschine. Düsseldorf, 1992.

Willke, Helmut (1999): Zur Differenz von Schreiben und Reden und Schweigen. In: Bardmann, Theodor M.; Baecker, Dirk (Hrsg.): Gibt es eigentlich den Berliner Zoo noch? Erinnerungen an Niklas Luhmann. 1. Aufl. Konstanz, S. 187-189.

Willke, Helmut (2001): Steuerungstheorie. Grundzüge einer Theorie der Steuerung komplexer Sozialsysteme. 3., bearb. Aufl. Stuttgart.

Willke, Helmut (2005): Komplexität als Formprinzip. Helmut Willke über Niklas Luhmann „Soziale Systeme. Grundriß einer allgemeinen Theorie" (1984). In: Baecker, Dirk (Hrsg.): Schlüsselwerke der Systemtheorie. 1. Aufl. Wiesbaden, S. 303-323.

Willke, Helmut (1996): Systemtheorie. 7., überarb. Aufl. mit einem Glossar. Stuttgart, 2006.

Wimmer, Rudolf (1999): Begegnungen mit Beratern. In: Bardmann, Theodor M.; Baecker, Dirk (Hrsg.): Gibt es eigentlich den Berliner Zoo noch? Erinnerungen an Niklas Luhmann. 1. Aufl. Konstanz, S. 42-46.

Witt, Jan Michael (2010): Systemtheorie konkret. Zu Niklas Luhmanns „Realität der Massenmedien". Marburg.

Woiwode, Matthias (1997): Heillose Religion? Eine fundamentaltheologische Untersuchung zur funktionalen Religionstheorie Niklas Luhmanns. Münster.

Zorn, Carsten (2003): Der Zettelkasten der Gesellschaft. Medientheorie als Gesellschaftstheorie: Eine Luhmann-Relektüre. Dissertation. Frankfurt/Oder.

Zum Autor: Dr. Eberhard Blanke, Hildesheim, ist Pastor und Kommunikationsmanager. Veröffentlichungen zur Theologie, zu Kommunikationskampagnen und Public Relations sowie zur Systemtheorie.